SOCIAL WELFARE FIELD PRACTICUM

사회복지현장실습과 실습세미나

류미령 지음

신정

머/리/말

사회복지전공자들이 가장 설레면서도 두렵고 책임감을 느끼는 과목이 사회복지현장실습이다. 이를 현장에서 지켜보는 교수로서, 실습에 임하는 학생들이 현장실습에 대한 두려움을 없애고 좋은 길잡이가 될 수 있는 교재가 없을까? 하는 고민을 가지고 사회복지현장실습 교재 집필을 시작하였다.

이 책에서 중요하게 고려했던 것은 다음과 같다.

첫째, 이 책은 가장 최신의 정보를 담고 있다. 즉 2019년 새로 개정된 사회복지현장실습 관련 법령과 내용, 서식을 수록하여 실습규정을 정확히 알 수 있다.

둘째, 이 책은 친절하다. 실습내용별, 시기별, 주제별, 관련 서식은 어떤 것을 사용해야 하는지? 어떻게 써야하는지? 등 사례를 수록하여 이해하기 쉽다.

셋째, 사회복지현장실습 진행 순서를 고려하여 파트를 구성하고 장을 배치하였다. 그래서 실습을 하고자 하는 학생들과 실습 지도를 하는 교수들이 참고하기 좋다.

넷째, 실습의 길라잡이이다. 실습 과제를 할 때 참고할 수 있고, 실습 세미나에 적합하도록 실례를 들어서 설명하였다.

다섯째, 학생과 지도교수 모두 사회복지현장실습에 대한 체계를 세우고 전문성을 확보할 수 있는 내용으로 구성하였다.

구체적 내용을 살펴보면 제1부는 사회복지현장실습의 실제로서 실습오리엔테이션부터 실습 끝날 때까지 시간 순으로 준비서류 및 진행절차, 실습관련 중요사항을 실습과 직접적인 관련이 있는 내용으로 구성하였다, 제2부는 사회복지현장의 이해로서 실습에 임할 때 사회복지전공자가 알아야 하는 내용들로 구성하였다. 제3부는 사회복지현장실습을 할 때 필요한 이론과 지식으로서 프로그램 개발과 프로포절 작성, 사례관리 등을 포함하였다. 한편 부록에서는 사회복지사 자격증 신청서 서식, 사회복지현장실습일지 서식, 사회복지공동모금회 배분신청서 양식 및 프로포절 사례를 소개하였다.

몇 가지 이 책의 장점을 나열하였지만 책을 쓰고 나면 부끄러움은 항상 저자의 몫인 것 같다. 아무쪼록 이 책이 사회복지현장실습을 준비하거나 실습에 임하는 학생들에게는 좋은 길잡이가 되고, 실습기관 및 대학에서 실습을 지도하는 실습지도교수 및 현장 실습지도자들에게도 도움이 되는 서적이 되기를 바란다.

끝으로 이 책을 흔쾌히 출판해 주신 도서출판 신정에 감사드리며, 출판을 위해 지원과 배려를 아끼지 않으신 직원 여러분들께 진심으로 감사의 인사를 드린다.

2022년 11월

홍익관 연구실에서, 류미령

차/례

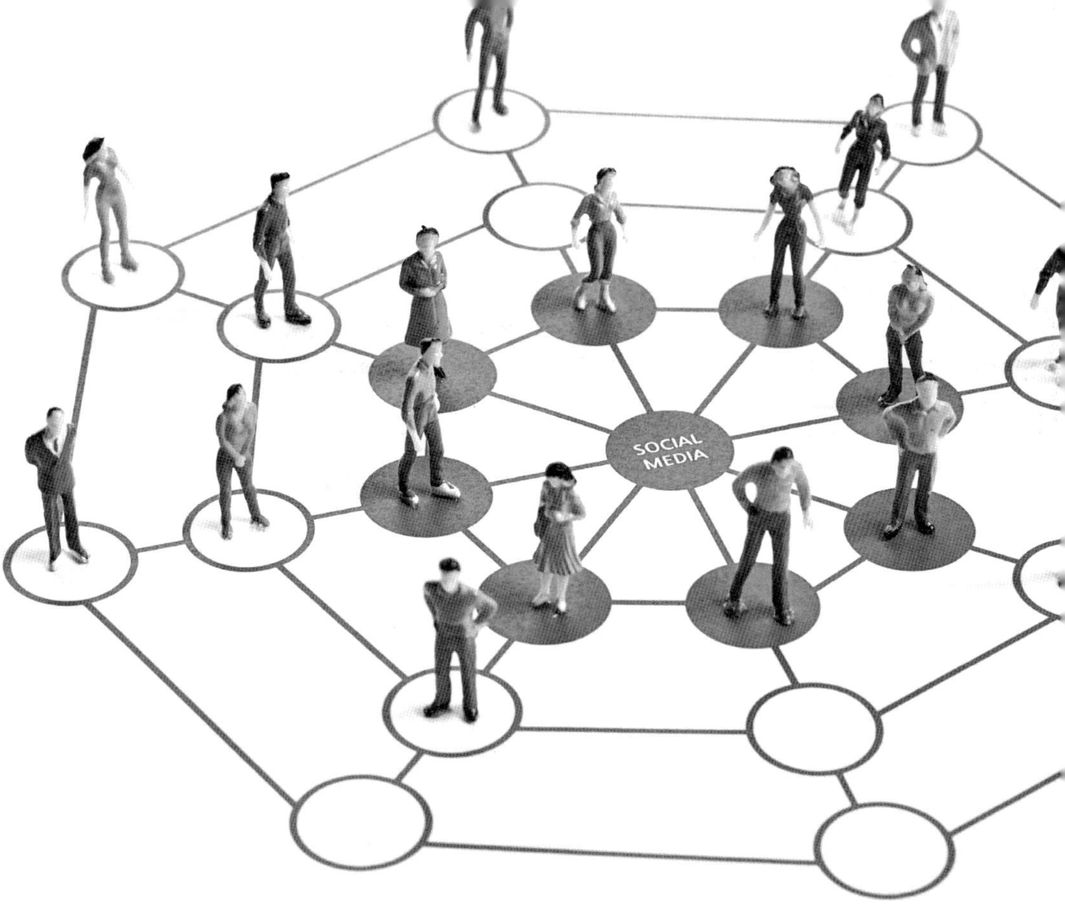

SOCIAL WELFARE FIELD PRACTICUM 제1부

사회복지현장실습의 실제

1징 사회복지현장실습 오리엔테이션

2장 실습과정 및 종결

3장 실습생의 자세와 역할

4장 외국의 사회복지현장실습

CHAPTER 01

사회복지현장실습 오리엔테이션[1]

1절 사회복지현장실습 오리엔테이션

사회복지현장실습 오리엔테이션은 현장실습 전반에 대해 준비를 할 수 있도록 안내하는 과정이다. 즉 실습생의 자격조건, 실습기관 요건 및 선정 방법, 실습지도자 및 실습지도교수 요건, 실습기간, 실습생의 마음가짐과 행동지침 등 실습과 관련된 안내를 하는 과정이다. 더불어 실습에 필요한 서류 및 실습일지 작성방법을 소개하고, 실습세미나 수업에 대해 안내하는 등 현장실습을 나가기 전에 필요한 사항이나 정확하게 알아야 할 사항들을 학생들에게 안내하여 실습에 대한 전체적인 준비를 하도록 하는 데 그 목적이 있다.

1. 사회복지현장실습 진행절차

먼저 실습의 전체적인 흐름을 알기 위해서 〈표 1-1〉과 같이 사회복지현장실습 진행절차부터 알아보자.

1) 2022년 사회복지교육협의회 사회복지학 교과목지침서 pp. 57-68 인용 및 재구성.

사회복지현장실습은 일반적으로 실습오리엔테이션→실습지 선정 및 관련 서류제출→실습의뢰 공문 발송→실습 진행→실습 종료 및 실습세미나 순으로 이루어진다.

〈표 1-1〉 사회복지현장실습 진행절차

1단계: 실습오리엔테이션
① 실습생은 실습 전에 학교에서 실시하는 실습오리엔테이션을 반드시 숙지하여야 한다. ② 실습지도교수는 실습기관을 정하는 것에서부터 실습기간, 실습방법과 실습시작 시 필요한 서류를 안내하고 실습이 끝나면 제출해야 하는 필요서류를 안내하는 것은 물론 사회복지사자격증 발급과 관련된 사항을 학생들이 숙지하여 사회복지사자격증 발급이 차질 없도록 실습을 진행해야 한다. ③ 실습기관을 정할 때 한국사회복지사협회 홈페이지의 사회복지현장실습 실습기관 선정 공고 등을 통해서 반드시 확인 후 보건복지부장관으로부터 현장실습기관으로 인정된 기관을 선정해야 한다. ④ 실습과 관련되어 준수해야 하는 법이나 규정, 실습비 관련 안내 등 관련 규정에 맞게 실습을 할 수 있도록 안내하여야 한다. ⑤ 실습 선에 학생들이 해야 하거나 제출해야 하는 서류(실습신청서, 실습생프로파일 등)를 안내한다. ⑥ 실습생으로서 태도나 역할, 자세, 안전 및 감염병 예방, 성희롱, 또는 안전사고에 대비한 보험가입 등에 대해 안내하여야 하며 실습일지 쓰는법을 숙지하도록 공지한다. ⑦ 실습 후에는 실습확인서, 실습평가서, 출석부, 실습일지 등 학교에 제출해야 하는 서류에 대해 알려준다. ⑧ 기관실습과 실습세미나 수업의 두 가지 조건을 충족해야 실습학점이 취득된다는 사실을 알려주고 사회복지현장실습을 하고 실습세미나 수업(사회복지현장실습 과목 수강 신청)을 듣지 않아서 실습이 무효가 되지 않도록 주의하여야 한다.
2단계: 실습지 선정 및 관련서류 제출
① 학생은 자신의 욕구나 관심 등 개인적인 측면을 고려하여 기관홈페이지 방문 또는 전화를 통해 문의하고 실습기관을 정한다. 실습기관 발굴은 실습공고를 통해 실습신청서를 제출하거나 자원봉사나 지역사회네트워크, 학교의 산학협력기관 등 다양한 방법을 통해 실습기관을 선정을 할 수 있으며 실습이 정해지면 학교에 일러 관련 실습의뢰 공문이나 실습신청서, 실습생프로파일(실습생 이력서)을 보낼 수 있도록 해야 한다.
3단계: 실습의뢰 공문 발송(학교에서 실습기관으로)
① 학생의 실습기관이 정해지면 학교는 실습기관에 실습의뢰 공문과 함께 실습신청서 및 실습생프로파일 등 관련 서류를 송부하고 학교에서 받아야 할 실습관련 서류(실습계획서, 실습협약서, 실습지도자 재직증명서 등)를 받아서 기관과 학교가 공식적인 실습관계가 확정되었다는 것을 서류를 통해 교환하고 행정처리 해야 한다.
4단계: 실습진행
① 학생은 정해진 실습기관에 정해진 절차에 따라 실습을 진행한다. ② 학생은 실습일정 등 실습관련 사항을 실습일지에 기록하고 슈퍼비전을 받는다. ③ 학생은 실습 시 수행해야 하는 과제 등을 제출한다. ④ 실습지도교수는 학생들이 실습을 진행하고 있을 때 실습기관을 방문하여 실습 지도를 실시하고

증빙(실습지도사진 등)을 남기고 실습보고서 작성 시 이를 첨부한다.
5단계: 실습 종료
① 실습종결과 관련된 서류(실습확인서, 실습평가서, 실습일지 등)를 1주일 이내 제출하여야 한다(우편으로 보낼 시는 반드시 등기우편 사용) – 실습평가서(교육기관발송용) 원본 1부: 기관의 슈퍼바이저 작성 – 사회복지현장실습확인서 원본 2부(1부 학생보관용, 1부 학교제출용): 실습기관의 슈퍼바이저 작성
6단계: 실습세미나 실시 및 실습 평가
① 기관실습과 함께 실습세미나가 진행된다. 세미나의 목적은 실습지도 교수와 실습을 한 학생이 실습을 통해서 알게 되고 경험했던 다양한 사회복지 현장이나 실천활동에 대해 논의하고 발표하는 과정을 통해 사회복지전문가로서 정체성을 수립하고 실무역량을 강화할 수 있도록 하는 데 있다. ② 실습지도교수는 기관실습에서의 평가점수와 학생의 실습세미나 점수를 합하여 지도교수가 사회복지현장실습 점수를 부여하고 이를 통해 사회복지현장실습 과목의 이수가 완료된다.

2. 실습생 자격조건

사회복지사 자격증을 취득하기 위해서는 전공필수 10과목과 전공선택 7과목을 합하여 전체 17과목을 이수하여야 사회복지사 자격증 취득한다. 현장실습은 그중 한 과목인 사회복지현장실습과목을 취득하기 위한 과정이다. 현장실습과목은 현장실습 수행과 현장실습세미나 수강의 두 가지 조건을 충족해야 학점을 취득할 수 있다. 현장실습을 하기 위해서는 실습생 자격조건을 아래 〈표 1-2〉와 같이 충족하여야 한다. 즉 사회복지 과목 중에서 필수 4과목 이상, 선택 2과목 이상 이수를 해야 실습을 할 수 있는 자격이 주어진다. 따라서 실습을 나가기 전에 학생이 수강한 과목이 이 기준에 부합하는지 수강했던 과목을 확인 후 실습 신청을 해야 한다.

〈표 1-2〉 사회복지학 전공교과목과 사회복지관련 교과목 및 학점

구분	교과목	이수과목(학점)	
		대학·전문대학	대학원
필수과목	사회복지학개론, 사회복지법제와 실천, 사회복지실천기술론, 사회복지실천론, 사회복지정책론, 사회복지조사론, 사회복지행정론, 사회복지현장실습, 인간행동과 사회환경, 지역사회복지론	10과목 30학점 (과목당 3학점) 이상	6과목 18학점 (과목당 3학점) 이상

선택 과목	가족복지론, 가족상담 및 가족치료, 교정복지론, 국제사회복지론, 노인복지론, 복지국가론, 빈곤론, 사례관리론, 사회문제론, 사회보장론, 사회복지역사, 사회복지와 문화다양성, 사회복지와 인권, 사회복지윤리와 철학, 사회복지자료분석론, 사회복지지도감독론, 산업복지론, 아동복지론, 여성복지론, 의료사회복지론, 자원봉사론, 장애인복지론, 정신건강론, 정신건강사회복지론, 청소년복지론, 프로그램 개발과 평가, 학교사회복지론	7과목 21학점 (과목당 3학점) 이상	2과목 6학점 (과목당 3학점) 이상

출처: 사회복지사업법 시행규칙 [별표 1] 2019.

3. 실습생 모집절차

〈표 1-3〉 실습생 모집절차

실습기관		교육기관	서식 및 참고사항
↓			
공지	→	실습교육기관 공문접수	*기관공지, 학교산학기관연계, 학생이 실습처 발굴 등 다양한 방법으로 실습처를 확보하기도 함
↓		↓	
서류접수	←	학생들에게 공지	
↓			
실습생 면접/선발		↓	
↓			
실습생 확정	↔	실습의뢰 공문	교육기관 (실습의뢰서 발송)
↓		↓	
수락서 발송	↔	실습교육기관 확정	
↓		↓	
실습기관 실습지도	↔	교육기관 실습지도	교육기관(실습세미나 진행) *방학 중 실습의 경우 방학 직후 학기 진행
↓		↓	
실습종결/ 실습평가서 발송	↔	실습학점부여	실습평가서, 확인서 발부(실습기관)

4. 실습기관 자격요건

1) 실습기관

한국사회복지사협회에서는 사회복지사 자격증의 내실화를 기하기 위하여 자격증 발급 시 실습기관 및 실습지도자 기준을 심사하고 있다. 사회복지사업법이 적용되는 기관이나 시설이라고 해서 모두 사회복지현장실습을 할 수 있는 기관은 아니다. 즉 보건복지부장관으로부터 사회복지현장실습 기관으로 지정을 받은 기관에서만 사회복지현장실습을 할 수 있다. 따라서 학생들과 지도교수는 반드시 자신이 실습하는 기관이 사회복지현장실습 기관으로 지정된 곳인지 한국사회복지사협회 홈페이지 자격관리 센터(https://www.welfare.net) → '현장 실습선정기관 현황'에서 반드시 확인 후 실습기관을 정해야 한다.

2) 실습가능기관 요건

실습가능기관의 요건은 다음과 같다.

(1) 사회복지사업을 수행하는 기관, 법인, 시설 또는 단체일 것.

예) ① 이용시설: 복지관 자활후견기관, 정신보건센터, 자원봉사센터 등

② 생활시설: 아동복지시설, 일시보호시설, 장애인생활시설, 노인생활시설(요양원) 등

③ 재단법인, 사단법인: 사회복지사업을 하는 비영리 단체

※ 자기가 근무하는 근무지 실습을 절대 불가

(2) 보건복지부장관으로 부터 실습 가능 기관으로 선정되었을 것

(3) 실습지도자 요건을 갖춘 사회복지사가 2명 이상 상근할 것

5. 실습지도교수 및 실습지도자 자격요건

1) 실습지도교수 요건 및 업무

현장실습지도교수 요건은 학사, 석사 또는 박사학위 중 2개 이상의 학위를 사회복지학 전공으로 취득한 사람으로서 3년 이상의 사회복지학 교육경험 또는 3년 이상의 사회복지사업 실무경험이 있는 교수가 지도하여야 한다. 그 외에도 교육과정 중 최소 한 학기 이상 실습경험이 있거나, 실무경험이 풍부한 전임교수가 실습 지도를 담당하는 것을 권장한다.

이밖에도 사회복지현장실습 세미나 인원은 최대 30명을 넘지 않도록 하여야 한다.

실습지도교수의 업무는 현장실습 전 사전오리엔테이션을 포함, 현장실습 시 기관방문을 철저히 하고 강의, 토의, 슈퍼비전을 통한 실습세미나 운영을 담당한다. 또한 원활한 실습을 위해 실습담당 조교를 두도록 하며, 실습기관 및 실습생에 대한 연락, 실습상황검토, 실습보고서와 평가서 정리 등의 업무를 행한다. 사회복지현장실습은 연 2회(2학기) 이상 하는 것을 적극 권장하고, 방학 중 기관실습은 학칙에 세부규정이 필요하며 방학과 연결되는 다음 학기에 사회복지현장실습 세미나를 수강하도록 반드시 사전안내를 하여야 한다.

2) 실습지도자 자격기준

실습지도자 자격기준은 다음과 같다.

(1) 사회복지사 1급 자격증을 취득한 이후 3년 이상 또는 사회복지사 2급 자격증을 취득한 이후 5년 이상 사회복지사업의 실무경력이 있는 자

(2) 기관실습이 실시되는 연도의 전년도에 '8시간 이상 보수교육을 받은 자'로서 근무하는 기관에 실습지도자 요건을 갖춘 사회복지사가 2명 이상 상근하여야 한다.

(3) 실습지도자 1명이 동시에 지도할 수 있는 학생수는 5명 이내이며 연간 20

명 이내로 실습지도를 할 수 있다.[2)]

6. 실습시간 및 실습세미나

1) 실습 시간

사회복지현장실습은 160시간의 기관실습과 학교에서 실습세미나 30시간을 수강하여야 사회복지현장실습 학점이 부여된다.

실습운영시간은 학기 중 실습과 방학 중 실습, 주중 실습, 주말 실습 등으로 구분할 수 있다. 학기 중 실습은 주당 8시간 이상 실습을 하고, 방학 중 실습은 1일 최소 4시간 최대 8시간 실습할 수 있다.

2) 실습 세미나(seminar)

사회복지현장실습세미나는 기관실습과 함께 사회복지현장실습 교과목 학점 취득의 중요한 요건이다. 즉 기관실습 종료 후 혹은 기관실습을 진행하는 동안 현장실습에서의 겪었던 자신의 경험을 공유하며 실습지도교수의 슈퍼비전과 동료의 피드백을 받으며 자신의 실천을 점검하고 발전시키는 활동이다.

세미나(seminar)의 사전적 의미는 어떤 주제에 대해 집중 탐색하는 연구, 회의나 모임을 말하는데 사회복지현장실습 세미나의 목적은 실습지도 학생이 실습을 통해서 알게 되고 경험했던 다양한 실습경험에 대해 논의하고 발표하는 과정을 통해 사회복지전문가로서 정체성을 수립하고 실무역량을 강화하는 데 있다.

실습세미나는 1회당 2시간 이상 실습세미나를 총 15회 이상 실시하여야 한다. 이 경우 정보통신망을 이용한 온라인 교육을 실시하는 교육기관의 실습세미나에는 대면방식의 실습세미나가 총 3회 이상 포함되어야 한다.

---

2) 사회복지사업법 시행규칙 [별표 1].

7. 사회복지현장실습 과목 이수 및 사회복지사 자격증 취득

1) 사회복지현장실습 교과목 이수 요건

사회복지현장실습 교과목을 이수하기 위해서는 기관실습과 실습세미나 수강을 마치고 학점을 취득하여야 한다. 사회복지현장실습 학점은 현장실습에서 실습지도자가 부여한 점수와 실습지도교수의 실습세미나 평가 점수를 합하여 실습지도교수가 부여한다.

2) 사회복지사 자격증 취득

사회복지사 자격증은 사회복지현장실습을 마치고 실습기관으로부터 발급받은 현장실습확인서와 졸업증명서, 성적증명서, 사회복지사자격증 신청서(2022년 7월부터 온라인으로 신청)를 첨부하여 사회복지사 자격증을 신청하면, 사회복지사협회의 심사를 거쳐 자격증을 발부받게 된다.

3) 사회복지사 자격증 신청방법

지금까지는 사회복지사 자격증 발급 신청은 오프라인 서류작성 후 우편 제출하였지만(학교에서 단체로 접수하기도 했음) 2022년 7월 1일부터 온라인 작성(온라인 입력 뒤 출력 → 우편 제출)으로 변경된다. 아래 [그림 1-1]과 같이 한국사회복지사협회 자격관리센터(lic.welfare.net)의 온라인 자격신청란을 통해 자격증 발급 신청서를 저장, 출력하여 필요 증빙서류와 함께 가까운 시・도 사회복지사협회에 등기우편으로 접수하면 된다.

TIP 사진(3.5×4.5)을 준비해 두거나 사용하는 컴퓨터나 노트북 바탕화면에 사진 파일을 미리 깔아놓으면 좋다.

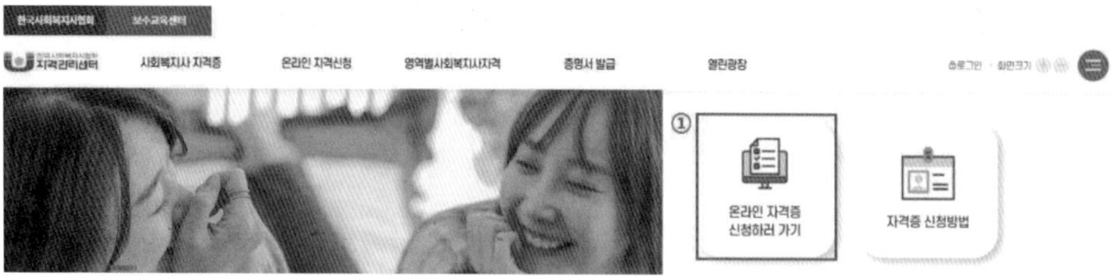

[그림 1-1] 사회복지사자격증 신청 방법

출처: 한국사회복지사협회 자격관리센터.

4) 자격증 취득

각 시도 사회복지사협회에 보낸 사회복지사 자격증 신청서 및 구비서류를 심사하여 결격사유가 발생하지 않으면 자격증이 발부되어 국가자격증인 사회복지사 자격증을 취득하게 된다

2절 사회복지현장실습 운영

1. 사회복지현장실습의 운영 기준

사회복지현장실습은 교육기관에서 진행하는 실습세미나와 기관에서 진행하는 기관실습 과정으로 구성되었으며, 교육기관과 실시기관은 각각 사회복지사업법 현장실습관련 규정에 맞도록 실습 과정을 운영하여야 한다.

2. 교육기관에서의 현장실습 운영

1) 사회복지현장실습 교과목은 학과 수업의 하나로서 교과 이수 시 부여되는

학점당 이수 시간에 따라 기관실습이 해당 학기 내에 이루어지는 것이 원칙이며, 학기 외 기간에 운영되는 사회복지현장실습[3)]은 학칙 등으로 운영 근거를 명확히 규정하여 이루어져야 한다.

2) 교과목 개설 前 기관실습을 실시할 경우, 학칙 등에 근거를 마련[4)]하고, 기관실습의 시기, 세미나교수(지도교수) 지정, 교과 운영과 관리방법 등 관련 사항을 규정해야 한다.

3. 실습기관의 현장실습 운영

1) 기관실습은 실습지도자의 근로시간 내에 실시하여야 하며, 하루에 이수 가능한 시간은 최소 4시간 이상 최대 8시간 이하로 하여야 한다.
2) 실습지도자는 실습 기간 중 실습 기관에 상근으로 재직하는 자이어야 한다.
3) 적정 실습비: 2022년 현재 실습생 1인당 10만원~20만원 이내 권고사항이며(2022년 기준) 실습생 식비는 별도 부과 가능 하나, 실습비 이외의 '후원금', '실습 이외의 교육비' 등을 명목으로 추가비용을 요구해서는 안된다.
4) 실습이수 중 실습지도자를 중간에 변경할 경우 법적 기준에 맞는 실습지도자(실습지도자로 등록된 자)가 지도하여야 하며 실습확인서는 변경 전·후 지도자에게 각각 발급받은 각각의 확인서를 제출해야 한다.
5) 동일 직장(동일 기관) 내에서 진행되는 실습은 인정되지 않는다. 단 동일 법인이지만 기관별 시설신고증이 분리되었고, 증빙서류를 제출하여 동일 직장(동일 기관)이 아닌 것이 확인될 경우 인정한다.
6) 자원봉사 활동이나 단순 기관방문, 마을 축제 방문 등은 사회복지현장실습

---

3) 학기 외 기관실습이란 '사회복지현장실습' 교과목 개설 학기 직전 방학 중 실시한 실습을 뜻함. 예를 들어, 3학년 여름방학(7~8월)에 사회복지시설에서 기관실습 후, 3학년 2학기 또는 그 이후에 세미나 등의 형식으로 교과목 개설 및 학점 이수한 경우가 해당함.

4) 학기 외 실습을 진행한 학생의 경우 학칙을 마련하고 자격증 신청 시 해당 교과목과 관련된 학칙 제출 필요.

에 포함되지 않으며, 실습생이 실습기관에 출석하지 않고 알선업체를 통한 허위 실습을 하거나 인터넷 등을 통한 실습은 인정되지 않는다.

7) 해외 사회복지시설에서의 현장실습 인정하지 않는다.

CHAPTER 02

실습과정 및 종결

1절 현장실습 전 준비사항

1. 실습 선행과정(학교)

1) 사회복지현장실습 교육계획 수립

학생들의 사회복지현장실습을 원활하게 운영하고 내실 있는 실습교육이 이루어지기 위해 학교에서는 실습교육계획을 수립하여야 한다. 학과 내에 실습위원회를 구성하여 사회복지현장실습 교육 및 운영에 관하여 논의할 것을 권장하며, 사회복지현장실습을 위한 연간 교육계획을 마련하여야 한다.

실습교육 연간교육계획에 포함할 수 있는 항목은 〈표 2-1〉과 같다.

〈표 2-1〉 실습교육 연간교육계획 내용

- 사회복지현장실습 수요 조사: 실습교육 이수 예정 인원, 희망분야 등을 사전 조사함으로써 실습교육 배치 기초조사로 활용
- 실습기관 목록 점검
- 선 이수교과목 점검 절차
- 실습 오리엔테이션 시행계획 수립
- 실습지도교수 선정: 연간 운영계획 수립 총괄
- 실습지도교수의 실습지도 분반운영 계획
- 실습세미나 운영계획 수립
- 행정계획 수립: 실습운영 관련 예산 등

출처: 한국사회복지사협회(2021). 사회복지사 자격관리지침.

2) 사회복지현장실습 교과목 운영 및 오리엔테이션 세부내용

실습지도교수는 실습 예정 학생들을 대상으로 실습세미나의 연장선상에서 사전오리엔테이션을 실시하며, 오리엔테이션 내용은 다음과 같다.

① 사회복지현장실습 교과목 운영 개요에 대한 설명: 실습오리엔테이션, 실습기관 선정, 실습기관 방문을 포함하며, 기관에서의 현장실습과 학교에서의 실습세미나가 병행 운영됨을 안내한다.

② 선수과목 이수 여부 확인: 학생들이 사회복지 기초과목 및 관심 분야 관련 교과목을 이수했는지 점검한다.

③ 현장실습의 중요성 및 필요성에 대한 교육 및 동기 확인: 학생 자신의 진로계획과 실습교육의 관련성을 고민하고 탐구하도록 한다.

④ 현장실습에 임하는 실습생에게 요구되는 자세 및 권리 보호, 문제 상황 시 대처 안내: 실습기간 중 준수하여야 할 의무와 책임, 권한과 역할의 한계, 실습생으로서의 윤리, 부당한 요구 혹은 권익침해 상황 발생 시 대처방법 등에 대해 안내한다.

⑤ 실습기관 선정 과정에 대한 안내 및 추후일정 공지: 실습이 시작되기 전에 실습할 기관을 선정하고, 실습 시작 전에 학교에서는 학생의 실습신청서와 실습생프로파일, 실습협약서 등과 실습관련 공문을 첨부하여 학생들이 실습하는 기관에 보내고 기관으로 부터 실습계획서 및 실습협약서를 송부받아 실습이 이루어졌는지에 대해 확인한다.

⑥ 기타: 개별 대학의 교육과정 특성 및 학생들의 욕구에 따라 필요 시 실습 관련 워크숍(프로그램 개발과 평가 및 사례관리 등의 선택 교과목이 개설되지 않는 경우 관련 워크숍, 실습일지 작성 및 평가 기록 작성법 등)을 운영한다.

3) 실습희망기관에 대한 정보 제공 및 실습기관 선정

① 실습희망기관에 대한 충분한 사전 이해는 실습생이 실습기관을 선택하는 데 가장 중요한 요소이다. 한국사회복지사협회 자격관리센터에 공지되어

있는 '사회복지현장실습 선정기관 현황' 정보를 중심으로 실습희망기관을 선정하되, 실습지도교수 및 실습담당조교, 선배들 그리고 기관 홈페이지를 통해 해당기관에 대한 충분한 정보를 수집하도록 지도한다. 또한 대학에서 사전에 접촉하여 개발한 실습기관에 관한 세부 정보(실습기관 소개 파일)를 학생들에게 제공하여 학생들이 실습 희망기관을 정하는 데 도움이 되도록 한다.

② 실습기관 선정 및 실습생의 배치의 방식은 학교의 산학기관을 연계하는 방법 및 실습희망자가 실습기관을 선정하는 2가지 형태로 운영될 수 있다. 학생은 실습 예정기관에 사전방문 또는 유선접촉을 통해 기관의 실습교육 관련 지침과 계획(실습비 금액 및 납부방법, 실습 인원, 기자재 사용규정, 사전 준비사항, 실습일정 및 내용) 등을 확인한 뒤 실습을 준비한다.

4) 실습기관별 실습학생 확정 및 통보

대학의 실습지도교수 및 실습담당조교와 함께 실습기관에 실습이 확정된 학생명단을 공문으로 발송하고, 실습과정에 필요한 협조를 구한 뒤 현장실습과 관련된 준비를 완료한다.

5) 학생별 실습 목표 수립

실습기관이 확정된 후 학생은 현장실습 관련 문서를 준비한다. 현장실습 관련 문서에는 실습신청서, 실습생 프로파일, 실습계획서, 실습평가서 등이 포함된다.[1] 실습계획서 작성 시 학생은 스스로 실습목표를 수립하도록 한다.

---

1) 실습신청서 및 실습생프로파일 예시 첨부.

6) 현장실습 관련 사전교육

실습에 대한 모든 준비가 완료되었으면, 실습지도교수는 현장실습의 목표와 의의, 실습생으로의 바람직한 자세와 태도, 권리보호 및 문제상황 시 대처 등 실습생이 개인적으로 준비해야 할 서류 준비상황 및 내용을 점검하여 학생들이 미리 준비된 상태에서 실습에 임하도록 한다.

2. 실습기관 선정

1) 실습기관 찾기

실습은 사회복지현장실습기관으로 선정된 기관에서 실습하여야 한다. 2022년 11월 현재 사회복지 현장실습선정기관 수는 7,500개이며, 실습기관을 찾기 위해서는 아래 [그림 2-1]과 같이 한국사회복지사협회 자격관리센터 현장실습 선정기관 현황을 클릭하여 검색한 후 실습기관을 찾아야 한다.

[그림 2-1] 현장실습선정기관 검색

출처: 한국사회복지사 협회 자격관리 센터(https://www.welfare.net).

현장실습 선정기관 현황을 검색하면 실습기관 관리번호, 기관명, 대표자, 기관 주소, 연락처, 선정 유효기관, 기관 유형 등을 알 수 있다. 자신의 거주지와 가깝거나 평소에 관심이 있었던 기관을 찾거나 기관 이름을 모를 경우 지역을 우선적으로 찾은 후 기관에 연락하여 실습 가능 여부를 사전에 확인하는 것이 좋다. 또 실습 유효기관이나 실습비 등도 나와 있으니 참고하는 것이 좋다.

2) 실습시작까지 진행과정

① 실습기관선정(학생) → ② 실습생면접(기관) → ③ 실습생확정(기관) → ④ 실습의뢰공문발송(학교) → ⑥ 실습시작(기관, 학생, 학교)

참고 ②, ③, ④의 과정이 따로 또는 같이 이루어지기도 하고, 순서가 달라지는 경우도 있다.

3) 사회복지현장실습 준비서류

현장실습 준비 및 관련서류는 (1) 실습신청서(학생), (2) 실습생프로파일(학생), (3) 실습의뢰서(학교), (4)실습의뢰에 대한 회신(실습기관)서류 등이 있다.

실습신청서는 실습기관이 정해지면 학교와 실습기관이 서로 공적인 관계를 맺는 과정이 진행된다. 이때 학교는 실습의뢰서와 실습신청서, 실습공문을 함께 기관에 보내고 실습기관은 실습의뢰에 대한 회신을 학교에 보내는 절차를 통해 실습이 시작된다. 실습신청서의 내용은 실습생의 인적사항과 실습의뢰 내용을 적는다. 이밖에도 실습생을 소개하는 실습생 프로파일을 적어서 제출하게 되는데 실습생 프로파일은 이수과목, 경력, 실습목표, 실습기관 등에 대한 사항, 실습생 소개 등을 적는 서류이다, 때로는 실습신청서 및 실습생 프로파일을 미리 작성하여 실습시직 전 기관방문 시에 가져오도록 요청하는 기관도 있으니 실습을 하려고 마음먹은 학생은 실습신청서나 실습생 프로파일을 미리 작성해 두는 것이 좋다.

실습신청서나 실습 의뢰공문 및 의뢰서를 보내지 않고 실습을 한 경우 무효처리될 수 있음으로 실습신청서 작성 후 실습해야 한다.

(1) 실습 신청서

실습신청서는 실습생의 기본적인 인적사항을 작성하고 실습의뢰 내용은 실습처가 정해지면 정해진 실습처의 내용대로 작성하면 된다. 실습신청서는 실습을 하기를 원하는 의사를 표현하는 서식으로 실습신청서를 통해 학교와 기관은 실습신청 의뢰서와 실습의뢰에 대한 회신서를 작성하여 실습 여부를 확정한다. 특히 실습기간을 공휴일 등 기관의 근무상황을 반영하여 명확하게 계산하여 기록하는 것이 중요하다. 실습신청서 양식 및 작성예시는 〈표 2-2〉와 같다.

(2) 실습생프로파일

실습생프로파일은 실습생의 인적사항, 이수 전공과목, 경력, 사회복지를 전공하게 된 동기, 실습기관 선택이유, 실습목표, 자신의 강점과 약점, 취미 및 특기 등을 작성하는 서류이다. 실습생프로파일은 자신의 이력서와 같은 것으로 정확하고 솔직하게 적는 것이 필요하다. 특히 반드시 연락 가능한 전화번호를 적도록 하며, 이수과목을 확인 후 적도록 한다. 사회복지관련 경험이나 자기가 실습하러 가는 기관에 대한 특성을 감안하여 성의 있게 적도록 한다. 실습생프로파일 양식 및 작성사례는 〈표 2-3〉과 같다.

(3) 실습의뢰서

실습기관이 정해지면 학교에서 정식 공문을 기관에다 보내 실습을 의뢰할 때 쓰는 서식이다. 학생의 실습신청서와 실습생프로파일을 첨부하여 보낸다. 이미 프로파일을 제출한 경우는 실습생프로파일을 보내지 않아도 된다. 실습의뢰서에서 주의할 사항은 실습시간과 날짜를 명확히 하는 것이 중요하며. 공문서로서 효력을 위해서 학교의 직인을 찍어 보낸다(부록 1의 실습의뢰서 서식 참고).

(4) 기관

기관은 대학에서 실습의뢰서를 받으면 실습의뢰에 대한 회신을 보낸다(부록 1의 실습의뢰에 대한 회신 서식 참고).

(5) 기타

이밖에도 기관에서 실습생을 받을 때 현장실습 신청의뢰서를 보내어 실습생을 받기도 하고, 실습공고문을 띄워 실습생을 받기도 한다(부록1의 현장실습 신청의뢰서 서식 참고).

〈표 2-2〉 실습신청서 작성 사례(교육기관용 2)

실 습 신 청 서

○ 실습기관명:

1. 실습생 인적사항

이름	김 복지	생년월일	2005.06.01		
학교	OO 대학교	학과/전공	사회복지학과/사회복지	학년/학기	2/2
현주소	OO시 OO구 OO길 OOO아파트 OOO동 OOOO호				
전화번호	010-0000-0000				
E-Mail	tkghlqhrwl1@@naver.com				

2. 실습 의뢰내용

실습 기관 주소	서울시 OO구 OO길 257		
전화번호	00-000-0000	FAX	02-1234-4567
실습 지도사	김 착해	E-Mail	tlsskdy1@naver.com
실습 분야	노인복지		
실습기간	2023년 01 월 03 일 ~2023년 01 월 31일(20일 160시간) 1일 _8시간		

* 상기 내용으로 귀 기관에 실습신청을 의뢰하며 실습생 프로파일을 동봉합니다.

신청인(학생명) : 김복지 인

실습지도교수 : 이OO 인

학과장/대학원장 : 류OO 인

〈표 2-3〉 실습생 프로파일 작성 사례(교육기관용 3)

실습생 프로파일

1. 인적사항

(사진)	실습생명	김복지	성 별	여	생년월일	2005.06.01
	소속	OO 대학교(원) 사회복지전공 2 학년(1학기)				
	주소	OO시 OO구 OO길 OOO아파트 OOO동 OOOO호				
	전화번호	010-0000-0000 ※ *연락가능 전화번호를 정확히 적는다*				
	E-mail	tkghlqhrwl1@@naver.com				

2. 이수 전공과목

교과목명	이수 완료	현재 이수	교과목명	이수 완료	현재 이수	교과목명	이수 완료	현재 이수
사회복지학개론	o		인간행동과사회환경	o		사회복지실천론		o
사회복지실천기술론			지역사회복지론			사회복지정책론	o	
사회복지행정론			사회복지법제와 실천		o	사회복지조사론		
과목 중 필수 4개 과목, 선택 2개 과목 이상 성적취득 후 수강신청 및 실습 진행 가능								
사회복지자료분석론			프로그램 개발과평가	o		가족복지론	o	
아동복지론			청소년복지론			노인복지론		
여성복지론			장애인복지론	o		정신건강론		
정신보건사회복지론			의료사회복지론			학교사회복지론		
산업복지론			자원봉사론			사회문제론		
사회복지역사	o		사회보장론	o		교정복지론		
사회복지윤리와철학			사회복지지도감독론			사회복지현장실습		

3. 경력(사회복지관련 활동을 적는다)

구분 (취업, 실습, 봉사)	기관	기간	내용
자원봉사	oo노인복지관	2018~2021	노인무료급식 자원봉사
자원봉사	oo재가센터	2022~ 현재	노인 반찬 배달 사업 보조

4. 사회복지를 전공하게 된 동기

초등학생때 부터 사회복지관에 엄마를 따라 자원봉사를 많이 다녔다. 우연히 노인복지관에서 무료급식봉사를 하면서 사람이 태어나고 늙어가는 과정에 사회복지의 역할이 매우 중요하다는 걸 느끼고 사회복지에 관심을 가지게 되었다. 이후 사회복지관련 정책이나 제도가 만들어지는 과정을 매스컴이나 학교 수업을 통해 듣게 되면서 실제 사회복지현장에서 사회복지대상자를 위한 실천활동을 하는 전문가가 되고 싶어서 사회복지를 전공하게 되었다.

5. 실습 기관 선택 이유

최근에 우리나라는 고령화 사회에 진입하였다. 노인문제가 사회문제의 핵심으로 대두 되면서 노인문제해결을 위한 접근방식이 무엇이 있을까에 대한 고민을 많이 하게 되었다. 노인문제 해결을 위한 첫 번째 단계로서 노인복지 현장에 대한 실태파악이 중요하다는 생각이 들었다, 따라서 노인복지실천현장인 노인복지관을 실습기관으로 선택하게 되었다.

6. 실습을 통해서 성취하고자 하는 목표

예비사회복지사로서 많은 것을 배워 전문성을 확보하고 싶다.

1) 노인복지 실천현장의 실태를 파악하고 싶다.
2) 노인복지관련 제도나 정책이 어떻게 전달되는지 알고 싶다.
3) 노인복지관의 행정과 지역사회협의체의 기능을 알고싶다.
4) 노인복지관련 사업이나 프로그램의 종류와 개발에 대해 공부하고 싶다.
5) 노인들의 욕구와 노인복지관의 역할에 대해 탐색하고 싶다

7. 사회복지를 실천하는데 있어 자신의 강점과 약점

1) 사회복지 지식 및 기술의 측면	2) 개인적인 특성 측면
사회복지전공을 통해 사회복지개론, 사회복지실천관련 이론과 기술에 대해 학습하였으며 프로그램 개발과 평가 등 전공학생으로서 갖추어야 할 사회복지지식과 기술을 함양하고 있다. 그러나 아직 미흡하고 배울점이 많다고 생각한다.	평소 이타적인 성격과 공감 능력이 뛰어나다는 소리를 많이 들어서 사회복지실천을 할 때 강점으로 작용할 수 있다는 생각이 든다. 그러나 실체 클라이언트와 상호작용을 잘 할 수 있을지에 대한 두려움이 있다

8. 취미 및 특기

취미는 민화 그림 그리기와 영화감상, 독서 등 다양하며 특기는 별로 없다.

9. 실습기관, 실습지도자 및 실습지도교수에게 바라는 점

학교에서 배운 사회복지관련 지식과 이론을 잘 접목할 수 있는 기회를 주셔서 감사하며 실습기간동안 구체적이고 전문적인 슈퍼비전을 받고 싶습니다.

위 사항이 틀림없음을 확인합니다.

2023년 1 월 3 일

작성자: 김복지 (서명 또는 인)

※ 학교별로 양식을 달리할 수 있음.

2절 실습과정 및 종결

1. 현장에서의 실습지도

1) 실습일지 쓰는 법 및 작성사례

(1) 사회복지현장실습일지 작성법

1. 실습일지 기록의 목적

실습일지는 실습생이 수행했던 업무내용을 시간적 순차에 따라 구체적으로 기록하는 것이며 실습목표, 실습일정, 실습소감 및 의견, 실습지도자의견(슈퍼바이저 의견)으로 구성되어 있다.

실습일지 기록의 목적은 실습생의 하루일과 업무를 일련의 과정에 따라 기록함으로서 실습지도자와 실습교수가 피드백을 제공하는 것은 물론 실습생의 수행업무를 검토하고 활동에 대한 의견제시 등을 통해 실습의 체계와 전문성을 확보하기 위해서 기록한다.

2. 실습일지 기록 기본원칙

실습일지 기록은 오감을 모두 활용하여 관찰하고, 듣고, 생각하고, 질문 및 답변 등의 상호작용 상황 등 실습을 하면서 경험했던 모든 현장 내용 등을 활용하여 기록하여야 한다.

1) 실습 업무를 진행된 사실 그대로 순서에 따라 기록한다.

(1) 내용을 쉽게. 간단명료하게 기술해야 한다.

(2) 수행한 업무를 구체적, 사실적, 객관적으로 기재하여야 한다.

(3) 그날 수행한 행정 업무뿐만 아니라, 클라이언트와의 교류 과정도 상세히 기록하되, 클라이언트 관련 사항을 적을 때는 개인정보를 보호할 수 있도록 클라이언트의 이름은 익명으로(김OO) 기록하도록 하고 사진의 경우 초상권이 침해받지 않도록 주의하여야 한다.

2) 구체적이고 객관적이고 논리적이며 긍정적으로 기록한다.

많은 실습생들이 주관적이고 감성적인 내용으로 기술하는 경우를 흔히 본다.

예) 감성적: 할머니가 너무 불쌍하다. 부정적: 이런 문제는 절대 해결이 안 된다.

3) 프로그램을 진행하거나 및 교육받은 사항이 있다면 요점을 요약해서 기록하고 시사점도 함께 기록하면 좋다. 교육자료 및 근거는 별도로 뒷면이나 다음 장에 첨부하는 것이 좋다.

4) 가능한 전문용어를 사용하고 공적인 문서이므로 맞춤법에 맞도록 작성하고, 줄임말이나 속어 등은 쓰지 않도록 한다.

예) 가난한 사람 → 기초생활수급자　　할머니 → 클라이언트

5) 기관의 명칭은 정식명칭으로 사용하고 약어로 적지 않는다.

6) 실습일지에 쓰는 용어는 존어체보다 문어체로 기술하는 것이 좋고, 오자나 탈자가 없도록 유의해야 한다.

예) 문어체와 과거형: 오늘은 실습지도자와 함께 타 기관을 방문하였다. (0)
존어체: 오늘은 실습지도자님과 함께 타기관을 방문하였습니다.
현재형: 오늘은 실습지도자와 함께 타 기관을 방문하였다.

7) 매일 반복되는 단순 업무는 관찰 내용을 기록한다.

실습을 하다보면 노인케어, 아동학습지도, 청소 등 반복되는 업무가 빈번한 경우가 많아 난감한 경우가 있다 이럴 때는 관찰내용을 기록하는 것이 좋다

예) 노인의 경우 식사량의 변화, 활동량, 심리적 변화 등을 기록한다.
아동의 경우도 학습영역, 태도 변화. 상호작용상황이나 심리적 변화 등을 기록한다. 특히 기록할 내용이 없을 경우 업무를 과장하거나 허위기재하면 안 되고 있는 그대로 기재해야 한다.

8) 실습과제가 있을 경우 제출하고 1부는 실습일지에 편철하는 것이 좋다.

9) 실습생 소감, 의문점, 의견란을 충실히 기록해야 한다.

(예 1) OOO이 다른 OOO에게 폭력적으로 행동하는 모습을 보고 매우 놀랐고, 즉시 행동을 중지시켰었으나, 실습생으로서 적절한 개입이었는지, 직후에 어떻게 대처해야 하는지 궁금합니다.

(예 2) 프로그램을 기획하고 실행하려면 어떠한 준비가 필요하고 외부의 자원은 어떠한 경로를 통하는 것인지 전체적인 실무 과정에 대해 궁금합니다.

(예 3) 문제행동을 반복하는 클라이언트의 경우에는 어떻게 대처해야 할지 궁금합니다.

※ 실습기관의 상황을 잘 모르는 상황에서 섣부른 건의사항은 지양해야 한다.

10) 기타: 배울 점이나 느낀 것에 대해 실습일지에 함께 쓰면 좋다.

(예 1) 아동대상 십난 프로그램을 통해 친묵을 지키는 집단 구성원에 적절하게 개입하는 방법을 배울 수 있었습니다.

(예 2) OO프로그램 수행을 통해 클라이언트가 적극적으로 참여하는 모습을 보고, 프로그램을 통해 클라이언트의 성장을 도울 수 있다는 점을 깨달았습니다.

(예 3) 제가 기획했던 프로그램이 클라이언트의 만족도가 낮고 참여율이 저조한 오늘의 결과를 보면서, 철저히 클라이언트의 입장에서 기획을 해야 한다는 것을 배웠습니다.

(2) 실습일지 작성 사례

실 습 일 지

<table>
<tr><td>실 습 일</td><td>2000년00월00일</td><td>실습생</td><td>ㅇ ㅇ ㅇ (인)</td><td>실습지도자</td><td>기관실습지도자 (인)</td></tr>
<tr><td>실습목표</td><td colspan="5">실습일정 및 과정에 대해 이해한다.</td></tr>
<tr><td rowspan="10">실습일정</td><td>시 간</td><td colspan="4">진 행 내 용</td></tr>
<tr><td>09:00~10:30</td><td colspan="4">실습오리엔테이션</td></tr>
<tr><td>10:30~12:00</td><td colspan="4">지역아동센터 라운딩</td></tr>
<tr><td>12:00~13:00</td><td colspan="4">점심식사</td></tr>
<tr><td>13:00~15:00</td><td colspan="4">아동독서지도 및 선택학습지도</td></tr>
<tr><td>15:00~16:00</td><td colspan="4">아동보호 및 놀이활동</td></tr>
<tr><td>15:00~16:00</td><td colspan="4">간식준비 및 지도</td></tr>
<tr><td>16:00~17:00</td><td colspan="4">정리정돈 및 청소(책상, 바닥, 학습용품)</td></tr>
<tr><td>17:00~18:00</td><td colspan="4">실습일과 정리 및 회의</td></tr>
<tr><td>: ~ :</td><td colspan="4"></td></tr>
<tr><td>실습소감 및 의견 (건의사항 등)</td><td colspan="5">실습에 대한 기대와 함께 두려운 마음을 가지고 처음 센터에 왔다.
오리엔테이션을 통해 실습 일정 및 내용에 대해 소개를 받으니 실습이 어떻게 진행되는지 알 수 있었다.

그리고 실습기간 동안 나의 역할이나 해야할 일들을 생각해 보기도 했다. 오후에는 아동보호 및 놀이 활동을 클라이언트들과 함께 해보았다.
순수하고 맑은 모습에 실습에 대한 두려움이 조금 사라졌고 놀이 활동으로 미술치료를 해보았는데 미술치료 기법에 대해 호기심이 생겼다.

간식 준비 및 지도를 하였는데 제철 과일인 딸기와 우유를 준비하여 주었다.
지역의 아동들을 지역아동센터에서 학습이나 놀이 등을 통해 부모의 역할을 대신한다는 생각이 들어 지역아동센터의 역할이 중요하다는 것을 깨달았다.</td></tr>
<tr><td>실습지도자 의견 (수퍼비전)</td><td colspan="5">슈퍼바이저가 기록함</td></tr>
</table>

2) 실습과제

실습과제는 기관의 유형과 특성에 따라, 학생의 교육수준(학부/대학원)과 경험(자원봉사경험, 실습경험, 직장경험 등)에 따라 다양하게 제시할 수 있다. 단, 학생들이 학교에서 배운 사회복지의 전문적 가치 및 윤리, 지식, 그리고 사회복지 실천 내용들(개인 개입, 집단개입, 가족개입, 지역사회개입, 거시체계개입 등)과 관련된 과제가 포함되도록 한다. 또한 조사연구기관 및 정책기관(예: 국회) 등 전통적인 사회복지기관 외에도 다양한 분야의 실습현장에서는 해당 기관의 특성을 반영한 과제를 개발하여 학생들에게 제시할 수 있도록 한다. 실습과제 관련하여 구체적인 방법은 제2부에서 다루고 있으니 참고하기 바란다.

3) 실습슈퍼비전

실습지도자는 아래의 내용을 포함한 정기적인 슈퍼비전이 진행될 수 있도록 안내한다.

슈퍼비전 시간은 다음과 같다.

- 주단위로 실습할 경우(학기 중 실습): 주당 1회, 1회당 60분 이상 지도
- 연속적인 실습일 경우(방학 중 실습): 주당 최소 3회 이상 지도

① 실습기관 및 실습내용에 대한 전반적인 오리엔테이션 및 교육을 실시한다.

• 실습기관 소개
• 실습의 의미, 의의 및 목표 수립
• 실습생의 자세 및 태도
• 사례기록 작성 방법
• 실습일지를 포함한 각종 보고서 작성 방법

② 실습내용에 대한 직접적인 슈퍼비전을 실시한다.

• 실습일지를 정기적으로 점검하고 피드백을 준다.

• 실습과정에서 작성하게 되는 사례기록, 집단활동기록, 지역사회분석, 조직분석 등에 대한 슈퍼비전을 준다.
• 그 외의 사항에 대해 정기적인 슈퍼비전 시간을 갖는다.

2. 대학에서의 실습세미나

실습에서의 자신의 경험을 공유하며 실습지도교수의 슈퍼비전과 동료의 피드백을 받으며 자신의 실천을 점검하고 발전시키는 실습세미나를 병행한다. 이때 실습학생은 현장실습일지, 사례기록, 과정기록, 기관분석보고서, 중간평가서, 최종평가서 등 실습 활동과 관련된 다양한 과제물을 실습지도교수에게 제출해야 한다. 이 과정에서 실습지도교수는 학생이 실습과정에서 어떤 것을 경험하였는지 확인하고 학생에게 슈퍼비전을 제공함으로서 사회복지사로서의 전문적 정체성을 수립하고 실무역량을 강화할 수 있도록 지도하여야 한다.

대학에서는 실습지도교수가 현장실습의 전 과정을 지도하기 위해 실습기관을 직접 순회 방문하여 지도하는 것을 원칙으로 하며, 현장실습 기관과의 상호 슈퍼비전 교환 등의 긴밀한 관계를 유지하며 운영하여야 한다.

1) 실습세미나 시간 및 횟수

(1) 실습세미나는 교육기관의 교육과정에 의거하여 수업의 형태로 진행해야 하며 실습보고서를 통한 실습지도와 실습보고세미나 등을 진행해야 한다.
(2) 1회당 2시간 이상의 실습세미나를 총 15회 이상 실시해야 한다. 이 경우 정보통신망을 이용한 온라인 교육을 실시하는 교육기관의 실습세미나에는 대면 방식의 세미나가 총 3회 이상 포함되어야 한다(이 경우 주 1회를 초과하여 실시할 수 없음).
(3) 실습세미나 교수는 학사, 석사, 박사학위 중 2개 이상의 학위를 사회복지학 전공으로 취득한 사람으로서 3년 이상의 사회복지학 교육경험 또는 3

년 이상의 사회복지사업 실무경험이 있는 교수가 지도하여야 한다.

(4) 한 세미나에 참여하는 학생 수는 30명 이내여야 한다.

(5) 실습세미나를 통해 실습내용에 대한 피드백, 정기적인 슈퍼비전 제공, 실습 중간평가 진행 및 평가내용의 반영, 종결평가 진행 및 실습평가서 작성 등을 진행하여야 한다.

2) 실습 기관 접촉 및 실습상황 검토

대학의 실습지도교수는 아래의 목적을 위해 최소 1회 이상 실습 기관에 대한 방문(학과 방침에 따라 학과 교수의 실습기관 방문도 가능)과 더불어 유무선의 접촉을 통해 실습지도자와 유기적인 교류를 하며, 실습 기관과 긴밀한 관계를 유지한다.

(1) 실습지도자와 학생별 실습목표를 협의.

(2) 학생의 실습목표 성취 정도와 실습상황을 검토.

(3) 실습 관련 문제 발생을 예방하거나 문제 상황을 중재.

3) 실습보고서 지도를 통한 슈퍼비전 제공

실습일지를 포함한 각종 보고서로 이루어진 실습보고서를 정해진 시기에 제출한다. 가능하면 한국사회복지교육협의회 및 한국사회복지사협회에서 개발한 실습일지 등 표준 양식을 사용하는 것이 바람직하나 각 학교별로 따로 실습일지 양식을 만들어 배포하거나 파일로 제공하기도 한다. 사례를 다루는 경우는 사례기록을 반드시 첨부하도록 하고, 실습 과정에서 경험했던 서비스 기획·개발, 행정·정책 등에 대한 내용을 자세하게 서술하여 첨부하도록 한다.

(1) 실습보고서 제출: 실습생은 실습일지, 사례기록, 집단지도 보고서 등 각종 보고서[2]를 작성하여 실습 기관 실습지도자의 확인을 받은 후 대학의 실습

2) 사회복지현장실습 관련 양식은 한국사회복지교육협의회 및 한국사회복지사협회에서 개발한 '2021

지도교수에게 제출한다.

(2) 실습지도교수의 슈퍼비전: 실습지도교수는 실습보고서를 기반으로 해당 학생과 개별 또는 집단 면담을 통해 슈퍼비전을 제공한다. 실습 시 문제 상황이 발생하거나 학생에 대한 옹호가 필요할 경우, 실습지도자와 협의하여 문제점을 해결한다.

4) 실습세미나 수업을 통한 슈퍼비전 제공

(1) 실습 과정에서 드러난 학생의 강점과 약점을 점검하고, 사회복지사로서의 역량을 강화할 수 있도록 지도한다.

(2) 현장에서의 경험 즉 사회복지 실천방법 및 기술을 정리하여 학교에서 배운 지식과 통합할 수 있도록 지도한다.

(3) 실습현장에서 직·간접적으로 경험한 사회복지실천과정이 다양한 클라이언트 체계에 미치는 영향에 대해 탐색하도록 지도한다.

(4) 사회복지조직으로서의 실습 기관의 조직, 정책, 행정적 절차 및 기능과 역할에 대해 이해하도록 지도한다.

(5) 기관이 속한 지역사회 욕구를 파악하고 이를 기반으로 서비스를 수행하고 있는지에 대해 분석, 평가할 수 있도록 지도하고 지역사회 기관 간의 연계 활동에 대해 이해할 수 있도록 지도한다.

(6) 실습내용을 사회복지정책, 사회복지법규 및 제도와 연계하여 이해하도록 지도한다.

(7) 사회복지실천현장에서 직면하는 윤리적 딜레마에 대한 토의를 통해 대안을 도출할 수 있도록 지도한다.

(8) 사회복지사로서의 전문적 자아 인식 및 전문적 정체성을 수립할 수 있도록 지도한다.

년 표준실습교육매뉴얼을 개발하여 한국사회복지사협회 자격관리센터 자료실에서 제공되고 있음. 사회복지현장실습확인서 양식, 간접실습 운영 및 온라인 실시간 화상수업의 실습세미나 인정 등의 변동사항은 한국사회복지사협회 자격관리센터 공지사항에서 안내되고 있어 수시로 확인이 필요함.

(9) 실습생이 자신의 실습 과정에 대한 자기 반성적 고찰을 통해 반영적 실천을 경험하도록 지도한다.

5) 실습 평가

실습평가는 100점 만점으로 실습기관평가점수 50점, 실습세미나 평가점수 50점을 합하여 대학의 실습지도교수가 최종 성적을 부여한다.

6) 실습 종결 후 학교에 제출한 서류

실습관련 서류는 성적 및 자격증 신청 시 필요한 서류임으로 실습생이 실습종결 후 확인하고 챙겨야 하며 서류는 봉하여 등기우편으로 제출해야 분실의 위험이 없다.

(1) 실습확인서(2부 이상): 학생과 학교가 한부씩 보관 후 자격증 발급 시 사용한다.

(2) 실습평가서(1부)

(3) 출석부: 실습일지에 첨부되어 있음.

CHAPTER 03

실습생의 자세와 역할

1절 실습생의 자세와 역할

사회복지를 공부하는 학생들이 가장 설레기도 하면서 긴장하는 때가 바로 실습을 할 때이다. 실습기관을 찾을 수 있을까? 하는 두려움에서부터 현장실습을 잘 할 수 있을까? 그동안 학교에서 배웠던 현장은 어떨까? 하는 호기심과 설렘도 있고, 실습일지는 어떻게 써야 하며 실습기관에 잘 적응할 수 있을까? 등 다양한 생각과 각오가 많아지는 때이기도 하다. 따라서 실습생의 자세와 역할, 실습생이 준비하고 알아야 할 것들을 잘 알고 실습에 임해야 한다.

실습을 시작할 때 무엇보다 중요한 것은 실습에 대한 학생의 자세와 마음가짐이다. 사회복지전문직이 되기 위한 실습생의 자세와 역할은 실습을 통해 사회복지전문가로서 정체성을 확립하는 바탕이 된다. 이에 따라 업무에 대한 전문성을 높이기 위해 긍정적인 마음과 적극적인 자세로 실습에 임하는 것이 중요하다.

1. 실습생의 기본예절

(1) 출근

① 사무실에 들어서면 "안녕하십니까?"라고 먼저 인사한다.

② 출근 시간 20분 전까지 도착하여 실습계획표를 살펴보고 실습관련 준비를 한다.

③ 부득이한 사정으로 결근 또는 지각을 할 경우 사유에 대해 보고한다.

(2) 실습자세

① 서로 존중하는 마음으로 동료와 슈퍼바이저, 직원, 클라이언트를 대한다.

② 기관의 규정을 준수하고, 단정하고 예의 바른 태도를 갖는다.

③ 근무시간 중에는 핸드폰을 한다거나 잡담을 한다거나 업무와 관련이 없는 책을 읽는 등 개인적인 일은 하지 않는다.

④ 업무와 관련된 모든 문서는 기관의 실습지도자의 지도에 따라 정리, 분류 및 보관하고 밀리지 않도록 한다.

⑤ 근무 중에는 다른 사람과 불필요한 접촉을 삼간다.

⑥ 규정된 실습시간을 지킨다.

(3) 실습을 마치고 돌아갈 때

① 문서와 서류는 보관함에 넣고, 컴퓨터, 서류함 등 안전장치를 확인한다.

② 책상 위는 깨끗이 정돈하고 의자는 책상 밑으로 밀어 넣는다.

③ 인수·인계 사항을 확인하고 내일 할 일을 간단하게 기록해 둔다.

④ 퇴근시간 전에 미리 퇴근준비를 하지 않는다.

⑤ 상사나 남아 있는 동료들에게 "먼저 퇴근 하겠습니다.", "먼저 나가겠습니다.", "저 실례합니다." 등 간단한 인사를 잊지 않도록 한다.

(4) 실습 복장과 용모

① 실습기관이나 시설에서 제공하는 복장과 명찰을 사용하거나 특별한 규정

이 없는 경우 단정한 복장을 한다.

② 지나치게 노출이 심한 옷이나 짧은 스커트, 사치스러운 액세서리 등은 피한다.

③ 두발, 손톱 등은 청결히 하고 용모는 단정히 한다.

④ 짙은 화장이나 매니큐어, 향이 진한 향수 등의 사용은 자제한다.

(5) 회의 및 프로그램 참여시 예절

① 참여의 목적 및 시간, 참석자 등 회의에 대한 기초지식을 알고 참여한다.

② 시간을 준수하고 의견이 있을 경우 동의를 구하고 말한다.

③ 후속 과제나 조치가 있을 경우 이를 수행한다.

(6) 동료 간의 예의

① 슈퍼바이저나 실습동료 등 직원들 간에는 서로 존중하는 태도를 취하고 알맞은 호칭이나 직함(예: 상급자의 경우 ~님, 직함이 있는 경우 ~부장님, ~팀장님 등)을 정확하게 붙이고 반드시 경어를 사용하도록 한다.

② 액수의 많고 적음을 불문하고 금전거래는 하지 않는다.

③ 공석이나 사석 등에서 동료나 상사를 비평하지 않는다.

2. 실습생의 자세

실습생들은 실습하기 전에 실습기관이나, 실습지도자, 실습내용 등에 대한 궁금증은 물론 실습 기관에서 자신이 어떤 역할을 어떻게 수행해야 하는가에 대한 고민과 두려움을 갖는다.

따라서 실습생은 학생과 실습생이라는 이중역할의 부담을 경감하고, 자신의 역할과 자세를 점검하여 실습 시 발생할 수 있는 역할 정체성 혼란을 겪지 않도록 하여야 한다.

1) 실습 전

(1) 실습기관을 선정하기 위한 노력과 시간을 투자하여야 한다.

- 자신이 관심 있는 분야나 기관에 대해 홈페이지 등을 통해 정보를 알아본다.
- 선배나 교수의 조언을 듣는다.
- 실습기관을 정하기 전에 자원봉사 등을 통해 기관과 익숙해지는 방법도 좋다.
- 실습기관이 정해지면 사전협의를 거쳐 실습지도자와 면담을 하는 것도 좋은 방법이다.

(2) 실습을 하기 위한 준비를 철저히 하여야 한다.

- 실습기관은 어느 지역에 있는 어떤 곳인지?
- 실습지도자는 누구인지?
- 실습내용은 무엇인지?
- 만나게 되는 클라이언트는 누구이며 어떤 특성을 가지고 있는지? 등 클라이언트와 서비스에 대한 정보를 가지고 있어야 한다.

한국사회복지사협회(2022)의 실습생의 자세는 다음과 같다.

사회복지장실습생의 자세

우리는 사회복지 실습생으로서 사회복지사 윤리강령과 다음 사항은 준수한다

1. 실습의 목적과 중요성을 충분히 이해하고 실습계약 사항을 이행하기 위하여 최선의 자세로 실습에 임한다.
2. 실습은 대학에서 학습된 이론을 구체적으로 적용하는 과정임을 인식하여 이에 최선을 다한다.
3. 실습 교육기관이 구성원이라는 생각으로 타 구성원과 협력하며 친화적인 태도를 취한다.
4. 기관의 정책을 이해하고 수용하며 실습 과정에서 준수하도록 한다.
5. 근무시간은 기관의 규정에 준하며 직원과 동일한 자세로 근무시간에 임하도록 한다.
6. 실습 시작 최소 10분 전에 출근하여 출근을 확인하며, 업무에 관계된 사항을 사전에 준비하도록 한다.

7. 결근, 조퇴, 지각 등 근태와 관련된 사항은 반드시 실습지도자에게 사전에 보고하여 허락을 받도록 한다.
8. 실습지도자의 지시뿐 아니라 타 직원의 지도를 잘 이행하여 실습효과를 최대화하도록 한다.
9. 직무에 강한 책임감과 열의를 갖고 적극적으로 임하며, 타인에게 책임을 전가하거나 태만하게 행동하지 않는다.
10. 실습으로 인하여 알게 된 클라이언트의 사적인 정보를 교육적 목적(대학 실습지도 등) 이외에는 절대 발설하지 않으며, 교육적 목적이라 하더라도 가명을 사용하여 개인의 비밀이 침해되지 않도록 한다. 실습 종료 후, 실습 관련 내용을 학회지 등에 게재하고자 할 때는 반드시 실습지도자와 상의하여 허락을 받아야 한다.
11. 실습지도자의 지도 혹은 타 실습생의 실습을 견학, 관찰할 경우 배우는 자세로 진지한 태도를 취한다.
12. 기관의 직원, 클라이언트 등에 대해 예의를 지킨다.
13. 복장, 소지품은 실습 기관의 특성과 상황에 맞도록 하되 가능한 화려한 것을 피하고 검소하며 단정한 것으로 착용하도록 한다.
14. 안전사고에 만반을 기하도록 하며 안전사고와 관련된 기관의 규정을 사전에 숙지하여 그에 준해 처리하도록 한다.
15. 실습일지를 비롯한 각종 실습기록은 사실에 근거하여 정확하고 구체적으로 정리하여 실습 시 실습지도자와 실습지도교수의 강평을 받는다.
16. 과제에 관하여 연구하고 그 결과물에 대해 실습지도자의 강평을 받는다.
17. 실습과정 중 어떤 경우라도 사례금 등의 금품을 절대 주거나 받지 않는다.
18. 과제물은 정해진 기일에 제출하고 출근 전에 작성을 마친다.
19. 기관의 명칭을 사적으로 활용하지 않으며 실습생의 신분을 지킨다.
20. 기관을 대표한다는 자세로 실습 교육기관의 직원들과 동일한 업무 태도와 자세를 취한다.

3. 실습생의 역할

실습생은 실습현장에서 학생과 예비사회복지사라는 이중 역할을 수행해야 한다. 다음은 실습생이 준수해야 할 사항들이다(오혜경·하지영, 2010).

① 사회복지실천 분야에 필요한 지식, 가치 및 기술을 연구하고 익힌다.

② 사회복지사의 윤리강령을 준수하는 전문적인 가치관과 태도를 지닌다.

③ 사회복지현장실습에 필요한 목적의식을 가지고 적극적으로 참여한다.

④ 실습생은 실습기관의 준직원이라는 생각과 소속감을 가지고 실습에 성실하게 임한다.

⑤ 실습지도자의 슈퍼비전 및 주어진 업무에 관한 지시사항에 책임의식을 갖고 임한다.

⑥ 실습기관에 대한 자부심을 가지고 실습에 임하도록 한다.

⑦ 실습기관 직원들과 동료실습생 간에 서로 예의를 갖추며, 우애와 협조를 갖고 생활한다.

⑧ 시대감각을 익히고 미래 지향성을 추구한다.

⑨ 기관의 실습 방향, 사업방향, 사업계획, 사업목표를 인지하고 따른다.

⑩ 실습생의 기관 공헌도와 자신의 업무를 스스로 평가하는 감독관이 되고자 한다.

⑪ 실습기관 내에서 인정받는 직장인으로, 가정에서는 자랑스러운 자녀로 국가에서는 신뢰받는 전문사회복지실천가로서 역할과 긍지를 갖도록 한다.

⑫ 슈퍼바이저의 지도에 따라 클라이언트에게 최선을 다하여 질적인 서비스를 제공한다.

⑬ 실습생이 현장실습 시 알게 된 클라이언트의 개인정보 등 업무 내용에 대한 비밀을 지킨다.

⑭ 클라이언트를 기관 이외의 장소에서 만나지 않는다. 그러나 꼭 필요하다고 판단되는 경우 슈퍼바이저와 상의하여 결정하도록 한다.

⑮ 사회복지기관의 구조, 기능 정책, 절차 및 자원을 활용하도록 긍정적이고 적극적인 자세로 전문적 지식과 기술을 익힌다.

⑯ 실습기관에서 요구하는 과입 및 과제물과 보고서 등 기타 업무를 시간 내에 책임성을 가지고 수행한다.

⑰ 실습평가과정에 자발적으로 참여하여 반성과 발전의 기회로 삼는다.

⑱ 클라이언트의 욕구를 충족시키는 일을 최우선시하고, 이들의 인격을 존중하는 자세로 서비스를 제공한다.

⑲ 슈퍼바이저와 신뢰 관계를 유지하고, 정직하고 열린 의사소통을 실현하도

록 열정을 가지고 노력한다.

⑳ 복장, 출석, 행동 등에 관련된 기관의 일반적 업무규정을 준수한다.

㉑ 실습기관에서 해결하지 못한 당면 과제는 실습지도교수의 지도를 받도록 한다.

㉒ 실습 기관이 요구하는 훈련프로그램에 적극적으로 참여하여 실습교육 프로그램의 정책과 절차를 준수한다.

㉓ 기관의 특별행사 업무 등 시간 외 근무 요청이 있을 때 자발적으로 동참하여 특별프로그램 운영원리 등을 익힌다.

4. 사회복지 실습생의 가치

사회복지현장에서 실습생은 자신이 왜 사회복지사가 되려고 하는지에 대한 의문을 던져보고 사회복지사가 된다면 어떤 사회복지사가 되려고 하는지 구체적인 목표를 수립하는 것이 필요하다. 개인의 가치와 목표, 기관의 가치와 목표, 지역사회의 가치와 목표들이 동일할 수도 있지만 다르게 나타나는 경우도 있다. 이러한 차이와 다름을 확인하고 구체적으로 나는 어떤 사회복지사가 되고 싶고 어떤 목표를 향해 나아가야 할 것인지 다음과 같은 질문을 통해 사회복지 실습생의 가치를 성찰해 보는 과정이 필요하다(박희숙 외, 2021 인용 및 재구성).

1) 나는 사회복지사로서 자신이 가지는 개인적인 가치와 윤리는 무엇인가?
2) 개인의 목표와 전문가 목표의 공통점과 차이점은 무엇인가?
3) 나의 강점은 무엇이며, 내가 담당하는 업무에서 어떻게 적용시킬 수 있는가?
4) 나의 정체성은 어떠한가?(신체적, 정신적, 성격적, 영적)
5) 나는 반성적 실천을 하고 있는가?

5. 사회복지현장에서 실습생이 주의할 점

실습생의 주의할 점은 다음과 같다.

1) 실습 기관의 운영목표에 따라 활동하고 실습지도자와 상의 후 결정한다.
2) 대상자의 개인정보, 사진 등을 사용하게 될 경우 사진은 얼굴을 모자이크 처리하고, 개인정보는 제한된 범위 내에서만 사용해야 한다.
3) 사례관리, 상담 등에서 알게 된 대상자의 정보는 실습일지, 과제를 제외하고 개인적으로 사용하지 않도록 하며, 사진 등을 SNS에 올리는 일은 하지 않도록 한다.
4) 대상자, 기관 종사자, 동료 실습생에게 항상 존칭을 사용하도록 한다.
5) 대상자의 개인적인 부탁은 실습지도자와 상의 후, 허락할 시에만 수행하도록 한다. 대상자 중 의존도가 높거나 치매 등의 질환으로 인해 자기결정이 힘든 경우가 있으므로 혼자서 판단하지 않도록 주의한다.
6) 사례관리 등 실습과제를 하기 위해 실습시간 외에 개인적으로 대상자 및 대상자의 보호자에게 개인 연락을 하지 않도록 한다.
7) 생활 시설의 경우 대상자가 기관 외부로 산책 등을 요청할 시에도 실종 등의 위험이 있으므로 실습지도자에게 내용을 전달하고 지시를 받은 뒤에 행동하도록 한다.

6. 이미지 메이킹(Image making)

실습을 하게 되면 실습생은 기관에 자신을 알리고 가치를 높임으로서 실습하는 본인의 존재는 물론 학교의 이미지를 제고시키는 역할을 한다. 이미지 메이킹(Image making)은 자신의 이미지를 다른 사람에게 언제, 어디서든지 그 상황에 필요한 사람으로 만들어 주고 능력을 표출할 수 있도록 만들어 준다. 또 기관의 관계자에게 이미지 메이킹이 되면 기관의 가치, 철학, 이념, 발전 전략 등을 내포하여 실천해 갈 수 있도록 해주는 직원이나 실습생으로 인식될 수 있다. 즉 다른 사람들에게 좋은 인상을 심어주기 위한 자기 변신 방법이 이미지 메이킹(Image making)이다. 그러므로 실습생이 업무적인 능력을 갖추는 것은 물론 자신과 학교의 이미지를 결정짓고 추후 취업 연계에도 영향을 미치기 위해 좋은 인상을 심어주는 이미지 메이킹(Image making)은 매우 중요하다.

1) 표정

항상 밝은 표정으로 실습에 임하고 다음과 같은 표정은 삼간다.

- 귀찮아하는 표정, 짜증 난 표정, 화나거나 퉁명스러운 표정, 거만한 표정, 무시하는 표정, 자신 없는 표정은 삼간다.

2) 말씨

(1) 정확한 발음과 적절한 속도로 또박또박 말하기
(2) 교양 있게 말하기
(3) 합리적이고 논리적으로 문장으로 요령 있게 말하기
(4) 상황에 맞게 말하기
(5) 상대에 맞는 경어(존경어, 겸양어, 공손어) 사용
(6) 상대에 맞는 적절한 호칭사용(선생님, 과장님, OO씨 등)

틀리기 쉬운 호칭의 예

- 상사에 대한 존칭은 호칭에만 쓴다(관장님실(×) → 관장실)
- 문서에는 상사의 존칭을 생략한다(관장님 지시(×) → 관장 지시)
- 상사가 행사 등에 참석하여 자리에 있을 때는 님을 붙인다(관장님 지시사항을 전달하겠습니다.

출처: 신민선 외(2021). 재인용.

3) 직장대화 예절

(1) 말은 침착하고 조용히, 간결하고 논리적으로 말하며, 공손한 말투를 쓴다.

(2) 다른 사람의 말을 잘 들어주고, 그 사람의 말이 끝난 뒤 말한다.

(3) 혼자서 아는 척하지 않는다.

(4) 상대방의 눈을 보며 끔씩 눈을 맞추며 말한다.

(5) 거짓말을 하거나 다른 사람의 나쁜 말을 옮기지 않는다.

(6) 남의 말을 가로채서는 안 된다.

(7) 적당한 유머를 사용하면 좋다.

(8) 외국어나 어려운 말은 삼간다.

2절 실습생이 직면할 수 있는 문제점과 실습 스트레스 대처방안

1. 실습생이 직면할 수 있는 문제점

사회복지실습을 진행하는 동안 실습생들은 다양한 문제에 직면할 수 있다. 일반적으로 발생할 수 있는 문제를 살펴보면 실습생의 개인적인 문제나 상황으로 인해 발생하는 문제, 실습기관과의 문제, 실습지도자나 실습기관의 직원들과의 관계 문제, 사회복지실천 전문영역에 대한 문제, 예비사회복지사로서 역할에 대한 갈등문제, 실습기관에 적응하는 문제, 동료 실습생과의 문제, 클라이언트와의 관계 문제, 다른 전문직과의 역할갈등 문제, 사회복지실천과정에서의 윤리적 딜레마 등이 있다.

이러한 문제들은 실습 과정에서 필연적으로 직면할 수 있는 문제들로서 실습생에게 부정적인 영향을 끼쳐 현장학습 경험을 방해하기도 한다. 그러나 문제해결이 잘 되어 긍정적인 경험이 이루어질 경우 값진 학습경험이 되기도 한다. 따라서 이러한 문제발생 가능성에 대해 사전에 예측하고 준비하여 실습에서 발생할 수 있는 갈등을 최소화하고 적절한 학습경험이 될 수 있도록 해야 한다(한국사회복지사협회, 2017).

사회복지실습현장에서 발생하는 일반적인 문제를 살펴보면 다음과 같다.

1) 실습생의 지각과 결석
2) 실습시간의 조정, 실습비 문제
3) 실습업무 내용
4) 적절한 슈퍼비전(supervision)의 부재
5) 실습기관 변경
6) 실습생의 개인정보 노출
7) 실습생의 안전
8) 실습생 자신의 정서적 문제
9) 성희롱 문제

1) 실습생의 지각과 결석

실습생 개인적인 상황으로 인한 지각과 결석은 있어서는 안 될 기본 행동 중의 하나이다. 피할 수 없는 사정(질병이나 사고, 가족의 사고나 사망 등)으로 인하여 결석이나 지각을 하게 될 때는 사전 혹은 사유 발생 즉시 기관의 실습지도자에게 알리도록 해야 한다. 기본적인 시간의 엄수와 약속 이행은 실습생의 성실성과 태도를 평가하는 데 있어 매우 중요한 요소이며 실습생이 지녀야 할 가장 중요한 덕목 중의 하나이다. 특히 지각이나 결석으로 인한 실습시간의 부족은 160시간의 실습시간 충족에 법적 문제가 발생할 수 있기 때문에 반드시 유의하여야 한다.

2) 실습시간의 조정, 실습비 문제

실습은 실습신청서에 정해진 시간에 실습하여야 하며 실습시간 변경은 원칙적으로 불가하다.

실습비의 경우 일반적으로 10만 원에서 20만 원(2022년 기준)의 실습비를 받고 있으나(식대 등이 있는 경우도 있음) 실습기관에 따라 다르다. 실습기관은 '사회복지 현장실습 인정기관 현황표'에 실습비를 공개하도록 되어 있다. 공개된 실습비와 실제 실습비가 상이한 경우 실습비를 내기 전에 기관과 실습비에 대한 문의 및 조율이 이루어지도록 해야 한다. 실습비가 타 기관보다 과도하게 많은 경우 실습비에 포함된 내역이나 식대 등이 포함되어 있는지 확인하여야 한다.

3) 실습업무 내용

실습업무는 실습계획서에 의해 실습생이 기관의 다양한 사회복지업무를 배울 수 있도록 경험하고 클라이언트에게 직접서비스를 제공해 보는 것이다. 실습기관이 실습지도 계획서와 다르게 실습기간 내내 직접서비스보다는 교육만 실시하거나 부족한 일손을 메우기 위한 보조인력 수준으로 실습이 진행되는 경우도 있을 수 있다. 이 경우 실습생의 의욕과 동기를 저해하는 요인이 되며, 실습생의 소진을 일으킬 수 있다. 따라서 실습기간 동안 업무가 지나치게 많거나 실습이 계획대로 이루어지지 않을 경우 실습지도자에게 의견을 개진하고 이후에도 개선이 되지 않을 경우 학교 실습지도교수에게 보고하도록 한다.

4) 적절한 슈퍼비전(supervision)이 이루어지지 않을 경우

실습지도자의 업무과다나 실습에 대한 관심 부족 혹은 개인적 사정 등으로 인하여 실습생에 대한 슈퍼비전(supervision)이 불성실하게 이루어지는 경우가 종종 있다.

실습지도자의 부재 시에는 관련 직원의 실습지도로 대체할 수 있어야 하고, 실습지도자의 불성실이나 무관심으로 인해 실습지도가 이루어지지 않을 경우, 실습생은 실습지도자에게 정기적인 슈퍼비전(supervision)을 요청할 수 있고 그래도 시정되지 않으면 학교 실습지도교수에게 보고한다.

5) 실습 기관 변경

사회복지현장실습은 실습이 시작되면 원칙적으로 실습기관 변경은 안 된다. 그러나 학교와 산업체, 실습생 등 다양한 요인이나 사유로 인해 실습기관의 변경은 드물게 발생한다. 실습기관의 변경은 기관의 문제, 실습지도자의 문제 또는 실습생 개인의 문제, 코로나 19 등과 같은 전염병 및 사회환경 변화 등으로 인하여 더 이상 해당 기관에서 실습을 수행하기 어려운 경우로, 실습생은 실습담당교수에게 먼저 상황을 보고해야 한다.

6) 실습생의 개인정보 노출

클라이언트가 실습생과 더 친밀해지고 싶거나 개인적인 관심을 갖는 경우, 실습생의 학교나 전문성 등에 의문을 가질 경우 등 실습생의 개인정보에 대해 질문하는 경우가 발생할 수 있다. 이 경우 기관에 따라 실습생의 휴대폰 번호나 이메일의 공개 여부에 대한 지침이 다르므로 이에 대해 확인한 후 적절히 행동해야 한다.

7) 실습생의 안전

실습생은 실습업체의 안전수칙을 철저하게 준수하여야 한다. 실습기관의 실습지도자 안전지시에 따르며 개인행동을 일체 삼가야 한다. 더불어 위험 물질(유류, 전기, 가스, 인화물 등)을 취급하거나 위험하거나 무거운 실습도구 등을 다룰 때는 반드시 현장 지도자인 슈퍼바이저의 감독과 지시에 따라야 한다, 이밖에도 외부환경변화에 따른 전염병 발생 위험이 있거나 위험한 장소나 건물, 기관의 자동차 운전 등 상황에서 실습생의 안전이 위협되지 않도록 실습생 본인은 물론 실습기관은 안전한 환경을 보장해야 한다.

특히 실습생에게 외출 시 운전을 맡기는 경우 이를 삼가야 하며 클라이언트 가정에 방문을 할 때는 실습생 2명 또는 실습지도자가 동행하도록 해야 한다.

난폭한 클라이언트의 행동에 대해 실습생 혼자만 감당하지 않도록 해야 하며 핸드폰이나 호루라기, 보안벨 등을 준비하여 유사시에 도움을 청할 수 있게 해야 한다.

실습기관은 정책적으로 실습생안전 지침을 마련해야 하며 실습생을 위한 상해보험 및 배상책임보험도 학교 및 기관 차원에서 마련해야 한다.

8) 실습생의 정서적 문제

실습생들 중 일부는 실습에 적응하기 위해 지나치게 신경을 쓰거나 과도한 스트레스를 받는 경우가 있다. 또는 미해결된 개인적 문제나 정신적인 어려움으로 인해 실습 시 적응이 힘들 때도 있다. 이때에는 자신의 정서적 어려움에 대해 전문상담을 받거나 실습 담당교수에게 보고하여 적절한 도움을 받도록 한다.

9) 성희롱문제

실습생의 경우 피교육자의 위치에 있기 때문에 실습지도자나 직원, 클라이언트 등으로부터 실습관계를 이용한 성희롱이 발생될 수 있다. 따라서 직장 내 성희롱 대응 절차에 대해 정확히 숙지할 필요가 있고, 실습지도자, 기관의 직원들, 클라이언트 등과 윤리적이고 전문적인 관계를 유지하고 원칙을 반드시 지켜야 한다. 또한 실습 기관에서 성희롱 문제가 발생할 경우 이를 실습 담당교수에게 즉시 보고하고 대처방안을 함께 모색해야 한다.

2. 실습 스트레스(stress) 대처방안

1) 사회복지현장실습과 스트레스(stress)

스트레스(stress)는 심리학과 생물학에서 유기체의 기능을 교란시키는 긴장이나 장애를 일컫는 용어이다. 스트레스 증상은 스트레스로 인한 자극이 개인이 조정하거나 적응할 수 있는 수준을 넘어서는 것이거나, 개인이 이에 대해 적절히 대응하는 데 어려움이 있을 경우에 일어나는 신체·심리적 반응이다. 사회복지현장실습 스트레스와 관련한 김희수 외(2013)의 연구에 따르면 〈표 3-1〉과 같이 사회복지현장실습에 참여하는 학생들은 실습상황에서 낯선 실습 환경에의 적응, 실습 관련한 지식 및 기술의 부족, 자신감 저하, 슈퍼바이저와의 관계, 실습생 간의 관계, 클라이언트와의 관계, 역할갈등, 사전에 기대한 만큼의 만족을 느끼지 못하는 실습경험, 실습업무 부담으로 잠재된 돌발 상황에 항시 대비, 지나치게 많은 실습과제 등 실습상황에서 여러 가지 요인으로 위축되거나 좌절감을 느끼는 등 스트레스를 경험한다고 하였다.

〈표 3-1〉 실습 스트레스영역 및 내용별 순위

영역	내용	순위
전문지식 및 기술의 부족	프로그램 준비, 실행주도 어려움	1
	클라이언트에 대한 지식 부족	2
	클라이언트 문제 대처 해결 능력 부족	3
	클라이언트와의 의사소통 기술 부족	4
	기록을 적절히 못함	7
	사회복지 지식 불충분	8
실습환경	학교교육 내용의 현장적용 어려움	5
	실습생을 위한 공간 부족	6
	실습생 역할이 불분명함	10
실습업무 부담	잠재된 동발상황에 항시 대비	9
	지나치게 많은 실습과제	11

출처: 김희수 외(2013). p. 747 재구성.

사회복지실습생이 경험하는 스트레스 영역으로 전문지식 및 기술의 부족, 실습 환경, 실습업무 부담이 있으며 이와 관련한 스트레스영역의 구체적 순위를 살펴보면 ① 프로그램 준비 및 프로그램 실행주도 어려움, ② 클라이언트에 대한 지식 부족, ③ 클라이언트 문제대처 · 해결 능력 부족, ④ 클라이언트와의 의사소통 기술 부족, ⑤ 학교 교육 내용의 현장적용 어려움, ⑥ 실습생을 위한 공간 부족, ⑦ 기록을 적절히 못함, ⑧ 사회복지 지식 불충분, ⑨ 잠재된 돌발 상황 대비 어려움, ⑩ 실습생 역할이 불분명함, ⑪ 지나치게 많은 실습과제의 순으로 나타나고 있다(김희수 외, 2013).

이에 따라 개인이 잠재적으로 스트레스를 줄 만한 상황을 통제할 수 있는가 없는가는 그의 활동능력에 심각한 영향을 미칠 수 있기 때문에 실습 스트레스가 발생할 경우 적극적인 대처가 필요하다.

2) 스트레스(stress) 대처방안

스트레스 대처와 관련한 다양한 연구 중에서 토빈 등(이원주 외, 2021 재인용)은 스트레스 대처유형을 관여 대처와 비관여 대처로 구분하였다. 관여 대처란 스트레스원 또는 정서나 사고에 초점을 두고 반응하는 문제해결 방식이나 사회적 지지 추구를 의미하고, 비관여 대처란 스트레스 원이나 자신의 정서 또는 사고로부터 벗어나고자 하는 반응, 즉 철회와 부인을 하는 방식의 스트레스 대처유형을 말한다.

관여 대처전략은 스트레스를 감소 또는 제거하려는 노력의 과정으로 문제 중심 대처전략과, 스트레스 상황에 변화를 주기보다는 부정적인 정서를 다루거나 완화시키는 데 초점을 두는 정서 중심 대처전략이다(이원주 외, 2021 재인용).

문제 해결 중심 전략은 스트레스 상황을 피하지 않고 직접 뛰어들어 해결하려는 것이고, 사회적 지지 추구전략은 역경에 처했을 때 정서적이든 도구적이든 인간이 가지고 있는 기본적인 대인 접촉 욕구를 반영하여 해결하려는 것이며, 비관여(회피 중심) 전략은 문제 상황에 맞부딪히기보다는 심리적인 거리를 두고 외면하려는 측면을 반영하는 것이라고 하였다. 사회복지현장실습을 하다보면 누구나 스트레스 상황에 노출될 수 있다.

예를 들자면 스트레스 대처전략을 사용할 경우 〈표 3-2〉와 같이 스트레스 상황을 피하지 않고 직접 뛰어들어 해결하려는 문제해결중심 대처전략이나. 정보를 수집하거나 사회적 지지를 추구하는 것과 같이 과제나 문제가 생기면 실습생들끼리 도움을 주고받고, 실습생들끼리 실습에서 느꼈던 감정을 털어놓는 사회적 지지추구 전략을 사용하는 것이다. 비교적 활용도는 낮지만 문제 상황에 맞부딪히기보다는 심리적인 거리를 두고 외면하는 방법으로 실습이 무조건 끝나기를 기다리거나 자신을 내버려 두기를 바라는 등의 방법도 있다 각 상황에서 스트레스 대처전략을 알고 실습스트레스에 직면할 경우 활용할 필요가 있다.

〈표 3-2〉 실습생이 직면할 수 있는 스트레스 상황 및 대처방안

실습생이 직면할 수 있는 실습 스트레스	대처방안
실습생 자신의 정서적 문제 - 실습에 적응하기 위해 지나치게 신경을 쓰거나 과도한 스트레스를 받는 경우가 있음 - 미해결된 개인적 문제나 정신적인 어려움으로 인해 실습지에서의 적응이 힘들 때가 있음 - 실습생이 상담하고 있는 클라이언트의 문제 때문에 일반적인 정도를 넘어서 지나치게 자주, 혹은 힘들 정도로 우울한 기분을 경험함	- 실습지도자나 실습지도교수에게 어려움을 알려야 함 - 실습생 자신의 해결되지 않은 개인적 문제가 관련되었을 가능성이 있으며, 경우에 따라서 실습생 자신이 상담을 받는 것이 필요할 수도 있음
실습 도중에 발생한 실수 - 클라이언트와의 상담 동안 중요한 정보에 대해 알아보는 것을 잊었다거나 서류에 클라이언트의 서명이 필요한데 이를 잊었을 경우 - 클라이언트와 상담을 하는 동안 알게 된 개인정보를 클라이언트가 알리고 싶지 않은 사람에게 말을 해 버렸거나 클라이언트 개인 파일을 잃어버렸을 경우	- 전화로 다시 물어보거나 클라이언트와의 다음 면접에서 알아봄 - 문제 상황을 비밀로 해 두면 안 되며, 즉시 실습지도자와 상의하여 해결방법을 찾아야 함 - 실습생은 실수를 바로 인정하고 최대한 빨리 해결해야 함
자살, 폭력위험이 있는 클라이언트 - 클라이언트가 직간접적으로 자살에 대한 생각을 암시하는 말을 하여 자살을 시도할 위험이 있다고 판단되었을 때 - 클라이언트가 자살 및 폭력의 실행성에 대해 시인할 경우	- 즉시 실습지도자와 상의하여 해결방법을 찾아야 함 - 클라이언트가 자살을 심각하게 고려하고 있는지 직접적으로 물음 - 클라이언트의 눈을 정확히 바라볼 수 있어야 하며 실습생 스스로가 두려워하거나 주저해서는 안 됨 - 클라이언트와 좋은 신뢰 관계(Rapport)를 형성하고 있었다면 솔직한 반응을 얻을 수 있음 - 클라이언트와 함께 문제 해결을 위한 시간을 더 가질 때까지 자살 및 폭력을 하지 않겠다는 계약을 함 - 자살 및 폭력의 원인 및 치료를 위한 전문적인 개입이 가능하도록 전문기관과 연계를 건의함 - 기관의 안전 수칙, 위기 개입, 위기 처리 절차 등을 잘 알고 있어야 함 - 자신과 클라이언트를 보호하기 위해 책임 있는 결정을 내릴 수 있도록 실습지도자와 상의해야 함

출처: 이원주 외(2021). 재인용.

CHAPTER

04 외국의 사회복지현장실습

우리나라 사회복지사 자격제도는 1970년 사회복지사업종사자 자격규정을 만든 이후에 1997년 사회복지교과목 이수 중심으로 자격증 제도가 변화되었으며 자격등급도 1급의 국가시험제도 도입으로 1급과 2급 체제로 개편되어 현재에 이른다. 현장실습의 중요성이 강조됨에도 불구하고 실습과목의 내실화가 이루어지지 않은 채 지속되다가 2008년도 사회복지사업법이 개정되면서 실습에 관한 법적 기준이 처음으로 명시되었다. 실습 이수를 위한 최소수준을 제시하고 한국사회복지사협회 등에서 사회복지현장실습 지침서 등을 발간하여 사회복지현장실습을 체계화하고 있다. 이후 2019년 8월 12일 사회복지 관련 교과목 이수학점 상향조정(14과목이서 17개 과목) 및 현장실습 이수시간 확대(120시간에서 160시간) 등을 골자로 하는 「사회복지사업법 시행규칙」이 일부 개정되어 사회복지현장실습의 내실화를 추구하고 있다.

이 장에서는 외국 즉 일본, 미국, 호주, 싱가포르의 사회복지사 자격제도의 특징은 무엇인지 알아보고 우리나라의 사회복지현장실습과 차이점을 비교해 보면서 사회복지현장실습교육의 바람직한 방향을 모색해 보자.

1. 일본의 사회복지사 자격제도

일본의 사회복지사종류는 사회복지사, 개호복지사, 정신보건복지사로 구분되어 있다. 일본은 사회복지사 국가 자격시험에 합격해야 사회복지사 자격을 취득한다. 국가 자격시험에 응시 가능한 자는 아래와 같다.

- 4년제 대학에서 사회복지지정과목을 이수·졸업한 자
- 2년 혹은 3년제 대학 등에서 지정과목을 이수·졸업한 자로서 지정시설에 1년 혹은 2년 이상 상담원조 업무에 종사한 자
- 사회복지사 단기양성시설(6개월 이상)을 졸업한 자
- 사회복지사 일반양성시설(1년 이상)을 졸업한 자
- 아동복지사, 신체장애 복지사, 복지사무소의 사찰지도원, 지적장애 복지사 및 노인복지 지도사로 5년 이상 종사한 자 등 다양한 경로를 통해 사회복지사 자격취득이 가능하다.

일본의 현장실습교육은 상담원조연습, 상담원조 실습지도, 상담원조실습의 세 가지 차원에서 이루어지고 있다. 상담원조연습은 150시간 이수해야 하며 상담사례를 구체적으로 학습한다. 즉 개별상담, 집단상담 등을 중심으로 이론 및 실습을 진행한다. 상담원조 실습지도는 90시간을 이수해야 한다. 실습지역에 대한 이해 및 실습계획서 작성, 개별 및 집단상담 관련 지식과 실천기술을 학습하며 사회복지기관 견학 및 체험학습을 병행한다. 상담원조 실습은 사회복지 실습기관에서 180시간 이수해야 한다(이원주 외, 2021 인용 및 재구성).

2. 미국의 사회복지사자격제도

미국은 전미사회복지교육협의회(The Council on Social Work Education: CSWE)에서 인증한 대학 출신이 전미사회복지연합위원회(The Association of Social Work Boards: ASWB)에서 주관하는 사회복지사 시험에 응시하여 사회복지사 자격을 취득할 수 있다. 이때 응시자는 학위나 경력에 따라 〈표 4-1〉과 같이 4가지 레벨로 구분되는 자격시험에 응시하게 되는데 응시요건은 각주의 법률에 의해 결정된다.

〈표 4-1〉 전미사회복지연합위원회(ASWB)의 사회복지사 자격시험

자격시험 명	자격시험 조건
Bachelors	사회복지학사 졸업자 응시
Master	MSW 학위 이수 후 현장경험이 없는 경우 응시
Advanced Generalist	MSW 학위 이수 후 슈퍼비전하에 2년의 현장 실천 경험이 있는 경우
Clinical	MSW 학위 이수 후 2년의 임상 사회복지 실천 경험이 있는 경우

출처: http://www.aswb.org/licensees/about-licensing-and-regulation

사회복지사자격증은 ASWB에서 주관하는 자격취득과 응시자의 학위와 임상 경력에 따라 각주의 법 규정에 의해 취득할 수 있다. 예를 들자면 뉴욕 주의 LCSW(Licensed Clinical social worker)의 경우 사회복지석사(MSW) 소유자가 3년의 임상경력과 함께 ASWB에서 주관하는 Clinical 레벨의 자격을 취득하면 해당 자격증을 받을 수 있다.[1] 캘리포니아주 LCSW의 경우 주 자체로 개발한 시험을 치르고 있기 때문에 타 주의 시험성적을 인정하지 않으며 대부분의 다른 주에서도 캘리포니아 시험성적은 인정하지 않고 있다(주은수, 2010 재인용).

현장실습의 경우[2] 학부의 현장실습은 최소 400시간 이상이며 일리노이 주의

1) 뉴욕 주의 경우 최고수준의 사회복지사 자격증인 LCSW 취득을 위해 일반적으로 학사 4년, 석사 2년, 석사 후 현장경력 3년 그리고 Clinical의 시험을 통해 최종적으로 LCSW를 취득할 수 있다. 총 기간은 9년이 소요된다고 볼 수 있다.

2) CSWE에서 제공하는 사회복지학사 과정 표준 EPAS(The Educational Policy and Accreditation Standards)의 규정임.

사회복지학부 학생의 경우는 최종학년 안에 600시간 현장실습 이수를 표준으로 하고 있다.

미국의 경우 사회복지현장실습에 있어서 대학의 역할과 책임을 강조하고 있으며 다른 국가에 비하여 매우 엄격한 사회복지사 자격제도를 두고 있다 특히 전미사회복지연합위원회(ASWB) 역할이 매우 중요하게 작용하고 있다(이원주 외, 2021 요약 및 재인용).

3. 호주의 사회복지사 자격제도

호주의 사회복지사 양성제도가 다른 국가(미국, 싱가포르, 일본, 한국 등)와 큰 차이점은 국가공인 사회복지사 자격이 없다는 점이다. 그러나 현장의 사회복지 관련 기관에서는 AASW(The Australian Association of Social Workers)의 회원을 구인조건으로 하기 때문에 호주에서 사회복지사로 활동하기 위해서는 반드시 AASW[3] 회원으로 가입해야 한다. 즉 AASW의 회원등록이 공신력을 가지며, AASW가 사회복지 인력양성 및 사회복지 학위 프로그램에 대한 인증을 함으로써 전문성을 확보한 사회복지사를 양성하고 있는 시스템이다.

현장실습은 AASW의 인증기준에 따라 사회복지학위과정 중에 2년간 실시되어야 한다. 2개의 실습기관에서 일일 7시간, 140일을 완료해야 하고 최소 980시간 이상 사회복지현장실습이 실시되어야 한다. 이와 같이 상대적으로 긴 현장실습시간 이수 규준은 사회복지사 양성에 있어서 현장실습의 중요성을 높게 인식하고 있는 것으로 볼 수 있다.

3) 호주의 사회복지학위 학사 및 석사과정에 대한 인증을 하고 있는 기관이다.

4. 싱가포르의 사회복지사 자격제도

싱가포르는 사회복지인증위원회(Social Work Accreditation Board: SWAB)에서 인증하는 사회복지학위과정을 마치고 임시자격증을 등록한 후 1년간 전일제 근무를 마친 뒤, 공인사회복지사 자격을 취득할 수 있다. 싱가포르는 등록 사회복지사로 신청하기 위해 기관 또는 동료의 추천이 필요로 하는 것이 다른 국가와의 차이점이다. 공인사회복지사 등록요건은 〈표 4-2〉와 같다.

〈표 4-2〉 싱가포르 공인 사회복지사 종류

임시등록 사회복지사 Registered Social Worker Provisional(RSWP)	등록 사회복지사 Registered Social Worker(RSW)
- 1년 미만의 전일제 사회복지사로 있는 자 - 동료 또는 고용주 2명의 추천	- 1년의 전일제 사회복지사 경력 관련 교육 80시간 수료자 - 1,000시간 이상의 RSW자격을 가진 슈퍼바이저로부터 슈퍼비전 동료 또는 고용주 2명의 추천

출처: http://accreditation.sasw.org/cpe-page

싱가포르 사회복지사 양성제도의 특징 중 하나는 사회복지서비스 제공자가 사회복지사와 사회복지사 자격이 없는 사람인 사회서비스 전문가로 구성되어 있다는 점이다 SWAB에서는 사회복지를 전공하지 않은 학사 졸업생에게 서비스 제공자로 활동이 가능하도록 하고 있으며 이들을 사회서비스 전문가로 인증하고 있다. 따라서 전문성 확보를 위한 사회복지사 보수교육제도(Continuing Professional Education: CPE)를 통해 등록된 사회복지사 및 사회서비스 전문가들의 등록유지를 위한 보수교육제도를 운영하고 있다

사회복지현장실습시간은 학위과정 중에 방학 동안 400시간의 현장실습을 이수해야 하며 2회에 걸쳐서 총 800시간의 사회복지현장실습을 학위과정 중에 이수하여야 한다.

5. 각 나라의 사회복지 현장실습의 주요특징[4)]

각국의 사회복지현장실습의 주요특징은 〈표 4-3〉과 같다.

〈표 4-3〉 각국의 사회복지현장실습의 주요특징

구분	일본	미국	호주	싱가포르	한국
실습 시간	• 총 실습시간 420시간 • 교내 상담원조 연 150 시간 • 교내 상담실습 및 현장견학 90시간 • 현장 상담실습 180시간	• 학부과정 중 400시간 이상	• 2년 동안 980시간 이상 • 2개 기관 이상 실습	• 1년에 400시간 이상 2회에 걸쳐 실시됨	• 학부과정 중 160시간 이상
실습 과정 주요 내용	• 실습에 대한 이론교육과 연습실 실기 • 연습실 실기와 현장견학	• 실습기관에 대한 오리엔테이션 • 실습기관에 대한 조사 및 토론 후 실습현장 선택 • 실습기관에서 면담 후 결정	• 현장 슈퍼바이저에 대한 교육 통합 워크숍 • 현장에 적절한 슈퍼바이저가 없을 시 외부 슈퍼바이저 위촉 가능	• 현장실습 세미나 실시 (학생, 슈퍼바이저 참석)	• 현장실습 세미나 30시간 실시
제도적 근거	• 사회복지사 및 개호 사회복지사법	• 전미사회복지 교육협의회 학위 인증(CSWE)	• 호주 사회복지사 협회 사회복지학위 인증(AASW)	• 사회복지인증 위원회(SWAB) • 사회복지대학 자체 실습 매뉴얼	• 사회복지 사업법

4) 이원주 외(2021) 재구성.

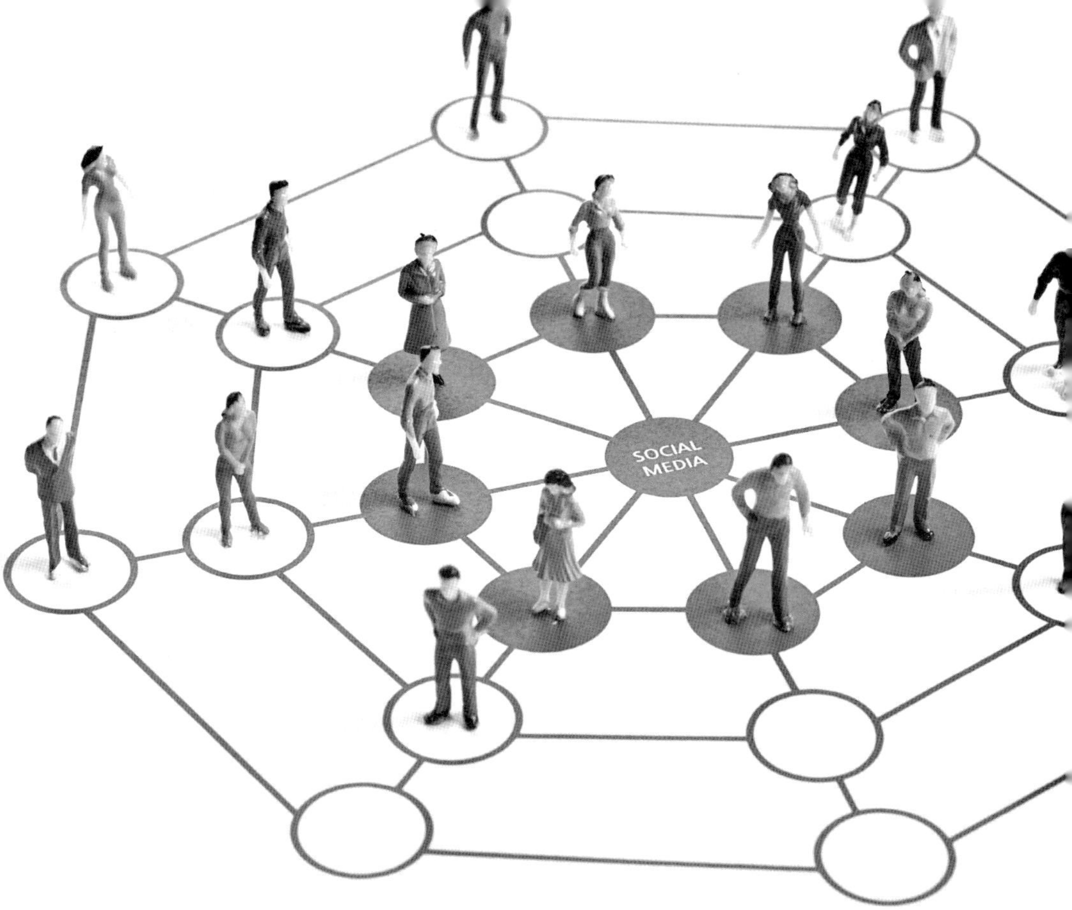

SOCIAL WELFARE FIELD PRACTICUM 제2부

사회복지현장실습의 이해

CHAPTER

05 사회복지현장실습의 이해

사회복지현장실습은 사회복지현장에서 실천가로서 교육·훈련을 받는 전문적인 활동이다. 즉 사회복지사 전문자격증을 취득을 위한 중요한 교육과정의 일환으로 실습에 임하는 학생들은 사회복지현장실습의 개념, 목적 및 목표, 필요성 및 기대효과 등 전반적인 사회복지현장실습에 대한 이해가 선행되어야 한다.

1. 사회복지현장실습[1]의 개념

사회복지현장실습은 현장실습(Field Work), 현장경험(Field Experience), 현장지도와 배움(Field Teaching and Learning), 실습(Practicum), 현장실습(Field Education), 인턴과정(Internship) 등으로 불린다, 현장실습의 사전적 의미는 '이론으로 배운 것을 실제로 직접 경험해 보면서 익힌다'는 의미이며, 사회복지현장실습은 사회복지전공자로서 동기나 적응성을 기르는 기회이며 적성을 탐색하는 것은 물론 전문성을 가진 사회복지사로서 필요한 역량을 갖추는 현장 실무교육과정이다. 따라서 사회복지기관에서 이루어지는 모든 활동, 즉 사회복지 행정, 사회복지실천, 프로그램 개발과 평가, 지역사회 이해 및 개발, 클라이언트 대상별로 적용가능한 사회복지실천 등에 대한 이해와 체계를 갖추는 것이 필요하다.

---

1) 한국사회복지사협회 자격관리센터(https://lic.welfare.net/).

2. 사회복지현장실습의 목적과 목표

1) 사회복지현장실습의 목적

사회복지학은 인간을 변화시키는 실천학문이다. 따라서 사회복지사는 클라이언트의 사회적 안녕 상태를 이루기 위해 그 서비스가 요구되는 사회복지실천현장에서 적절하게 적용할 수 있는 역량이 필요하다. 즉 사회복지를 전공하여 사회복지 전문직으로 활동하려고 하는 예비사회복지사는 실천대상과 장소, 클라이언트의 문제나 욕구 등에 따라 적절한 이론과 지식을 사용하여 어떤 활동을 어떻게 해야 할 것인가에 대한 통합적인 접근 능력이 필요하다. 특히 사회복지현장실습은 [그림 5-1]과 같이 사회복지실천(social welfare practice)에 대한 이론과 실제를 접목하는 과정을 통해서 사회복지관련 이론이 실천현장에서 어떻게 적용되는지, 그리고 실천현장에서 나타나는 현상을 어떻게 예측하고 설명할 수 있으며, 이를 통해서 사회복지실천의 방향을 어떻게 제시해야 하는지를 고려할 수 있어야 한다.

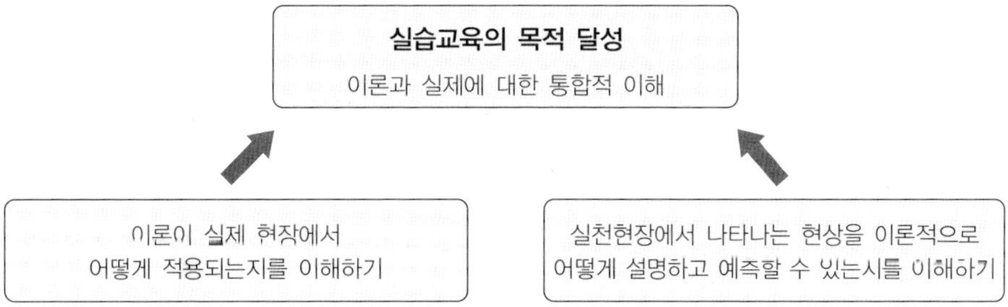

[그림 5-1] 사회복지현장실습교육의 목적

출처: 김선희 외(1999).

한국사회복지교육협의회(2020)에 따르면 사회복지현장실습의 목적은 학교에서 학습한 사회복지실천의 가치 및 윤리, 지식 그리고 사회복지실천과정 및 기술을 사회복지실천 현장에 실제로 적용하는 현장실습을 통해 전문직의 사명감과 실천능력을 겸비한 사회복지사로 양성하고자 교육, 훈련하는 사회복지교육의 핵심과정이라고 하였다.

사회복지현장실습의 구체적인 목적은 다음과 같다(한국사회복지교육협의회, 2020).

(1) 실천현장의 문제 해결 및 서비스 제공 과정에서 사회복지 가치 및 윤리강령의 내용, 지식 및 기술을 적용할 수 있는 능력 향상
(2) 클라이언트체계의 문제 확인, 정보 수집, 사정, 개입계획 및 개입수행, 그리고 평가 과정을 통해 문제 해결에 대한 적합한 지식과 기술을 습득.
(3) 지역사회 내 위험집단 및 표적 집단의 특성, 강점, 그리고 자원에 대한 지식을 활용할 수 있는 능력 배양
(4) 사회복지시설, 기관 및 조직의 사명, 정책 및 행정에 대한 이해
(5) 실천현장 관련 국가 및 지역사회(지방자치단체)의 사회복지정책 및 전달체계를 분석하고 실천에 적용
(6) 사회복지사로서의 자아 인식을 증진시키고 전문직 정체감을 형성
(7) 클라이언트인 개인, 가족, 집단, 지역사회를 대상으로 실천가로서의 전문적 기술과 능력을 개발하기 위해 현장실습을 진행한다.

또 하나의 현장실습이 진행되는 동안 (1) 학생, (2) 교육기관, (3) 실습기관 및 시설은 [그림 5-2]와 각각의 특성과 상황에 따라 현장실습의 목적이 다르며 각 대상자에 따른 현장실습의 목적은 다음과 같다

(1) 실습생(학생)의 목적

① 새로운 실천기술과 실천지식을 습득할 수 있는 기회를 갖는다.
② 학교에서 배운 학문적 지식과 실천기술을 기관의 실습현장에서 적용한다.
③ 사회복지실천에 대한 적성테스트의 기회로 인식한다.
④ 실습생은 개인과 가족 및 집단과 지역사회의 욕구를 바르게 인식하고 관련 클라이언트가 가지고 있는 욕구를 파악하는 기술을 익힌다.
⑤ 실습생은 자신의 능력과 한계에 대한 통찰력을 향상시킨다.

⑥ 실습생은 사회복지사로서의 자아 인식을 증진시키고 전문직 정체감을 형성한다.

(2) 교육기관(학교)의 목적

마틴(Martin, 1997)에 따르면 현장실습 교육프로그램의 효과성 분석결과, 학생들이 현장실습교육프로그램이 있는 학과를 선호하며 학생들에게 다양한 학습기회와 풍부한 교육과정 및 경험을 제공함으로써 졸업생들의 취업률 제고와 명성에 기여 할 수 있다고 하였다. 이를 통해 학교가 얻을 수 있는 긍정적인 효과는 다음과 같다.

① 교육기관은 사회복지기관 및 시설과 산학협력을 통하여 학교 교육과 복지실천 현장의 교량적 역할을 한다.

② 교육기관은 실습지도교수를 통하여 실천현장에서의 구체적이고 제적인 사례들을 이해하고 현장의 소리를 학습에 반영할 수 있도록 접촉의 기회를 가진다.

③ 교육기관은 실습생이 간접적으로 다양한 사회복지실천현장에 대한 이해를 증진시킬 수 있는 기회로 활용한다.

④ 교육기관은 학생들의 졸업 후 취업기회의 문을 넓힌다.

(3) 실습기관 및 시설의 목적

① 사회복지 관련기관 및 시설은 학교에서 습득한 지식과 기술을 실천현장에 접목 시킬 수 있는 기회를 학생에게 제공한다.

② 기관 및 시설은 대학과 협력하여 미래 사회복지사 양성에 기여한다.

③ 기관 및 시설은 전문사회복지사 양성을 위한 교육 프로그램 개발 기회로 활용한다.

④ 기관 및 시설은 학교와의 지속적인 연계를 통하여 이론과 실무에 대한 정보를 교류하고 산학협력의 기회를 갖는다.

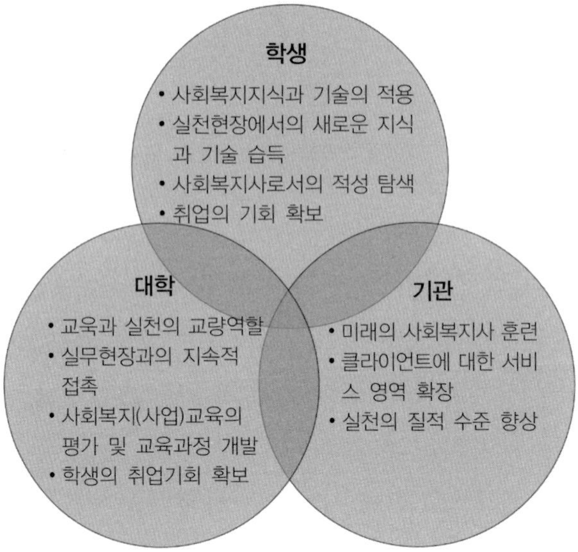

[그림 5-2] 사회복지현장실습에 따른 학생, 교육기관, 실습기관의 목적

출처: 김선희 외(1999).

2) 사회복지현장실습의 목표

사회복지현장실습의 구체적 목표는 사회복지에 관한 실천기술과 지식의 유용성을 측정하고 개입이나 평가 과정에 대한 경험, 지역사회분석능력, 사회복지시설과 기관에 대한 직접경험과 사회복지 관련 직업에 대한 적성테스트 등 사회복지 현장전문가로시 통합적 전문성을 기르는 것이다.

한국사회복지교육협의회의 사회복지 교과목 지침서에서는 사회복지현장실습의 목표를 다음과 같이 제시하고 있다(한국사회복지교육협의회, 2022: 56)

(1) 사회복지현장에서 예비사회복지사로서 사회복지 가치 및 윤리강령, 지식 및 기술을 적용할 수 있다.

(2) 클라이언트 체계의 욕구와 어려움 확인, 정보 수집 및 사정, 개입계획 수립 및 실행, 그리고 평가의 전 과정을 수행할 수 있다.

(3) 지역사회 내 위험집단 및 표적 집단의 특성 그리고 강점과 자원을 파악하고 이를 활용할 수 있다.

(4) 사회복지시설 및 조직의 사명, 관련 정책 및 행정을 이해하고 이를 실천에

적용할 수 있다.

(5) 실천현장과 관련된 중앙정부 및 지자체의 사회복지정책 및 전달체계를 분석하고 실천에 적용할 수 있다.

(6) 전문 사회복지 인력으로서 적성을 점검하고 자신에 대한 이해를 높이는 과정을 통해 전문적 자기인식과 전문가로서의 정체성을 형성한다.

(7) 사회복지실천 현장 및 분야에 대한 이해를 높이고 실습한 내용을 학문적으로 이해하고 통합할 수 있다.

(8) 사회복지사로서 자신의 진로를 결정하는 기회를 갖는다.

3) 실습을 통해 실습생이 습득해야 하는 목표

실습생이 실습을 통해 습득해야 할 것을 지식, 기술, 가치의 3대 축으로 나누어 목표를 정리하면 다음과 같다(윤철수 외, 2010: 12-15).

(1) 지식의 습득

① 인간과 환경 간의 공식·비공식 체계 간의 상호관련성을 이해한다.

② 생태학적 관점(ecological perspective)에서 클라이언트를 보다 포괄적이고 실제적으로 이해한다.

③ 클라이언트 체계와 다양한 변수들, 즉 생물적 · 심리적 · 사회적 특성, 문화차이 등과 상호관련성을 이해한다.

④ 클라이언트 체계에 영향을 미치는 요소에 대해 이해한다, 예를 들어, 빈곤, 차별, 연령, 생활방식, 장애, 성(性) 등을 포함할 수 있다

⑤ 생태학적 체계의 영향, 기존 전달체계의 기능과 역기능들, 보다 효과적인 원조를 위해 현재의 클라이언트 체계와 전달체계를 어떻게 변화·개선할 수 있을지에 내해 이해힌디.

⑥ 서비스를 제공하는 기관의 기능과 구조에 대해 이해하고 효과적으로 개입할 수 있는 직접적인 실천방법으로 원조 과정의 기본적인 원칙을 이해한다.

⑦ 사회복지실천을 평가하는 방법을 이해한다. 즉 문제해결과정, 특정 전문실

천 분야에서 활용하는 개입방법과 결과에 대해 평가하는 방법을 이해한다.

⑧ 생태체계 관점에서 사회복지사의 역할, 지역사회에서 사회복지기관과의 관계를 이해한다.

⑨ 다양한 사회복지 실천분야에 대한 사회복지 정책·행정과의 관계, 역동성을 이해한다.

⑩ 전문사회복지사로서의 철학, 가치, 윤리와 실습생 자신의 개인적인 가치와의 관계를 이해한다.

⑪ 인접 학문에 대한 이해와 상호관련성에 대해 이해한다.

(2) 전문적인 기술 개발

① 생태체계 관점에서 클라이언트의 욕구와 상황을 사정할 수 있어야 한다.

② 획득한 정보와 자료를 조직화하고, 환경요인의 영향을 평가하고, 문제 상황과 관련된 사회정책 및 프로그램들을 평가하는 기술을 개발한다.

③ 클라이언트가 자신의 욕구와 상황을 인식할 수 있도록 돕는다.

④ 클라이언트의 능력과 동기 등을 포함한 강점 사정을 한다.

⑤ 클라이언트를 지원하기 위해 현실적인 개입목표와 실천방법을 설정할 수 있도록 한다.

⑥ 클라이언트의 욕구 충족을 위하여 타 전문직과 기관의 서비스를 활용할 수 있다.

⑦ 실천과정에서 요구되는 다양한 의사소통기법들을 활용할 수 있도록 한다.

⑧ 지역사회에서 이용 가능한 자원들을 개발하고, 클라이언트의 욕구와 능력에 따라 이들 자원과 연결할 수 있는 연결자, 중재자로서의 기술을 습득해야 한다.

⑨ 종결과정에 포함되는 사회복지사, 클라이언트, 기관의 과업과 역할을 실행할 수 있어야 한다.

⑩ 업무량을 적절히 관리하고, 서비스 관련 기록(전문적인 기록)을 유지·보관하며, 전문적인 의견이 반영된 보고서를 작성, 다른 전문직들과 협조하는

기술을 갖추어야 한다.

⑪ 기관조직 내에서 적절한 역할을 수행하고, 기관 내 서비스의 장단점을 분석하여 서비스 개선방안을 제시할 수 있다.

⑫ 거시적인 관점에서 정부의 정책과 제도 등을 분석, 평가하는 기술을 갖추어야 한다.

⑬ 클라이언트를 존중하며 효과적으로 서비스를 제공하는 기술을 개발한다.

⑭ 잠재적 클라이언트 체계에 전문적으로 접근할 수 있는 방안을 개발한다.

⑮ 예비 사회복지사로서 자신의 강점과 약점, 한계에 대하여 평가할 수 있어야 한다.

(3) 전문인으로서 가치 및 태도의 개발

① 클라이언트의 최상의 이익(best interest)을 목적으로 실천한다.

② 클라이언트에 대한 실습생 자신의 감정과 태도를 인식하고 전문직으로서 책임성 있는 태도를 기른다.

③ 거시적인 관점에서 사회 내에 발생하는 쟁점과 문제들을 평가할 수 있는 태도를 기른다.

④ 사회복지실천의 성과를 과학적으로 평가하는 것의 중요성을 인식한다.

⑤ 기관 내 슈퍼바이저와 실무자, 그리고 타 실습생들의 제안을 경청하고 이에 적절히 반응하여 실습업무를 책임감 있게 수행한다.

⑥ 끊임없이 학습하는 노력이 필요하다. 이를 통해 전문가로서 성장할 수 있다.

⑦ 실습생으로서 업무를 수행함에 있어 사회복지 전문직의 가치와 윤리를 준수할 수 있다.

3. 사회복지현장실습의 필요성과 기대효과

1) 사회복지현장실습의 필요성

사회복지현장실습은 사회복지 현장의 풍부한 경험을 통하여 장차 사회복지사로서 실천적 유능성을 갖추기 위해 필요하다는 점에서 현장학습은 매우 중요하다 더불어 현실사회의 실정을 이해할 수 있다는 점에서 큰 교육적 가치를 가지며, 특히 클라인트와 동료 실습생들을 비롯하여 직·간접적으로 지역의 또 다른 전문직을 만나게 되고, 그러한 만남을 통하여 전문 사회복지사의 문화와 규범, 가치를 익히는 계기를 마련할 수 있고 수동적인 학습자로서의 자세에서 능동적인 전문가로 자질이 있는가에 대한 진지한 고민을 통해 진로를 결정할 수 있게 해 준다(이원주 · 우병훈, 2021: 27).

2) 사회복지현장실습의 기대효과

사회복지현장실습은 실습생, 실습기관, 학교의 입장에서 다음과 같은 기대효과를 얻을 수 있다.

(1) 실습생의 기대효과

① 사회복지 이론 적용의 기회: 사회복지현장실습은 사회복지전공교과목을 통에서 배운 다양한 이론을 실제 현장과 상황, 개인 클라이언트별 케이스를 다루어 보는 경험과 과정을 통해 사회복지이론의 적합성과 활용성을 경험하는 기회가 된다.

② 전문석 역할에 대한 간접적인 학습기회: 사회복지전문직은 개인, 집단, 지역사회를 대상으로 클라이언트의 문제와 욕구를 사정 진단하여 적절하게 개입계획을 수립하고, 개입, 평가하는 과정을 통해 옹호자, 임상가, 중개자, 지역사회조직가 등 다양한 전문적 역할을 수행하는 학습기회를 얻는다.

③ 전문직으로 사회화 과정에 참여하는 기회: 실습생은 수동적인 학습자에서 능동적인 전문가로서 변화하는 사회화 과정에 참여하는 기회를 갖는다.

④ 미래 직업계획을 위한 기회: 자신의 적성을 탐색하는 기회와 더불어 자신의 사회복지직이 자신에게 적합한 직업인지 계획 및 선택하는 기회가 된다.

⑤ 예비 사회복지사로서 정체성 확립을 위한 기회: 실천현장에서 발생하는 다양한 윤리적 딜레마를 경험하고, 타 전문가들과 서비스 과정에 함께 참여

함으로서 지식과 기술이 내면화되고 가치가 정립되는 등 사회복지사로서 정체성을 확립할 수 있다.

(2) 실습기관의 기대효과

① 실습교육을 통한 인력보충의 기회가 된다.

② 사회복지사양성에 기여한다.

③ 효율적인 인력수급을 위한 잠재적 자원의 선택과 평가의 기회가 된다.

④ 지역사회 내에서 기관 상호 간의 의뢰체계 구축 및 실습지도자의 실천기술 발전의 기회를 제공한다(박희숙 외, 2018: 33).

(3) 학교(대학)의 기대효과

① 이론과 실습의 접목을 통해 사회복지교육을 효과적으로 실현할 수 있는 기회를 가진다.

② 사회복지현장 경험의 기회를 지속적으로 제공받고 학문연구를 강화시키는 기회가 된다.

③ 학교와 기관의 네트워크 및 산학협력의 기반을 강화를 통해 지역사회에 기여할 수 있다.

(4) 실습교육의 핵심 내용과 기술

실습교육의 핵심적인 내용과 기술은 [그림 5-3]과 같다.

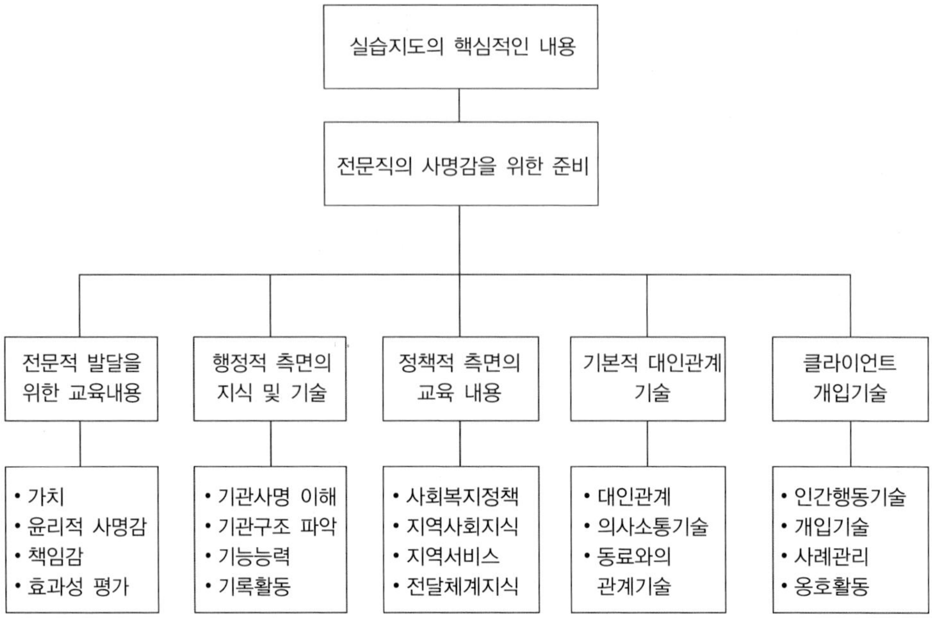

[그림 5-3] 실습교육의 핵심적인 내용

출처: 순덕기(2009). p. 12.

CHAPTER 06

사회복지현장실습과 슈퍼비전

1절 현장실습 슈퍼비전

슈퍼비전은 대인 서비스를 하는 모든 전문직에 필수적인 요소이다. 따라서 슈퍼비전이 전문직 내에 제도적으로 갖춰져 있어 신임 사회복지사가 경력 사회복지사로부터 현장의 특성이 반영된 지도를 받는다. 대인 서비스를 제공하는 것을 기본으로 하고 있는 사회복지사업에서 교육과정에서의 이론이나 기술만으로는 다양한 상황에 놓인 클라이언트에게 최상의 서비스를 제공하는 것에 한계가 있을 수밖에 없다. 이런 특성으로 인해 사회복지 현장에서의 슈퍼비전이 반드시 필요하다. 사회복지교육의 중요한 영역을 차지하는 사회복지현장실습 교육은 교육과정 안에서 학생이 사회복지전문가로 성장하기 위한 필수과정이다. 따라시 실습 수행기관으로 부터 양질의 슈퍼비전을 받는 것이 중요하다

1. 슈퍼비전의 개념 및 목적

슈퍼비전(supervision)의 어원은 라틴어 super(over)와 videre(to watch to see)의 합성어로서 '위에서 관찰한다', '살핀다'는 뜻이 있다. 즉 다른 사람이 하는 일에 대

해 책임을 지고 지켜보는 감독자(overseer)의 의미를 가진다(Kadushin, 1992).

로간빌 등(Loganbill, Hardy, & Delworth, 1982)은 슈퍼비전을 한 사람이 타인의 치료적 능력의 발달을 촉진하려는 의도를 가지고 계획적으로 하는 대면 관계라고 정의 하였다.

또 최성재·남기민(2016)은 슈퍼비전이란 사회복지 전문지식, 기술, 경험 등을 가지고 있는 사람이 그렇지 못한 사람들에게 도움을 줄 수 있다는 전제하에서 이루어진다고 하였다.

위의 정의를 토대로 사회복지현장실습에서의 슈퍼비전의 개념을 정의해 보면 '예비사회복지사가 업무를 수행하는 데에 필요한 지식과 기능을 최대로 활용하고 그 능력을 향상시켜 사회복지 전문직으로서 전문성을 높이기 위하여 원조와 지도를 행하는 일'이라고 정의할 수 있다. 이와 관련하여 한국사회복지사협회(2021)는 실습생은 전문 사회복지사로 성장하고 발전하기 위해 사회복지의 전문 지식, 기술 및 자세를 겸비한 실습기관의 슈퍼바이저로부터 실습업무 전반에 대한 슈퍼비전을 제공받을 권리가 있다고 하였다.

또한 슈퍼비전에서 슈퍼바이저와 슈퍼바이지가 존재하는데 스키드모어(Skidmore)는 '슈퍼비전을 주는 사람인 슈퍼바이저의 역할은 주로 슈퍼비전을 받는 사람인 슈퍼바이지를 지적하고, 용기를 돋워주고, 정보를 제공하고, 상대방의 말을 듣는 것'이라고 하였으며 1948년에 발간된 Webster's Collegiate Dictionary에 따르면 Supervisors는 '어떤 사람의 일을 책임지고 그와 같이 관찰하는 자'라고 정의하고 있다.

슈퍼바이저는 슈퍼바이지와의 적극적인 관계를 통해서 행정적, 지지적, 교육적 슈퍼비전을 통해 긍정적이고 적극적인 상호작용을 해야 한다.

즉 실습지도자인 슈퍼바이저(supervisor)가 실습생인 슈퍼바이지(supervise)의 실습과정에서 하는 일에 대해 책임을 가지고 슈퍼바이지가 학교에서 배운 이론을 현장에서 잘 적용할 수 있는 기회나 프로그램을 마련해 주고 사회복지사로서의 전문성을 확보할 수 있는 지식과 기술을 습득할 수 있도록 긍정적인 학습의 기회를 제공하여야 한다.

2. 슈퍼비전의 기능

슈퍼비전의 기능은 모든 사회복지실천현장에서 직원이나 실습생에 대하여 전문성을 향상시킬 수 있도록 교육, 지도, 원조하는 활동으로 카두신(Kadushin, 1992)은 슈퍼비전이 교육적 기능, 행정적 기능, 지지적 기능을 한다고 하였다.

1) 교육적 기능

교육적 슈퍼비전은 사회복지 및 사회사업의 전문적 실천을 위해 가장 핵심이 되는 슈퍼비전 활동으로 실습생에게 업무수행을 위해 무엇이 필요한지를 알게 하고 이것을 배우도록 돕는, 즉 실습생을 교육하는 데 초점을 두는 활동이다.

카두신(Kadushin, 1997)에 따르면, 교육적 슈퍼비전은 슈퍼바이지에게 전문직의 가치 기반을 전달하고 슈퍼바이지의 지식과 문제해결기술을 향상시킨다. 또한 슈퍼바이지의 사정개입 실천기술을 증진하며, 자아 인식을 개발하는 것을 목적으로 한다.

카두신(Kadushin, 1997)은 교육적 슈퍼비전의 종류는 가르침, 학습격려, 훈련, 정보전달, 해설, 경험과 지식의 공유, 충고, 제안, 문제해결 도움 등이 있으며 교육적 슈퍼바이저의 활동으로 첫째, 실습생의 전문성이 성장할 수 있도록 하여야 하며, 둘째, 지식과 기술을 실습생과 공유하여야 하며, 셋째, 실습생이 원하는 클라이언트의 문제해결을 슈퍼바이저가 도와주는 것이다.

2) 행정적 기능

행정적 슈퍼비전의 목표는 실습생이 기관의 구조와 자원을 효율적으로 이용할 수 있도록 돕는 과정이다. 즉, 실습생의 행정적 성장을 꾀하는 데 목적을 두고 기관의 정책과 절차를 적절하게 수용하지 못하는 실습생에세 입무환경의 구조화와 업무수행에 필요한 접근법을 제공해 주는 것이다. 따라서 실습 슈퍼바이저는 실습생들의 업무에 대해 필수적인 정보에 접근할 수 있는 방법과 활동을 지도해야 한다.

한국사회복지사협회(2021)에서 제시한 실습 슈퍼바이저의 사례배분 업무원칙 내용은 다음과 같다.

원칙 ① 실습생 개인의 강점과 약점을 고려해야 한다.

원칙 ② 실습생의 업무 형평성을 고려하여 배분해야 한다.

원칙 ③ 과업 배분의 기준은 다양해야 한다.

원칙 ④ 주어진 업무나 사례가 실습생에게 도전과 자극이 될 수 있을지 고려해야 한다.

원칙 ⑤ 클라이언트와 실습생을 조합하는 데 있어 나이, 성별, 그 외의 특성 등을 고려하는 것이 좋다.

원칙 ⑥ 전체 업무부담과 업무 수행시간을 평가하여 계획을 세운다.

원칙 ⑦ 가능하면 실습생들이 업무분장 과정에서 자신의 관심과 의견을 표현할 수 있도록 참여시키고 그 업무수행 방법을 토의할 수 있는 기회를 제공해야 한다.

행정적 슈퍼비전 영역은 ① 직원모집과 선발(staff recruitment and selection), ② 사회복지사 임명과 배치(induction and placing the worker), ③ 업무계획(work planing), ④ 업무할당(work assignment), ⑤ 업무위임(work delegation), ⑥ 업무 모니터링, 재검토, 평가(monitoring, reviewing, evaluation work),⑦ 업무조정(coordinating work), ⑧ 의사소통기능(the communication function), ⑨ 행정적인 완충자로서 슈퍼바이저(the super-visor as administration buffer), ⑩ 변화 매개인으로서의 슈퍼바이저(the supervisor as change agent liaison) 등이 있다.

3) 지지적 기능

지지적 슈퍼비전의 목표는 실습생이 업무를 더 효과적으로 학습하고 실행할 수 있는 능력을 향상시켜 클라이언트에게 효과적인 서비스를 할 수 있도록 돕는 것이다. 즉 지지적 슈퍼비전은 실습생의 업무수행을 방해하는 스트레스를 감소시키고 동기를 부여하고 업무의 요구와 관련된 불안을 감소시키며 업무에 대한 만족감을 증진시켜 업무에의 헌신을 심화시키도록 도와주는 기능을 하는 슈퍼비전을 말한다(Kadushin, 1997). 이에 따라 정서적 건강과 긍정적인 생각과 감정, 최선을 다하는 태도를 갖도록 하는 것이다.

3. 슈퍼비전의 원칙

슈퍼비전의 원칙은 실습기관, 교육기관의 모든 슈퍼비전은 정기적, 규칙적이며 구조적으로 실습지도자나 실습지도교수가 직접 지도해야 하며 실습 과정 중에 슈퍼비전 내용이 반영되어야 한다.

실습 슈퍼비전 원칙은 다음과 같다(서울시사회복지관협회, 2020).

① 정규화의 원칙

- 슈퍼비전은 정기적으로 제공되어야 한다.
- 실습생을 위한 슈퍼비전의 정기성은 학기 중에 매주 정해진 시간에, 방학 중의 경우는 매일 정해진 시간에 슈퍼비전이 제공될 수 있어야 한다.

② 공식화의 원칙

- 슈퍼비전은 업무의 일부로 업무시간 중에 수행되어야 한다.
- 실습생과 실습시도사의 업무량 관리를 통해 공식 업무의 일환으로 수행되어야 한다.

③ 상호교류 중심화이 원칙

- 슈퍼비전은 슈퍼바이저와 슈퍼바이지의 상호 계획하에 수행되어야 한다.
- 실습은 목적적인 것이므로 실습 계약을 통해 설정된 목표에 실습생과 실습

지도자가 상호적으로 슈퍼비전의 전 과정에 함께해야 한다.

④ 개별화의 원칙

• 슈퍼비전은 슈퍼바이지의 업무와 관련된 지식, 기술, 능력을 파악하여 이와 관련된 훈련, 개발, 더 나아가서 경력 개발에 초점을 두고 개별화하여 진행되어야 한다.

⑤ 성장 중심화의 원칙

• 슈퍼비전은 슈퍼바이지의 업무수행상 취약점을 지적하는 것보다 가능성과 강점의 개발에 초점을 두고 진행되어야 한다.

⑥ 맥락화의 원칙

• 슈퍼비전은 조직의 내적 및 외적 환경, 슈퍼바이지가 속한 업무환경 등 맥락을 고려하여 진행되어야 한다.

⑦ 욕구 중심화

• 실습생의 욕구에 맞춰 실습 슈퍼비전을 계획하고 제공해야 한다.
• 실습생이 실습지도자로부터 슈퍼비전을 통해 받고 싶은 것 받을 필요가 있는 섯 등을 미리 파악하고 그에 맞춰 제공해야 한다.

4. 슈퍼비전의 유형

1) 개별슈퍼비전

슈퍼비전의 가장 기본적인 유형으로 슈퍼비전의 경험이 없는 슈퍼바이지에게는 1:1의 형태가 가장 안정감을 줄 것이므로 슈퍼비전의 초기에 사용되는 것이 유용하다. 개별슈퍼비전이 진행되는 동안에는 슈퍼바이저와 슈퍼바이지의 관계는 전이와 역전이가 되기 쉬우므로 대화를 통해 공적인 문제와 사적인 문제를 분명하게 구분 지어야 한다. 개별슈퍼비전에서 슈퍼바이지의 가치와 규범이 슈퍼비전에서 중요한 역할을 할 수 있다. 그러므로 슈퍼바이지는 가치 태도를 명확히 하고 슈퍼바이저와 정서적인 상호작용이 가능하도록 해야 한다.

2) 집단슈퍼비전

버나드와 굿이어(Bernard & Goodyear, 2009)는 집단슈퍼비전은 상담실습생들이 집단에서의 상호작용을 통해 서로 돕고, 상담자 자신과 내담자 그리고 실제적인 상담서비스를 더 잘 이해하기 위해 한명의 지정된 슈퍼바이저와 함께 여러 명의 실습생들이 실행하는 정기적인 모임이라고 말했다. 새일과 나바레(Sales & Navare, 1970)에 의하면 집단슈퍼비전이 학습한 것을 일반화하고 맥락에 대해 인식하는 데 시간을 절약하는 것은 유리한 반면, 개별슈퍼비전은 개별사회사업에 더욱 활용도가 높은 것으로 나타났다(김혜진, 2005).

3) 동료슈퍼비전

일반적으로 슈퍼비전은 슈퍼바이저가 슈퍼바이지를 훈련시키고 지도하는 책임을 담당하는 것을 의미한다. 이에 반해 동료슈퍼비전은 동료들 간의 집단토의나 회의를 통해 슈퍼비전을 받는 것으로 이러한 동료슈퍼비전에는 몇 가지 조건이 갖춰져야 한다(전경아, 2006).

첫째, 슈퍼비전에 참여하는 동료는 사회복지실천에서 충분한 경험, 기술, 지식이 있어야 한다. 둘째, 사회복지사가 행하는 서비스에 책임은 있으나 어려움이 함께 존재한다는 것과 그 문제들을 토의에 제시할 수 있어야 하고 이에 해결방안으로 얻은 결론을 적절하게 활용할 줄 알아야 한다. 셋째, 충분한 자기의식과 전문가로서의 윤리의식이 있어야 하며 기관의 목표와 정책을 충분히 이해하고 따를 수 있어야 한다.

5. 실습지도자의 역할 및 자세

다양한 실습상황에서 어려움을 겪고 있는 실습생들에게 실습을 하면서 경험하게 되는 어려움을 해소하고 성공적인 실습이 이루어지게 하기 위해서는 실습지도자의 역할이 중요하다. 따라서 실습지도자가 갖추어야 하는 자질에 대해 살펴보고자 한다(양옥경 외, 2007).

첫째, 실습지도자는 사회복지에 관한 전문적인 지식, 태도, 조직에 대한 이해와 기관이 제공하는 전반적인 사업과 서비스에 대한 풍부한 지식을 갖추고 있어야 한다.

둘째, 사회복지를 실천함에 있어서 전문적인 실천기술에 대한 이해가 있어야 하며, 특정 전문 분야에 대한 고유의 실천기술을 소유하고 있어야 하며 이를 바탕으로 실습생들에게 진지한 자세로 사회복지현장에 대해 이해할 수 있도록 슈퍼비전을 줄 수 있어야 한다.

셋째, 실습생이 문제 상황에 처했을 때 실습지도자에게 편안하게 문제 상황에 대한 이야기를 할 수 있도록 실습생과 관계를 형성해야 하며 실습지도자도 때로는 실수도 할 수 있음을 솔직하게 보여줄 수 있어야 한다.

넷째, 실습생이 실습의 과업을 잘 수행하면 실습생의 동기를 유발하고 전문성을 키워나갈 수 있도록 칭찬과 인정을 해줘야 한다,

다섯째, 사회복지관련 전문지식은 물론 인간적으로 존경받을 수 있도록 성실하고 정직하게 실습지도에 임해야 한다.

1) 슈퍼비전에 관한 윤리강령

실습지도자가 실습생에게 슈퍼비전을 줄 때는 사회복지사 윤리강령에 명시되어 있는 동료에 대한 윤리지침과 함께 슈퍼바이저가 지켜야 하는 윤리적 지침도 고려하여 슈퍼비전을 해야 한다. 한국사회복지사협회가 2001년 개정한 사회복지사윤리강령에는 전문가로서 책임과 의무를 명시하고 있으며 슈퍼바이저 의무 역시 윤리적 지침을 따르도록 규정하고 있다. 슈퍼바이저가 지켜야 하는 윤리적 지침은

다음과 같다.

슈퍼바이저 윤리지침

1) 슈퍼바이저는 개인적인 이익의 추구를 위해 자신의 지위를 이용해서는 안 된다.
2) 슈퍼바이저는 전문적 기준에 의해 공정하게 책임을 수행하며, 사회복지사, 수련생, 실습생에 대한 평가는 저들과 공유해야 한다.
3) 사회복지사는 슈퍼바이저의 전문적 지도와 조언을 존중해야 하며, 슈퍼바이저는 사회복지사의 전문적 업무수행을 도와야 한다.
4) 슈퍼바이저는 사회복지사, 수련생 및 실습생에 대해 인격적, 성적으로 수치심을 주는 행위를 해서는 안 된다.

2) 실습지도자의 자세

(1) 실습지도자는 개인적인 이익추구를 위해 자신의 지위를 이용해서는 안 된다. 실습지도자의 권한으로 실습생으로 하여금 실습지도자의 업무를 대신하거나 각종 개인적인 심부름을 시켜서는 안 된다. 실습지도를 벗어난 개인적인 업무, 실습과제로 무리하게 후원자 발굴이나 기관의 생산품 등 물품구입을 강요하면 안 된다.

(2) 실습지도자는 전문적인 기준에 의해 공정하게 책임을 수행하며, 실습생이 사회복지사로서 갖추어야 하는 지식과 기술을 익힐 수 있도록 실습이 이루어져야 하며 실습생에 대한 평가는 공정하게 이루어져야 한다.

(3) 실습생이 예비사회복지사로서 정체감을 형성할 수 있도록 교육이 이루어져야 한다.

(4) 실습생은 실습지도자의 전문적지도와 조언을 존중해야 하며 실습지도자는 실습생의 전문적 업무수행을 도와야 한다, 실습생의 실습일지를 매일 확인하여 즉각적인 피드백을 제공해야 하며 정기적으로 구조화된 실습슈퍼비전 계획을 수립하고 일정에 따라 개별적으로 집단적 슈퍼비전을 통해 실습교육의 목적을 달성하도록 노력해야 한다.

(5) 실습지도자는 사회복지사, 수련생, 실습생에 대해 인격적, 성적으로 수치심을 주는 행위를 해서는 안 된다.

(6) 실습지도자 및 직원은 실습교육기간 동안 실습교육기관 외의 장소에서 사적인 자리를 마련하지 않아야 하며 실습지도자 및 직원은 실습생의 호칭이나 실습생 평가 시 모욕이나 수치심을 자아내는 언행을 삼가야 한다.

(7) 실습지도자 및 직원은 실습생에게 이성적인 호감을 표시하거나 구애 행위를 해서는 안 되며 실습기간 동안 기관 내에 다른 직원이 자신의 실습생에게 이와 같은 행위를 하는 것을 목격했을 때 그 행위를 중단시켜 실습생을 보호해야 한다(이원식 외, 2021, 인용 및 재구성).

6. 슈퍼비전의 실제

실습지도자는 슈퍼비전을 효과적으로 제공하기 위해서 슈퍼비전의 원칙을 세우고 그 원칙에 따라 슈퍼비전을 제공해야 한다.

1) 실습슈퍼비전을 위한 사전준비사항 점검

실습을 진행하기 전에 수행되어야 하는 과업에 대해 체크리스트를 만들어 미흡한 사항이 없는지 확인해야 한다. 실습생의 선발과 배치, 실습생에게 부과되는 실습내용의 적절성, 실습수행 장소, 실습을 위한 기관의 시설 및 재정지원, 실습 개시를 위한 실습대학과의 행정적인 업무 등이 사전에 수행되어야 하며 이러한 사항을 포함하는 실습관련 업무목록을 작성하여 사전에 점검을 해 보는 것이 좋다.

2) 실습슈퍼비전 준비를 위한 실습생 교육진단

실습슈퍼비전을 효과적으로 진행하기 위해서는 실습생의 지식과 기술 등 실습과 관련된 상황에 대해 파악하는 과정이 필요하다. 양옥경 외(2010)는 슈퍼비전을 진행할 때 슈퍼바이저가 실습생에 대한 자신의 기대를 설정하고 그에 맞춰서 슈퍼비전을 진행하는 것이 아니라 슈퍼바이지인 실습생이 있는 곳에서 슈퍼비전을 시작하는 것이 바람직하다고 제시하고 있다. 따라서 실습지도자가 사전에 실습계획서를 최종 조율하는 과정이 필요하다.

3) 실습준비단계의 슈퍼비전

실습준비단계에서는 실습과 관련된 기관의 규정과 실습생 선발 조건에 대한 검토를 통해 실습생을 모집하고 선발하며, 실습계획서를 작성하고 그에 준하여 실습과정에서 요구되는 제반 과업의 사전준비를 진행해야 한다. 〈표 6-1〉과 같이 실습 관련 사전준비점검표를 만들어 사전에 점검하면 효과적인 실습준비를 할 수 있다.

〈표 6-1〉 실습준비단계의 내용

단계	주요내용	과제물	활용양식
준비단계	• 실습 전 확인사항 점검 • 실습계약 체결 (3자 체결: 실습지도자, 실습학생, 지도교수) • 실습서약서 작성 • 실습 시작 전 오리엔테이션(사전미팅) 실시 • 실습생 프로파일 검토 • 실습슈퍼비전을 위한 기초자료 수집 • 실습생의 교육욕구 진단 • 실습지도자와 실습생의 초기 관계형성	실습생프로파일 실습생실습계획서	준비점검표 프로파일 실습계획서 실습계약서 실습서양서

출처: 한국사회복지사협회(2017). 사회복지현장실습 매뉴얼.

4) 사회복지현장실습 슈퍼비전 계획서

(1) 슈퍼비전 계획서 작성

실습시작 초기에는 실습슈퍼바이저와 실습생이 신뢰의 초석을 다지며 실습생에 대한 슈퍼비전을 설계하는 단계이다. 실습계획서가 기관의 실습프로그램 계획서라면, 실습슈퍼비전 계획서는 그 계획서상의 투입인력의 성장과 발전을 위한 개별화된 지도계획서를 의미한다. 실습생의 경우 새로운 환경에의 적응, 업무에 대한 책임, 동료실습생과의 관계형성 등과 관련하여 초기 긴장과 불안감이 야기될 수 있으므로 지지적 슈퍼비전을 통해서 불안감을 완화하고 극복하도록 해야 한다. 더불어 행정적 측면에서는 조직의 정책과 규율, 실습생의 책임과 권한 등에 대해 명확히 이해해야 한다.

(2) 실습슈퍼비전 계획서 작성

- 기관의 실습슈퍼비전 계획서에 포함되는 내용: 실습생 상황(이름, 성별, 그동안의 봉사 및 실습경력, 현 실습업무, 지식, 기술, 능력, 성향, 욕구 등), 슈퍼바이저 상황, 슈퍼비전 구조(일시, 기간, 장소 등)가 포함되도록 해야 한다.
- 과정별 슈퍼비전 내용: 슈퍼비전의 진행 시기에 따라 〈표 4-2〉와 같이 초기, 중기, 종결단계로 구분하여 지도하여야 한다.

① 실습교육 초기

초기 단계에서는 실습생에 대한 교육적 사정을 해야 한다. 실습지도자는 실습생이 제출한 개인적 정보 외에 개별 면담을 진행하며 실습생의 전공과 관련된 이전의 경험, 지식의 정도, 관심사, 학습 동기 등을 조사, 이를 바탕으로 교육내용을 계획해야 한다.

가. 초기 단계 실습 지도의 초점

실습 초기에 사회복지 지식만큼 강조 되어야하는 것은 사회복지사 윤리강령에 입각한 실습생의 업무 태도와 자세를 기를 수 있도록 한다.

- 기관의 기능적 측면에 대한 이해와 조직성원으로서의 근무규칙에 적응
- 기관의 환경 및 기관 이용자에 대한 이해
- 문서작성, 각종 보고서 등의 기초적인 업무수행능력 습득
- 실습프로그램에 대한 계획 수립

• 사례관리(개별지도), 집단지도, 지역사회개발 등의 계획 수립

〈표 6-2〉 실습슈퍼비전계획서

<table>
<tr><td rowspan="4">초기 단계</td><td rowspan="3">실습생의 업무 태도와 자세를 강조하고 기관과 실습에 대한 지식교육을 활발히 진행 한다.</td><td>기관소개</td><td>기관의 역사와 조직구조에 대한 이해</td></tr>
<tr><td>부서교육</td><td>- 각부서 사업에 대한 이해
- 클라이언트에 대한 이해
- 지역사회에 대한 이해</td></tr>
<tr><td>담당실습업무 실시</td><td>- 집단프로그램 계획 및 진행평가
- 사례 관찰 및 평가
- 기타 프로그램 참관
- 행정업무 보조</td></tr>
<tr><td>슈퍼비전 내용</td><td colspan="2">▶ 실습지도자와 실습생의 관계 형성
▶ 실습 계약서 작성
▶ 실습에서 목적의식 공유
▶ 실습생의 역할에 대해 인지시키고 상호의무와 기대를 토의
▶ 공동교육 및 과제에 대한 공지
▶ 기관구조 및 사업 관련 교육 진행
▶ 기관 내 기록 서식에 대한 교육과 필요성 지도
▶ 윤리적 실천에 대한 교육</td></tr>
<tr><td rowspan="3">중간 단계</td><td rowspan="2">실습업무를 점검하며 지식과 기술을 정밀화 하고 실습생이 하는 업무에 자신감을 갖도록 한다.</td><td>담당실습업무 점검</td><td>슈퍼비전(일지점검, 기록점검, 과제 점검, 프로그램 계획서 평가)</td></tr>
<tr><td>중간평가</td><td>실습내용 및 역할 요약, 실습을 통해 배운 점, 어려운 점, 개선사항 등</td></tr>
<tr><td>슈퍼비전 내용</td><td colspan="2">▶ 지속적인 정서적 지지제공 및 실습생의 감정인식
▶ 과제의 성공적인 수행 여부에 대한 검토
▶ 자아인식(강점 및 약점)에 대한 인터비전 진행
▶ 중간평가를 통해 목표달성 척도, 배운점, 건의사항 등에 대해 논의
▶ 사례관리 및 집단 프로그램에 대한 실습생이 감정을 공유하고 적극적인 피드백 제공</td></tr>
<tr><td rowspan="4">종결 및 평가 단계</td><td rowspan="3">종결을 알리고 실습에 대한 전반적인 평가를 한다.</td><td>종결평가
(실습생 평가)</td><td>실습 과정에 대한 보고와 평가, 배운 점, 기관에 대한 제언 등</td></tr>
<tr><td>실습지도 평가</td><td>실습생이 실습 지도와 실습지도자 평가</td></tr>
<tr><td>평가서 발송</td><td>실습평가서 학교로 발송</td></tr>
<tr><td>슈퍼비전 내용</td><td colspan="2">▶ 실습 종결 알림 및 감정탐색(실습생과 클라이언트와의 만남이 얼마나 남았는지?) 실습지도자와의 시간이 얼마나 남았는지 상기시킴.
▶ 종결평가를 통해 목표달성 여부를 평가하고 학습한 것을 공유</td></tr>
</table>

출처: 한국사회복지사협회(2021). 사회복지현장실습 매뉴얼

나. 실습오리엔테이션

사전오리엔테이션에서 지역사회와 기관에 대한 소개가 진행되었다는 것을 전제로 사전 오리엔테이션의 내용을 재확인하므로 조직구성원으로 소속감을 갖도록 하는 것이 필요하다.

• 실습과정의 구체적인 일정에 대해서 안내
• 실습기관의 미션과 지역사회의 주요 이해관계자에 대한 이해 재검토
• 기관의 업무처리절차에 대한 안내 및 실습과정에서 사용되는 양식과 기관의 행정절차 및 서류양식에 대한 소개
• 기관의 자원에 접근할 수 있는 방법 안내(시설, 업무환경 등)
• 실습기관의 직원과 동료실습생에 대한 소개
• 실습내용에 대한 안내, 실습 업무에 대한 평가 내용, 시기, 방법에 대한 안내

■ 사무실에서의 안전지침에 대한 안내

- 기관의 안전정책을 실습 전에 자세하게 안내해 줄 것
- 가능한 잠재위험이 있는 클라이언트와 직접 관련된 업무는 실습생에게 할당하지 않도록 할 것
- 폭력전과가 있거나 위협을 줄 수 있는 행동을 보여주는 클라이언트와 일할 경우는 실습지도자나 기관의 다른 직원이 동행하도록 할 것
- 무기로 사용될 수 있는 모든 물건들(펜, 스테이플러, 사진 등)을 업무환경에서 유의하도록 안내할 것
- 실습초기의 경우는 실습생들이 공통적으로 업무 하는 환경을 조성하여 상호 간에 도움이 될 수 있도록 할 것
- 위험상황에 대처하는 방법과 절차를 안내할 것(즉각 실습지도자에게 보고하거나, 위험시 비상연락망 등에 대한 안내)
- 실습생의 소지품을 보관할 수 있는 사물함을 제공하거나 잠겨 있는 곳에 보관할 수 있도록 할 것

※ **가정방문시의 Tip**

• 가정방문 시 처음에 실습시도자와 함께 가정방문을 함으로 실습생으로 하여금 효과적인 가정방문을 통한 면접과 가정방문의 안전수칙에 대해서 학습할 기회를 주는 것이 좋음
• 실습지도자가 가정방문에 동행하지 않을 경우, 실습생 혼자 가정방문하도록 하는 것은 지양해야 하며 실습생들이 함께 가도록함

- 실습생이 가정방문을 할 경우, 방문가정의 기본적인 사항에 대해서 안내해 주고 위험요소가 있다면(가족성원, 가축, 주변환경 등) 사전에 알려주도록 함
- 실습생이 클라이언트의 가정에 방문을 할 경우, 언제, 어떤 목적으로, 누구와 방문하는지 사전에 클라이언트의 동의를 받고 협조를 구하도록 할 것.
- 가정방문이 종료되면 즉각 실습지도자에게 보고하도록 할 것
- 가정방문 시 방이나 부엌에서 클라이언트와 이야기하는 것을 피하도록 할 것
- 클라이언트가 음주상태이면 면담을 유보하고 집에서 즉시 나오도록 할 것
- 방문 후 기록 등의 서류업무는 그 가정에서 하지 않도록 할 것

■ 공통교육

공통교육이라는 의미는 실습기관의 유형이나 특성과 무관하게 공통적으로 진행되어야 하는 교육의 내용을 의미한다. 아래의 내용을 모두 진행할 수도 있으며 학생의 현 상황 및 기관의 업무 상황을 고려하여 다른 교육을 추가하거나 별도의 교육이 요구되지 않을 경우는 아래 교육의 일부는 제외할 수도 있을 것이다.

- 사회복지 윤리강령에 대한 이해 및 윤리적 민감성을 위한 교육
- 사회복지실습기관 재무회계규칙에 대한 이해와 예산결산현황 교육
- 문서작성 및 행정업무절차에 대한 교육
- 사회복지 기록에 대한 교육
- 사회복지자원과 네트워킹의 이해 및 활용을 위한 교육
- 프로포절 작성과 관련된 교육

② 실습 중기단계의 슈퍼비전

가. 중기단계 실습교육의 초점

실습 중기는 실습 초기의 긴장이 완화되면서 실습지도자에 대한 모방을 통해 학습이 점차 심화되어 가는 단계로 실습생의 실습지도자에 대한 의존도를 줄이면서 전문적인 성장을 위한 과업과 과제부여 및 역할을 수행 할 수 있도록 해야 한다. 학교에서 배운 지식과 기술을 구체화하고 정밀화하면서 실습생의 자신감을 고취시켜야 하며 실습지도자에 대한 의존도를 경감시키고 실습동료 및 클라이언트와의 전문적 관계를 촉진시켜 줘야 한다.

나. 중기단계에 적합한 실습지도 및 과제

중기단계는 〈표 6-3〉과 같이 초기 단계의 실습을 토대로 보다 전문적이며 세부적인 내용을 경험하도록 해야 한다. 또한 실습생이 작성한 실습 중간평가서를 토대로 수행정도를 객관적으로 평가하고 실습지도를 통해 목표 점검과 해결방안, 실습생에 대한 격려와 지지를 통해 교육효과를 향상시키기 위한 목적을 가지고 실습 시 어려운 점과 애로사항, 실습 슈퍼바이저에 대한 건의 등을 점검하여야 한다.

〈표 6-3〉 실습중기단계의 내용

단계	주요 내용	과제물	활용양식
중기 단계	▶ 클라이언트(개별, 집단)의 욕구파악을 통한 프로그램 기획 및 실행 ▶ 개별대상자에 대한 사정과 개입계획 작성 및 레코딩 ▶ 타기관 방문 ▶ 사회조사: 지역조사, 욕구조사	과정참여보고서 프로그램 계획서 프로그램 평가서 중간평가서 기관방문보고서 사회조사보고서	과정참여보고서, 프로그램 계획서, 프로그램 평가서 중간평가서, 사례관리양식, 계획서, 진행일지, 집단지도양식, 사회조사양식, 기관방문보고서, 사회조사보고서

출처: 한국사회복지사협회(2021). 사회복지현장실습 매뉴얼.

※ 중기단계 실습생에게 어떤 내용의 경험을 제공할 것인가?

- 리코딩을 통한 교육적 슈퍼비전
- 지식과 기술 증진

• 행정적 역할

- 업무할당의 적절성에 대한 평가를 통해 조정
- 대상자(Client) 중재
- 의사소통 촉진
- 실습대학 연결

• 지지적 역할

- 강점 확인과 인정
- 실습 초기 성과에 대한 긍정적 피드백
- 소진방지와 만족감 증진
- 갈등에 대한 해소 등

③ 실습 종결단계의 슈퍼비전

실습 종결단계는 실습기간 동안 학습한 실천기법과 기술을 확고히 하며 마무리하는 단계이다. 사회복지사로서 전문성을 습득하는 기간으로서 매우 부족한 시간이기는 하지만 실습기간 동안 경험하고 학습한 내용을 확고히 알 수 있도록 슈퍼비전이 이루어져야 한다,

실습 종결단계는 실습평가서를 제출하면서 실습을 마무리하는 단계인 만큼 실습생이 수행한 역할을 평가함과 동시에 클라이언트와 종결, 동료 실습생과의 관계의 종결, 실습지도자와 전문적 관계의 종결을 준비할 수 있도록 지도해야 한다. 더불어 실습생과 실습지도자가 서로 다르게 평가한 항목에 대해서 서로 의견을 나누면서 전문적인 성장을 위한 피드백을 제공하도록 해야 한다. 이 단계의 실습내용과 과제 활용양식은 다음 〈표 6-4〉와 같다.

〈표 6-4〉 실습종결단계의 내용

단계	주요 내용	과제물	활용양식
종결 및 평가단계	▶ 종결 – 사례종결, 실습종결 ▶ 평가 – 실습만족도와 실습평가 – 실습보고회	사례종결보고서 실습만족도 작성 실습보고회 진행 실습평가서	실습만족도 실습평가서 현장실습확인서

출처: 한국사회복지사협회(2021). 사회복지현장실습 매뉴얼.

가. 종결단계 실습교육

실습 종결단계는 실습기간 중 학습한 실천기법과 기술을 보다 정교하게 하고 확고히 하는 단계로서 실습생들은 충분한 준비과정을 거쳐 기관 이용자들에게 제공되는 서비스 활동에 적극적으로 참여하도록 허용되어야 한다. 또 실습지도자에 대한 의존도를 경감시키고 실습 동료 및 서비스 이용자와의 전문적 관계를 촉진시켜 주고, 기관의 맥락과 문화, 지역사회, 대상에 대한 이해의 폭을 확장하면서 클라이언트나 집단과의 전문적 관계를 종료하는 연습을 통해 공적·사적 관계에 대한 경계를 학습하여야 한다.

실습지도자는 최종실습이 마무리되면 실습생이 작성한 종결보고서를 바탕으

로 실습 종결평가 보고회를 진행한다, 실습 종결평가 보고회는 실습생, 실습지도자, 사업담당자, 중간관리자, 최고관리자 등이 참여하며 실습을 진행하는데 발전적인 방향을 제시하고 실습생의 강점을 발견하고 향후 사회복지 전문직으로서의 사회복지현장에서 근무할 때 자신감을 가지고 임할 수 있도록 격려하고 지지하는 과정이다.

실습 평가보고회를 통해 실습생의 실습목표를 다시 한 번 점검하고 실습일지도 전체적인 점검을 한다, 최종실습이 마무리 되면 실습지도자는 실습평가서를 실습 종결 후 1주일 이내에 학교로 사회복지현장실습확인서와 함께 송부하여 학교에서 성적처리가 원활하게 이루어지도록 전반적인 행정업무를 수행해야 한다.

종결단계에서 구체적인 슈퍼바이저의 역할은 다음과 같다.

• 행정적 역할

- 실습 총평가서(학교제출용)를 토대로 실습 목적 및 목표에 대한 점검과 함께 부족한 부분을 보완할 수 있는 방법을 제시
- 평가 관련한 전 과정에 대한 실습기관 내의 행정적 절차에 대한 이해와 평가 후 실습 대학과의 공식적 피드백 과정에 대한 이해를 도모
- 실습 종결과 관련된 제반 행정적인 절차

• 교육적 역할

- 개별 또는 집단 종결보고서를 제출하면서 실습생이 수행한 역할에 대해 평가를 함과 동시에 클라이언트의 종결, 동료 실습생과의 관계의 종결, 실습지도자와의 관계의 종결을 준비하도록 하는 데 초점을 둠

• 실습생에 대한 평가

- 실습생의 실습 과정에서의 노력과 수행한 내용에 대한 긍정적인 피드백을 통해 강점을 더 발전시키면서 확고히 하도록 긍정적인 피드백을 제공
- 실습 과정의 긴장, 갈등, 스트레스 등을 해소하도록 하며 실습생에 대한 격

려의 시간을 마련

5) 효과적인 실습슈퍼비전 기법

(1) 주요 슈퍼비전 기법

실습지도자들의 주요 슈퍼비전 기법은 자기 사정, 사례 발표, 역할극, 모델링과 시범 기법이 있다.

① 자기 사정은 실습생의 유능성뿐만 아니라 자율적 실천을 목표로 하기 때문에 실습지도자에 의한 평가나 피드백뿐만 아니라 자기 사정(self-assessment)의 과정도 효과적인 평가학습방법이다

② 사례발표는 실제 현장의 사례를 접목해 봄으로써 서비스전달체계에 대한 전반적인 흐름을 알 수 있는 효과적인 학습방법이다.

③ 역할극은 클라이언트의 문제를 자기화하는 과정을 통해 공감과 객관화가 가능하다.

④ 모델링과 시범은 과제주기 코칭 방법이 있는데 과제주기는 슈퍼비전을 위해 필요한 자료를 읽게 하거나, 관련된 주제의 영화나 영상기록물을 보게 하는 것 등 슈퍼비전 회기와 병행해서 활용할 수 있다.

⑤ 시범기법(코칭) 방식은 실습지도자가 실습생이 처해 있는 다양한 문제 상황에 대한 점검을 촉진하고, 이를 구체적으로 해결할 수 있도록 실습생의 학습을 촉진하는 기법이다.

(2) 자료 활용

직접적이거나 간접적인 관찰자료를 활용하거나 서면 기록, 음성기록, 영상기록 등 기록자료를 활용하여 슈퍼비전을 하면 좀 더 체계화된 슈퍼비전이 될 수 있다.

(3) 효과적인 실습지도자의 특성

효과적인 실습지도자의 특성은 다음과 같다.

① 감정표현을 허용하고 실습생과 자유로운 의사소통을 한다.

② 실습생과 인간관계를 맺는 능력은 물론 업무에 대해 전문성을 보여준다.

③ 실습생과 심리적 안정감(수용, 다정, 공감, 존중, 관심, 지지, 융통성, 진실)이 있는 관계를 정립한다.

④ 임상실천에 대해 분명하면서도 구조화된 절차와 건설적인 피드백을 제공한다.

⑤ 실습슈퍼비전을 적극적으로 준비한다.

⑥ 전문적 지식과 기술을 공유하고 학습을 가장 적합하게 촉진하는 방식으로 가르치고 의지를 및 능력을 갖춘다.

⑦ 부정적 피드백과 건설적 비판에 대해 수용적이여야 한다.

⑧ 사회복지분야의 변화와 함께 배우고 성장하기 위한 지속적인 노력을 해야 한다.

⑨ 사회복지실천에 대해 긍정적이고 미래지향적인 태도를 가지며 전문직에 대한 결속력과 헌신성을 보여주고 전무직의 가치를 행동으로 구체화해야 한다.

⑩ 칭찬하고 인정하기 위한 준비가 되어 있어야 하며 동시에 부적절한 업무에 대해 도전하고 직면할 준비가 되어 있어야 한다.

⑪ 클라이언트를 돕는데 문화적으로 민감하여야 하며 성차별주의자나 인종차별주의자여서는 안 된다(신민선 외, 2019 인용 및 재구성).

(4) 비효과적인 실습지도자 특성

수퍼비전의 오용 및 효과적이고 바람직하지 않는 실습지도자의 특성은 다음과 같다(신민선 외, 2019 재인용).

① 슈퍼비전이 과도하게 사회복지사에게 초점을 맞추며 클라이언트 욕구에 초점을 둔 결과를 지향하지 않는다.

② 종종 검열 혹은 통제를 위해 사용되며 전문적 개발을 위해 활용되지 않고 있다.
③ 효과성을 평가하기 위한 인정되고 명료한 기준이 부재하다.
④ 일반적으로 "닫힌 문 뒤에서(behind closed)" 행해지므로 슈퍼바이저의 권력 남용에 대한 가능성을 배제할 수 없다.

CHAPTER

07 사회복지실습현장과 임파워먼트

1절 실습생 임파워먼트 구성요소

사회복지 전공 학생들은 사회복지현장실습을 통해 임파워먼트(Empowerment)된다. 임파워먼트는 1940년대 정치, 사회영역에서 최초 사용된 개념으로, 시민운동, 권리 운동, 흑인 투표권 저항운동, 노조 활동, 민권운동, 여성해방운동 등 주로 개인이나 정치적 힘을 증대시키는 과정에 등장하였다. 임파워먼트는 급변하는 환경 속에서 조직구성원의 주도성, 혁신성, 창의성 등을 배양하고 능력을 신장시켜 궁극적으로 조직 효과성을 향상하는 핵심 개념으로 인식되면서, 다양한 조직 등에서 경영의 핵심 주제가 되었다. 사회복지사나 실습생들 또한 실습을 통해 자신의 능력을 신장시키고 전문성을 강화함으로써 궁극적으로는 역량강화를 통해 업무에 대한 권한을 부여받을 수 있다.

따라서 실습에서 실습생은 임파워먼트를 부여받을 수 있는 다양한 경험과 학습이 필요하다.

임파워먼트란(Empowerment)란 조직구성원들에게 조직을 위한 업무수행에 필요한 권력과 힘, 그리고 능력이 있다는 확신을 심어주는 과정을 말한다. 따라서 일반적인 권한의 위험과는 달리 권한을 주는 사람과 받는 사람 모두 영향력을 증대시키는 plus-sum game이 되기 때문에 단순한 권한 위임과는 구분되는 개념이다. 즉 사회복지현장실습지도자와 실습생 모두에게 영향력을 증대시키고 성장을 가져오는 개념으로 역동적이고 성실한 과정을 통해 실습생과 실습지도자 모두에게 긍정적인 영향을 미칠 수 있도록 사회복지현장실습이 이루어져야 한다.

1. 임파워먼트 개념

임파워먼트(Empowerment)는 사회복지사가 자신의 일에 대한 자신감, 일에 대한 영향력, 일을 수행하기 위한 환경조절, 통제능력, 업무수행능력 등을 강조하는 개념으로 볼 수 있다.

임파워먼트의 사전적 의미는 '개인의 역량을 강화시켜준다'는 말로 능력과 의욕을 분리하지 않고 두 가지를 한꺼번에 높여 주는 것을 이른다'고 정의되고 있으며, 사회복지에서 임파워먼트란 '사회복지 전공학생들의 자기 스스로 업무를 수행하는 데 있어 자기효능감을 고취시키고 자신의 일에 대한 자신감, 일에 대한 영향력과 그 일을 수행하기 위한 환경 조절통제 능력, 업무수행 능력 등을 강화해 나가는 과정'으로 정의하였다(Leslie et al., 1999).

미국 사회사업사전에서는 '사람들이 자신의 삶에 대한 통제력을 얻고, 이를 통해 집단의 이익을 달성하는 방법에 관한 이론이자, 사회복지사들이 억압받아온 사람들의 힘을 증진하도록 하는 방법'이라고 정의하고 있다(Tomnas & Pierson, 1995; Adams, 2007 재인용). 이러한 임파워먼트의 정의를 사회복지현장실습에 대입해서 정의해 보면 임파워먼트 당사자는 슈퍼바이저인 실습지도자와 슈퍼바이지인 실습생 사이에서 일어나는 활동이다. 따라서 사회복지실천현장에서 임파워먼트는 실습생의 개인적인 자기효능감을 토대로 사회복지실습현장에서 사람이나 조직의 의욕과 성과를 이끌어 내기 위한 '권한부여', '권한이양'을 의미한다.

2. 임파워먼트 구성요소

임파워먼트(Empowerment)는 적용분야에 따라 다양한 의미로 사용되고 있기에 많은 선행연구에도 불구하고 공통된 정의가 존재하지 않는다. 스프레이처(Spreitzer, 1995)는 심리적인 측면에서 임파워먼트를 분석하고 심리학, 교육학, 경영학, 사회학 등 다양한 분야에서 적용 할 수 있다고 하였다. 스프레이처(Spreitzer, 1995)는 위와 같은 다양한 분야에 공통적으로 적용 가능한 임파워먼트의 구성요소로 의미성, 역량, 자기 결정력, 영향력의 네 가지를 임파워먼트의 구성요소로 보았다. 그는 단순한 권한의 위임이나 분배를 넘어 구성원 스스로 역할의 의미, 영향력, 자기 결정력, 역량감 등을 심리적으로 지각하는 수준을 의미하며 이들 중 하나라도 없으면 임파워먼트가 성립되지 않는다고 하였다.

1) 의미성

개인이 직무에 대해 부여하는 목적과 가치를 말하며, 직무와 개인의 신념, 태도, 행위 간의 적합성 정도에 따라 개인이 직무에 대해 부여하는 의미가 달라질 수 있다는 것이다. 즉, 개인적으로 의미를 두지 못하는 직무에 관여하는 것은 인지적으로 부조화를 야기시켜 일탈이나 부조화의 원인이 된다. 하지만 개인적으로 의미 있는 직무 활동은 목적의식과 열정을 창출해 낸다. 즉 실습 과정에서 개인(실습생)이 스스로 직무에 관여하는 과정에서 의미성을 느껴 업무에서 요구되는 신념, 가치, 행동 사이에서 일치를 보이는 것을 말한다. 따라서 의미성은 임파워먼트 과정에서 에너지를 공급하는 요소로 작용하는 것이다.

2) 역량

역량이란 과업을 수행하는 개인적 능력에 대한 믿음이다. 즉 특정 과업에 대해 능숙하게 과업을 수행할 수 있을 것이라고 믿는 것을 의미한다. 임파워먼트된 개인은 자신의 능력과 가능성을 믿고, 개인적 역량을 지각하며, 업무에 필요한 기술과 능력뿐만 아니라 정확히 직무를 행할 수 있다는 자신감을 가질 수 있고 이는 임파워먼트 과정에 개인의 역량을 강화시키는 요소로 작용한다.

3) 자기 결정력

자기 결정력은 주어진 업무를 진행하는 데 있어 스스로 판단하고 결정하는 것을 말한다. 개인이 행동을 선택하고 과업 달성 수단을 선택할 수 있으면 자율적으로 일을 시작하고 의사결정을 하며, 새로운 아이디어를 산출하고, 능동적이고 진취적으로 변화한다. 또한 자기 결정력은 본인이 수행한 결과에 대해서 자신의 책임임을 인식하는 것이다. 따라서 자기 결정력은 업무에 대한 적극성과 책임성을 강화하는 임파워먼트 요소이다.

4) 영향력

영향력은 개인이 직무에 있어서 전략적이며 행정적인 다양한 결정들에 어느 정도 영향을 미치는가 하는 것이다. 임파워먼트된 개인은 스스로가 조직의 성과 또는 환경에 미칠 수 있다고 믿으며, 이러한 영향력을 지각하는 구성원들은 본인들이 기대된 변화에 영향을 주고 조정할 수 있으며, 과업 환경에서 의도된 효과를 생산 및 통제할 수 있다고 생각한다. 따라서 영향력은 조직의 의사결정과 과업과정을 통제할 수 있는 임파워먼트 요소이다.

2절 사회복지현장실습과 임파워먼트 활용

1. 임파워먼트와 사회복지현장실습

사회복지현장실습 교육은 실습생들에게 임파워먼트를 가질 수 있는 기회로 볼 수 있다. 임파워먼트(Empowerment) 실천은 사회복지에서 오랫동안 실천원리로 작용했던 '강점중심'의 개입, 혹은 '역량'의 의미로 임파워먼트에 영향을 미치는 현장실습의 주요 요인은 개인 특성 요인, 실습기관 요인, 슈퍼비전 요인, 학교 요인이 있다.

1) 개인적 요인

개인적 요인은 자원봉사 경험 유무, 전공선택 이유와 전공에 대한 만족도, 실습기관에서 제시한 커리큘럼 수행 정도에 따라 실습생의 임파워먼트 차이가 다르며 전공선택에 대한 만족도가 높을수록 임파워먼트되는 것으로 나타났다. 또한 관련 분야의 자원봉사 경험이 있을수록, 자기 통제력과 대인 통제, 지식 및 기술 성장 영역과 정적인 상관관계가 있는 것으로 나타났다. 또 실습지 선정 시 의사 반영 정도 부문에서는 본인의 의사가 많이 반영될수록, 커리큘럼 수행 정도 부문에서도 커리큘럼 수행을 적극적으로 할수록 전체 임파워먼트 및 자기 통제력과 대인 통제, 전공에 대한 사기와 지식 및 기술 성장 영역에서 정적인 상관관계가 있는 것으로 나타났다.

2) 실습기관 요인

기관 요인과 임파워먼트와의 관계를 살펴보면 실습기관의 환경 수준이 높을수록 임파워먼트와 정적인 상관관계가 있는 것으로 나타났다. 실습기관의 실습내용의 만족도를 살펴보면 실습내용의 만족도가 높을수록 임파워먼트에 영향을 미치는 것으로 나타났다.

3) 슈퍼비전 요인

슈퍼비전 요인에서는 실습슈퍼바이저의 역할이 매우 중요한 것으로 나타났다. 따라서 사회복지기관은 실습교육을 전담하는 실습슈퍼바이저의 양성과 함께 지역주민이나 클라이언트에 대한 교육은 물론이고 사회복지 실습생에 대한 교육을 할 수 있는 교육자로서의 사회복지사의 역할을 강화하는 데 힘써야 한다. 또한 성공적인 실습교육은 체계적인 슈퍼비전에 기반 하여야 하며, 실습슈퍼비전은 학교와 현장의 협력 및 연계를 통한 상호 긴밀한 의사소통을 통해 실습생의 권한 부여가 이루어져야 한다.

4) 학교요인

학교요인에서는 실습수업의 내용과 임파워먼트가 관련이 있는 것으로 나타났다. 이는 대부분의 학생들이 사회복지현장실습을 실시한 이후에 수강하게 되는 학교에서의 실습수업이 어떻게 구성되는가에 따라 학생들의 임파워먼트가 달라진다고 볼 수 있다. 자신의 실습경험에 대한 보고활동, 타인의 실습경험에 대한 공유, 담당 교수와 수강생들의 피드백 등으로 구성되는 현재의 실습수업을 좀 더 다양한 내용으로 구성할 필요가 있다(박순미 외, 2018).

2. 임파워먼트 실천의 특징

1) 사회복지에서의 임파워먼트 실천의 기본전제

사회복지 분야에서 임파워먼트 실천의 기본전제는 다음과 같다(Saleeby, 1992: 43; 박미은, 2001: 37-38).

(1) 클라이언트의 강점(strengths) 사정과 활용

실천적 접근방법으로서 임파워먼트에서 강조되는 것은 현재 클라이언트가 처해 있는 상황에서 그의 무능력(powerless)의 정도와 이를 극복하는 데 필요한 힘(power)에 대한 정확한 사정(assessment)이 중요하다. 즉 무능력의 근원은 무엇이며, 이로 인해 심리사회적 기능 수행상에 어떤 부정적인 영향을 미쳤는지를 알아본다. 상실된 힘을 회복하는 과정에서는 클라이언트의 강점과 잠재력을 적극 활용하여 자기비난과 자신에 대한 부정적인 평가에서 벗어나도록 돕는다.

(2) 자기결정권의 존중과 개별화 자기결정(self- determination)에 대한 개념

임파워먼트 실천에서 자기결정의 가치는 클라이언트와 사회복지사의 관계에서 힘의 불균형을 줄이고, 클라이언트가 자발적이고 주도적으로 자신의 문제에 대해 수용하며, 클라이언트 스스로 자신의 문제에 대한 해결책을 결정하도록 하는 것이다. 따라서 사회복지사는 클라이언트를 격려하고 원조해야 하고, 법적인 권리와 관련된 자기결정권 행사에 대한 교육을 시켜야 한다. 즉, 임파워먼트의 실천과정은 사회복지사에 의해서가 아니라, 클라이언트에 의해서 결정되어져야 한다.

(3) 상호협력적 원조 관계

임파워먼트 실천에서 클라이언트와 사회복지사의 관계는 상호협력과 신뢰, 동의 그리고 힘의 균형을 바탕으로 한다(Gutierrez, 1990; 박미은, 2001 재인용). 또한 서로 존중하고, 배려하며, 진실함을 느낄 수 있어야 한다. 사회복지사는 클라이언트가 결정하는 사항을 존중해야 하며, 어떠한 강요나 압력을 행사해서는 안 된다. 상호협력 관계에서는 진단(diagnosis)보다는 사정(assessment)에 기초한 개입을 선호하며 문제 발생의 요인을 병리나 일탈, 심리적 결함보다는 클라이언트의 통제력을 방해하는 상황의 역동성과 통제력 상실로 인한 부정적인 결과에 중점을 둔다. 이때 사회복지사는 조직가, 자문가, 그리고 사례관리자의 역할을 수행한다.

2) 임파워먼트 실천의 수준

임파워먼트는 실천되는 수준에 따라 셀프 임파워먼트, 개인 임파워먼트, 집단 임파워먼트, 지역사회 및 조직 임파워먼트로 나누어진다.

① 셀프임파워먼트는 자신의 삶에 힘을 부여하는 것이다. 스스로 임파워먼트 과정에 참여하여 자신에게도 긍정적 변화를 일으켜야 하고 타인에게도 임파워링(empowering)할 수 있어야 한다. 인간이면 누구나 가지고 있는 자기 성찰 능력을 말한다. 셀프임파워먼트는 자조적이고, 자기 개발적이다. 또한 개인의 통찰력에 기반을 두고 개인의 성장과 잠재력을 향상시킴으로써 결국 자아를 성숙시키는 과정을 거친다. 예를 든다면 사회복지 전문가가 자신에게 임파워먼트를 적용하는 것이라 할 수 있다.

② 개인 임파워먼트는 개인에게 힘을 부여하는 과정으로 핵심적 실천은 대화이다. 대화과정은 파트너십을 형성하고 명료화 하여 방향을 설정하는 것으로, 상황 속에서 개인이 적응하는 것을 말한다. 즉, 대화가 있어야 교육이 가능하고 그러한 교육을 기반으로 클라이언트는 상호작용 속에서 일어나는 여러 가지 상황에 대한 비판적 의식이 생길 수 있다.

③ 집단임파워먼트의 핵심은 집단 성원들 간의 상호작용으로 집단성원들의 상호작용에 의해 집단이 형성되기도 하고 유지 또는 소멸되기도 한다. 개인은 욕구가 생기면 집단을 찾고, 집단은 개인을 받아들일지 판단한다. 이때 집단과 개인 모두 서로에게 미칠 영향에 대해 조율하는 과정을 거치면서 클라이언트는 사회화되거나 의식화되는 임파워먼트 실천과정을 가지게 된다.

④ 지역사회 및 조직 임파워먼트는 임파워링된 개인과 집단이 억압된 상황이나 제도에 대해 투쟁할 수 있는 잠재력을 이끌어 내는 것이다. 개인과 클라이언트들은 의식화를 통해 억압의 구조를 이해하고 그 억압의 구조를 벗어나기 위해 자조 모임을 통해 지역사회에서 활동하게 된다.

결국 임파워먼트는 이론이나 패러다임이라기보다는 클라이언트의 변화에 좀 더 초점을 두고 접근하려는 사회복지사의 노력으로서 사회복지사의 임파워먼트가 결국 클라이언트의 서비스질 확보로 이어질 수 있다는 것을 알 수 있다(이형진, 2013: 71-73 인용 및 재구성).

CHAPTER 08

사회복지현장실습 기관 및 시설의 이해

1절 사회복지현장실습 기관 및 시설의 이해

사회복지현장실습이 시작되면 학생들이나 교수들은 어떤 실습기관으로 실습을 나가게 될지 매우 궁금하기도 하고 두렵기도 하다. 따라서 사회복지실습현장인 기관에 대한 이해가 필요하다. 실습현장은 사회복지서비스를 직·간접적으로 제공하는 장으로서 사회복지전달체계의 역할을 한다. 최근에는 다양한 클라이언트의 욕구를 반영하여 사회복지실습현장이 매우 다양화되고 세분화되고 있는 실정이다. 이에 따라 어떤 실습현장에 실습을 나가더라도 현장의 특성을 이해하고 각 실습장소에 적합한 역할과 기능을 수행하는 것이 필요하다.

1. 사회복지시설의 법적 정의

사회복지시설이란 다음 〈표 8-1〉과 같이 「사회복지사업법」 제2조의 '사회복지사업'을 행할 목적으로 설치된 시설을 의미하며 사회복지를 필요로 하는 사람에 대하여 사회복지사업의 공정 투명 적정을 도모하고, 지역사회복지의 체계를 구축하고 사회복지서비스의 질을 높여 사회복지의 증진에 이바지함을 목적으로 하는 사업을 말한다.

〈표 8-1〉 사회복지시설의 법적 정의

사회복지사업(사회복지사업법 제2조)
사회복지사업법 제2조 1호에 규정된 개별 법령에 의한 보호·선도(善導) 또는 복지에 관한 사업과 사회복지상담, 직업지원, 무료 숙박, 지역사회복지, 의료복지, 재가복지(在家福祉), 사회복지관 운영, 정신질환자 및 한센 병력자의 사회복귀에 관한 사업 등 각종 복지사업과 이와 관련된 자원봉사활동 및 복지시설의 운영 또는 지원을 목적으로 하는 사업을 말한다. ※ 개별법령 가. 「국민기초생활 보장법」 나. 「아동복지법」 다. 「노인복지법」 라. 「장애인복지법」 마. 「한부모가족지원법」 바. 「영유아보육법」 사. 「성매매방지 및 피해자보호 등에 관한 법률」 아. 「정신건강증진 및 정신질환자 복지서비스 지원에 관한 법률」 자. 「성폭력방지 및 피해자보호 등에 관한 법률」 차. 「입양특례법」 카. 「일제하 일본군위안부 피해자에 대한 생활안정지원 및 기념사업 등에 관한 법률」 타. 「사회복지공동모금회법」 파. 「장애인·노인·임산부 등의 편의증진 보장에 관한 법률」 하. 「가정폭력방지 및 피해자보호 등에 관한 법률」 거. 「농어촌주민의 보건복지증진을 위한 특별법」 너. 「식품 등 기부 활성화에 관한 법률」 더. 「의료급여법」 러. 「기초연금법」 머. 「긴급복지지원법」 버. 「다문화가족지원법」 서. 「장애인연금법」 어. 「장애인활동 지원에 관한 법률」 [[시행일 2011.10.5]] 저. 「노숙인 등의 복지 및 자립지원에 관한 법률」 [[시행일 2012.6.8]] 처. 「보호관찰 등에 관한 법률」 [[시행일 2011.11.5]] 커. 「장애아동 복지지원법」 터. 「발달장애인 권리보장 및 지원에 관한 법률」 퍼. 「청소년복지 지원법」 허. 그 밖에 대통령령으로 정하는 법률

2. 사회복지시설의 유형 및 종류

사회복지실천현장을 분류하는 기준은 다양하다. 사회복지기관의 운영목적에 따라 1차 현장과 2차 현장으로 구분할 수 있으며 기관의 설립 주체 및 재원조달 방식에 따라 공공기관과 민간기관으로 구분하며, 서비스 제공방식에 따라 거주시설과 이용시설로 구분하고, 서비스가 제공되는 인구집단이나 대상, 문제에 따라 노인복지, 여성복지, 아동복지. 장애인복지, 다문화 복지 등 다양하게 분류할 수 있다(이원식 외, 2021).

1) 사회복지실천현장의 개념

사회복지실천현장의 개념은 '사회복지실천이 이루어지는 곳'을 의미하며 클라이언트에게 사회복지서비스를 직접 또는 간접적으로 제공하는 장(場, seting)을 말한다. 여기서 장(場, seting)이라 함은 단지 장소만을 뜻하는 것이 아니라, 사회복지실천이 행해지는 장(setting), 문제(problem), 대상집단(client)을 포괄하는 개념이다.

좁은 의미의 사회복지실천현장은 실천이 이루어지는 '구체적인 장소 혹은 사회복지서비스를 직접 또는 간접적으로 클라이언트에게 제공하는 사회복지기관'을 뜻하며 예를 들면 종합사회복지관, 장애인복지관, 노인복지관 등이 있다.

넓은 의미의 사회복지실천현장은 '물리적인 장소'라는 개념을 넘어 사회복지실천이 이루어지는 '분야(field)' 또는 서비스의 초점이 되는 '문제', '대상집단' 등을 모두 포함한다. 이를 실전 분야의 기준으로 분류하는 경우 대상별, 영역별, 혹은 장소(seting) 등으로 구분한다(김혜영 외, 2015).

2) 사회복지실천현장의 분야

(1) 사회복지실천현장의 분야

사회복지의 분야는 전통적으로 사회복지실천이 이루어지는 장소나 기관, 사회복지실천의 대상자, 사회문제의 종류, 사회복지실천의 방법론을 기준으로 분류되어 왔다. 예를 들면 사회복지실천이 이루어지는 장소나 기관에 따른 분류로 의료사회사업, 학교사회사업, 교정사회사업, 사회복지관사업 등이 있으며 사회복지실천 대상자에 따른 분류로 아동복지, 노인복지, 장애인복지, 여성복지 등을 들 수 있다. 또한 사회문제에 따른 실천분야는 아동학대나 알코올 및 약물중독 등을 위한 실천분야가 있으며 실천방법론에 따른 분야로 개인상담, 가족 및 집단 상담, 지역사회조직사업 분야 등으로 분류할 수 있다. 이와 관련하여 밀포드 회의, 사회복지교육협의회, 바틀렛(Blartlett, 1971) 등 다양한 분류 기준은 아래와 같다.

① 밀포드 회의의 규정(1929): 가족복지, 아동복지, 의료사회복지, 정신의료사회사업, 학교사회사업 등이 있다.

② 사회복지교육협의회의 규정(CSWE, 2017): 공공부조, 가족복지, 아동복지, 교정사회사업, 정신의료사회 사업, 의료사회사업과 공공보건의료, 학교사회사업, 집단사회사업, 지역사회계획 등이 있다.

③ 바틀렛(Blartlett, 1971)의 분류 기준: 클라이언트의 문제에 대응하기 위해 마련된 조직화된 서비스체계는 무엇인가에 따라 정책/프로그램/공공/민간기관, 정부/민간기관, 이용/생활시설 등이 있고, 관심의 주 대상과 문제는 무엇인가에 따라 물질남용, 학대, 빈곤, 비행, 가족갈등, 에이즈, 노숙 등이 있으며 서비스 대상인 클라이언트 집단은 누구인가에 따라 아동, 청소년, 노인, 여성, 장애인 등이 있다.

(2) 사회복지실천현장의 분류

① 기관의 운영 목적에 따른 분류

기관의 운영목적에 따라 〈표 8-2〉와 같이 1차 현장과 2차 현장으로 나뉜다.

가. 사회복지실천 1차 현장

기관의 일차적인 기능이 사회복지서비스의 제공을 위한 것으로 사회복지사들이 중심이 되어 활동하는 현장을 말한다(예: 지역사회 종합복지관, 노인복지관, 장애인복지관, 건강가정지원센터, 사회복귀시설 등).

나. 사회복지실천 2차 현장

사회복지전문기관은 아니지만 기관의 이차적인 목적으로 사회복지서비스를 제공하는 현장을 말한다, 즉 사회복지서비스가 기관운영과 서비스의 효과에 긍정적인 영향이 미치기 때문에 사회복지사의 개입이 부분적으로 이루어지고 있는 실천현장을 말한다(예: 의료기관, 교정시설, 학교, 기업, 주민자치센터 등).

〈표 8-2〉 사회복지실천 현장

분류기준	목적(기능)	주체	전달방식	주거여부	이윤
유형	1차 현장	공공기관	서비스기관	생활시설	영리기관
	2차 현장	민간기관	행정기관	이용시설	비영리기관

② 설립주체 및 재원조달방식에 따른 분류

설립주체 및 재원조달방식에 따라 〈표 8-3〉과 같이 공공기관과 민간기관으로 나뉜다.

가. 공공기관(public agency)

행정업무가 주이며 정부의 지원에 의해 운영되며 사회복지사의 업무도 정부의 규정이나 지침에 의해 지도·감독받는다. 공공기관(public agency)은 주로 사회복지서비스를 계획, 관리 지원하는 행정체계, 서비스를 직접 제공하는 집행체계로 나눈다(예: 보건복지부, 시·군·구, 읍·면·동 주민자치센터).

나. 민간기관(private agency)

사회복지관련 사업을 목적으로 사회복지법에 의해 운영되는 사회복지법인, 재단법인, 사단법인, 종교단체, 시민사회단체, 자원봉사단 등의 비영리기관(nonprofit agency)을 말한다. 행정지원을 위한 협의체, 직접서비스를 제공하는 사회복지서비스 기관이 여기에 속한다.

〈표 8-3〉 설립 주체에 따른 사회복지기관

분류	행정기관(간접서비스 제공)	서비스기관(직접서비스 제공)
공공기관	행정체계-일반행정업무(중앙정부, 지방정부 기관)	집행기관-직접서비스 제공 (구청, 읍,면,존 주민자치센터)
민간기관	한국사회복지협의회, 사회복지공동모금회, 한국사회복지협의체, 여려 협회와 단체	지역사회복지관, 장애인복지시설, 노인복지시설, 정신보건시설, 교정시설, 학교

출처: 신민선 외(2021). p. 26 재인용.

③ 서비스의 직접 또는 간접적으로 제공하는지 여부에 따른 분류

서비스를 직접 제공하는지, 간접 제공하는지에 따라 행정기관과 서비스기관으로 나뉜다.

가. 행정기관

간접서비스 제공하는 기관으로 중앙정부와 지방정부 민간 부분을 담당하는 기관이 있다.

- 중앙정부: 지방정부의 사회복지 행정조직으로 서비스 전달체계의 효율적 운영을 위해 사회복지서비스 전달 체계상의 문제를 개선하고 행정기관과 민간기관의 연계, 협의 업무를 담당한다.
- 공적부문: 사회복지관련법과 정책의 서비스를 효과적으로 전달하는 기관을 말한다. 관련부서로서 보건복지부(주무부서), 여성가족부, 노동부 등이 있으며, 관련기관은 사회복지위원회, 장애인복지위원회, 보육위원회 등이 있다.
- 민간부분: 특정 대상층의 욕구를 정책에 반영, 해결방안을 모색하는 기관이다. 관련기관으로 사회복지공동모금회, 한국사회복지협의회 외 각 협의체 등이 있다.

나. 서비스 기관: 직접서비스 제공

클라이언트에게 직접적인 서비스를 제공하는 것을 목적으로 하여 주요대상이나 문제영역에 따라 서비스 분야를 나눈다.

- 공적부분: 구청, 읍, 면, 동 주민자치센터

• 민간부분: 지역사회복지관, 장애인복지관 장애인복지시설 등 대부분의 사회복지서비스 제공기관

④ 인구집단이나 대상문제에 따라

인구집단이나 대상문제에 따라 〈표 8-4〉와 같이 노인, 아동, 장애인, 정신질환자, 노숙인 등으로 나누고 대상에 따라 의료사회복지시설, 정신보건시설, 학교사회복지시설, 교정복지시설 등으로 나눈다.

⑤ 제공되는 주거서비스 형태에 따른 분류

〈표 5-4〉와 같이 생활시설과 이용시설로 나뉜다.

가. 생활시설: 주거서비스를 포함한 사회복지서비스를 제공한다(예: 보육원, 그룹홈, 요양시설, 장애인생활시설, 쉼터 등).

나. 이용시설: 주거서비스는 제공 하지 않고 필요시 이용하는 시설을 말한다(예: 노인주간보호센터, 지역아동센터, 장애인 이용시설, 재가복지봉사센터 등).

〈표 8-4〉 인구집단이나 대상문제에 따른 시설분류

대상자별	형태	시설 종류		소관부서	관련법령
노인	생활	의료	• 노인요양시설	요양보험 운영과	노인복지법 제31조
			• 노인요양공동생활가정		
		주거	• 양로시설, 노인 공동생활가정	노인정책과	
			• 노인복지주택		
		• 학대피해노인전용쉼터			
	이용	재가	• 재가노인복지시설(방문요양, 주·야간보호, 단기보호, 방문목욕, 재가노인지원, 방문간호)	요양보험 운영과	
		여가	• 노인복지관	노인지원과	
			• 경로당, 노인교실		
		• 노인보호전문기관		노인정책과	
		• 노인일자리지원기관		노인지원과	
아동	생활	• 아동양육시설, 공동생활가정		아동권리과	아동복지법 제52조
		• 아동일시보호시설			
		• 아동보호치료시설			
		• 자립지원시설			
		• 공동생활가정(학대피해아동쉼터로 지정된 곳에 한함)		아동학대대	

				응과	
	이용	• 아동상담소, 아동전용시설, 가정위탁지원센터		아동권리과	
		• 지역아동센터		인구정책 총괄과	
		• 아동보호전문기관		아동학대 대응과	
		• 다함께돌봄센터		아동학대 대응과	아동복지법 제44조의2
장애인	생활	생활 시설	• 장애유형별 거주시설	장애인권익 지원과	장애인복지법 제58조
			• 중증장애인 거주시설		
			• 장애영유아 거주시설		
			• 장애인단기 거주시설		
			• 장애인공동생활가정		
		쉼터	• 피해장애인쉼터		장애인복지법 제59조의13
			• 피해장애아동쉼터		
	이용	지역 사회 재활 시설	• 장애인복지관	장애인 서비스과	장애인복지법 제58조
			• 장애인주간보호시설		
			• 장애인체육시설, 장애인수련시설, 장애인생활이동지원센터		
			• 수화통역센터, 점자도서관, 점서 및 녹음서 출판시설		
		• 장애인의료재활시설		장애인 정책과	
		직업 재활 시설	• 장애인보호작업장, 장애인근로사업장, 장애인직업적응훈련시설	장애인 자립기반과	
		• 장애인생산품판매시설			
영유아	이용	어린이집	• 국공립, 법인, 직장, 가정, 부모협동, 민간	보육기반과	영유아보육법 제10조
정신 질환자	생활	• 정신요양시설, 정신재활시설 중 생활시설		정신건강 정책과	정신건강증진 및 정신질환자 복지서비스 지원에 관한 법률 제22조 및 제26조
	이용	• 정신재활시설 중 이용시설			
노숙인 등	생활	• 노숙인자활시설 • 노숙인재활시설 • 노숙인요양시설		자립지원과	노숙인 등의 복지 및 자립지원에 관한 법률
	이용	• 노숙인종합지원센터 • 노숙인일시보호시설 • 노숙인급식시설 • 노숙인진료시설 • 쪽방상담소			
지역주민	이용	• 사회복지관		지역복지과	사회복지사업법
기타시설	이용	• 지역자활센터		자립지원과	국민기초생활 보장법

출처: 보건복지부(2022). 2022 사회복지시설 관리안내.

⑥ 법에 따른 사회복지시설의 종류

〈표 8-5〉와 같이 노인복지법, 아동복지법, 장애인복지법, 영유아보육법, 정신건강증진 및 정신질환자 복지서비스 지원에 관한 법률, 국민기초생활보장법, 한부모가족지원법, 가정폭력방지 및 피해자보호 등에 관한 법률, 청소년복지지원법, 다문화가족지원법, 건강가정기본법 등 법에 따라 사회복지시설을 분류하기도 한다.

〈표 8-5〉 사회복지시설의 종류

소관 부처	시설종류	세부종류		관련법
		생활시설	이용시설	
보건복지부	노인복지시설	• 노인주거복지시설 • 노인의료복지시설 • 학대피해노인전용쉼터	• 재가노인복지시설 • 노인보호전문기관 • 노인일자리지원기관	노인복지법
	복합노인복지시설	• 농어촌에 지역에 한해 「노인복지법」 제31조 노인 복지시설을 종합적으로 배치한 복합노인복지시설을 설치·운영가능		농어촌주민의 보건복지 증진을 위한 특별법
	아동복지시설	• 아동양육시설 • 아동일시보호시설 • 아동보호치료시설 • 자립지원시설 • 공동생활가정	• 아동상담소 • 아동전용시설 • 지역아동센터 • 아동보호전문기관 • 가정위탁지원센터	아동복지법
	장애인복지시설	• 장애유형별 거주시설 • 중증장애인 거주시설 • 장애영유아 거주시설 • 장애인단기 거주시설 • 장애인공동생활가정 • 피해장애인쉼터	• 장애인지역사회재활시설 • 장애인직업재활시설 • 장애인의료재활시설 • 장애인생산품판매시설	장애인복지법
	어린이집		• 어린이집	영유아보육법
	정신보건시설	• 정신요양시설	• 정신재활시설 중 이용시설	정신건강증진 및 정신질환자 복지서비스 지원에 관한 법률
	노숙인시설	• 노숙인자활시설 • 노숙인재활시설 • 노숙인요양시설	• 노숙인종합지원센터 • 노숙인일시보호시설 • 노숙인급식시설 • 노숙인진료시설 • 쪽방상담소	노숙인 등의 복지 및 자립지원에 관한 법률
	사회복지관		• 사회복지관	사회복지사업법
	지역자활센터		• 지역자활센터	국민기초생활보장법
	다함께돌봄센터		• 다함께돌봄센터	아동복지법

질병관리청	결핵·한센시설	• 결핵·한센시설		사회복지사업법
여성가족부	성매매피해지원시설	• 일반지원시설 • 청소년지원시설 • 외국인지원시설 • 자립지원공동생활시설	• 자활지원센터 • 성매매피해상담소	성매매방지 및 피해자 보호 등에 관한 법률
	성폭력피해보호시설	• 성폭력피해자보호시설	• 성폭력피해상담소	성폭력방지 및 피해자 보호 등에 관한 법률
	가정폭력보호시설	• 가정폭력피해자보호시설	• 가정폭력상담소 • 긴급전화센터	가정폭력 방지 및 피해자 보호 등에 관한 법률
	한부모가족복지시설	• 모자가족복지시설 (기본, 공동, 자립) • 부자가족복지시설 (기본, 공동, 자립) • 미혼모자가족복지시설 (기본, 공동) • 일시지원복지시설	• 한부모가족복지상담소	한부모가족지원법
	다문화가족지원센터		• 다문화가족지원센터	다문화가족지원법
	건강가정지원센터		• 건강가정지원센터	건강가정기본법
	청소년복지시설	• 청소년쉼터 • 청소년자립지원관 • 청소년치료재활센터 • 청소년회복지원시설		청소년복지 지원법

출처: 보건복지부(2022). 2022 사회복지시설 관리안내.

3) 사회복지기관을 이해하는 데 필요한 요소(Jonson et al., 1983)

사회복지기관은 일정한 체계와 프로그램을 갖추고 운영되는 시설로서 사회복지사의 활동에 직접적 영향을 미치는 중요한 환경이다, 따라서 사회복지사가 되려는 실습생들은 자신이 장래에 일할 수 있는 장소인 사회복지기관의 조직적 특성이나 운영방식 등 기관의 특성을 파악함으로써 자신의 업무와 역할을 구체화할 수 있고 그에 맞는 전문성을 확보할 수 있다.

사회복지관을 이해하기 위해서는 (1) 기관의 목적과 가치, (2) 조직구조, (3) 재정 및 기관의 인적 물적자원, (4) 전통적인 기관의 업무방식, (5) 직원의 관계 및 특성, (6) 기관을 이용하는 클라이언트, (7) 운영위원회나 이사회, 자문위원회, (8) 기타 서비스프로그램과 기술 등이 있다.

(1) 기관의 목적과 가치: 기관의 목적과 가치의 우선순위는 서비스전달에 중

요한 영향을 미치며 기관의 역사적인 발전과 변화를 파악함으로써 기관의 목적과 가치에 관한 이해를 높일 수 있다.

(2) 조직구조: 조직구조는 기관 내의 공식적·비공식적 조직과 행정방침, 규범, 의사결정과 의사소통과정, 통제방식 등을 통해 기관의 조직구조를 파악할 수 있다.

(3) 재정을 포함한 기관의 인적· 물적 자원: 기관의 직원과 자원봉사자를 포함하는 인적자원과 기관 소유의 건물이나 설비와 물적 자원, 후원금이나 보조금 등의 재정적 지원을 포함하는 재정 상태는 기관의 운영에 중요한 영향을 미치는 요소임으로 이에 대한 이해가 필요하다.

(4) 전통적인 기관의 업무 방식: 각각의 기관들은 나름대로 선호하는 서비스 전달방식을 갖고 있기 때문에 이에 대한 이해가 필요하다. 이는 기관이 갖고 있는 이론적 접근이나 모델, 클라이언트 집단의 특성에 따라 달라지며 직원들의 직무교육의 배경과 업무에 의해 영향을 받기도 한다.

(5) 직원: 기관 직원의 개인적 전문가적 특성, 직원들 간의 관계, 클라이언트나 집행부와의 관계 등을 파악하는 것도 기관의 서비스 전달과정을 이해하는데 있어서 중요한 요소가 된다.

(6) 기관을 이용하는 클라이언트: 기관의 한 구성요소로서 기관의 특성을 이해하는 데 중요하게 고려되어야 한다.

(7) 운영위원회나 이사회, 자문위원회: 비영리 사회복지기관의 이사회는 조직의 총체적 관리를 하는 조직체로서 조직의 정책 결정이나 인사, 기획, 기금조성 등을 책임진다.

(8) 기타: 이밖에도 기관에서 제공되는 서비스나 프로그램, 전문성의 성노, 소집단, 공식적 구조와 권력체계 기관의 문화, 구성원의 관심과 특성 등을 통해 기관을 이해할 수 있다.

이러한 기관의 특징적 요소를 분석하기 위해서 구체적인 자료수집을 통해 기관을 이해할 수 있다.

4) 기관분석 자료

기관분석 자료를 얻을 수 있는 방법은 다음과 같다.

(1) 기관의 설치 및 운영과 관련된 법규와 인가 기준에 관한 문서

(2) 기관의 역사나 설립목적, 기관의 정책과 절차 등에 관한 안내 책자

(3) 기관의 운영과 관련된 각 부서나 위원회의 역할에 관한 내규/직원들의 업무나 행동에 관한 지침서

(4) 기관의 과거 활동에 관한 자료

(5) 기관의 질 관리를 위한 기관평가와 프로그램 평가의 지표와 절차, 평가 시 클라이언트 참여 정도

(6) 기관의 인사정책/직원의 업무를 평가하는 방식이나 도구

(7) 기관의 예산/수입원과 관련된 계약

(8) 기관에 비치된 통계보고서의 서비스 이용자나 이용률에 관한 내용

(9) 기관 내 직원들에게 부여된 역할과 과업/서비스 전달방식에 관한 자료

(10) 상사나 경험이 많은 직원들로부터의 기관운영과 조직체계에 관한 안내

(11) 업무상 접촉하는 기관과 관련 행정기관 등에 대한 정보

(12) 지역 지도자나 전문가를 비롯한 외부 기관의 인식과 평판

2절 실습대상자에 따른 기관의 이해

실천대상자에 따른 기관을 이해하기 위해서 사회복지실천현장 중에서 아동복지시설, 노인복지시설, 장애인복지시설을 중심으로 알아보고자 한다.

1. 아동복지시설에서의 실습

1) 아동복지시설의 개념

아동복지시설은 「아동복지법」에 따라 국가 또는 지방자치단체가 설치하거나, 국가 또는 지방자치단체 외의 자가 관할 시장·군수·구청장에게 신고하고 설치한 시설을 말한다. 아동복지법에서 "아동"이라 함은 아동복지법 제3조 제1호에 따라 만 18세 미만인 사람을 뜻한다.

2) 아동복지시설의 역사

아동복지시설은 6,25전쟁으로 인한 요보호아동을 집단수용하기 위해 1950년 내부터 본격적으로 시작되었다. 1961년 정부는 급격히 증가하는 요보호아동의 수용과 보호를 위해 「아동복리법」을 제정하여 법적 근거를 마련하게 되었고 1960년대 후반부터는 외국자본의 감소로 통·폐합을 통해 시설을 줄이는 조성성책을 시행했고 이후 국외입양으로 시설의 수가 급격히 축소되었다. 최근 아동복지시설은 수용, 구호의 역할을 벗어나 시설보호 아동뿐만 아니라 지역사회 아동을 대상으로 아동복지종합서비스를 제공하는 역할로 확대되었으며 2016년 개정된 아동복지법에 의하면 아동복지시설은 아동 양육시설, 아동일시보호시설, 아동보호 치료시설, 공동생활가정, 자립 지원시설, 아동상담소, 아동 전용시설,

지역아동센터로 구분되었다(노혜련 외, 2015).

3) 아동복지사업의 목적

아동복지사업의 목적은 일시적 보호가 필요한 아동에게 안정적인 보호, 양육, 치료, 교육, 자립 지원 등의 전문적인 아동복지서비스를 지원하고, 나아가 지역사회 아동과 그 가족을 대상으로 하는 포괄적 서비스를 제공함으로써 아동의 삶의 질을 향상시키기 위한 목적이 있다.

4) 아동복지시설의 유형

아동복지시설은 〈표 8-6〉과 같이 12가지 유형으로 구분된다.

〈표 8-6〉 아동복지시설 유형

<table>
<tr><td rowspan="9">아동</td><td rowspan="5">생활</td><td>• 아동양육시설, 공동생활가정</td><td rowspan="4">아동권리과</td><td rowspan="8">아동복지법
제52조</td></tr>
<tr><td>• 아동일시보호시설</td></tr>
<tr><td>• 아동보호치료시설</td></tr>
<tr><td>• 자립지원시설</td></tr>
<tr><td>• 공동생활가정(학대피해아동쉼터로 지정된 곳에 한함)</td><td>아동학대대응과</td></tr>
<tr><td rowspan="4">이용</td><td>• 아동상담소, 아동전용시설, 가정위탁지원센터</td><td>아동권리과</td></tr>
<tr><td>• 지역아동센터</td><td>인구정책총괄과</td></tr>
<tr><td>• 아동보호전문기관</td><td>아동학대대응과</td></tr>
<tr><td>• 다함께돌봄센터</td><td>아동학대대응과</td><td>아동복지법
제44조의2</td></tr>
</table>

출처: 보건복지부(2022). 2022 사회복지시설 관리안내.

아동복지시설의 종류는 다음과 같다.[1]

① 아동양육시설: 보호 대상 아동을 입소시켜 보호, 양육 및 취업 훈련, 자립 지원 서비스 등을 제공하는 것을 목적으로 하는 시설

1) 개정 2016. 3. 22., 2017. 10. 24. 2019. 1. 15. 2021. 12. 21.

② 아동일시보호시설: 보호 대상 아동을 일시 보호하고 아동에 대한 향후의 양육대책 수립 및 보호조치를 행하는 것을 목적으로 하는 시설

③ 아동보호치료시설: 아동에게 보호 및 치료 서비스를 제공하는 시설

- 불량행위를 하거나 불량행위를 할 우려가 있는 아동으로서 보호자가 없거나 친권자나 후견인이 입소를 신청한 아동 또는 가정법원, 지방법원소년부지원에서 보호 위탁된 19세 미만인 사람을 입소시켜 치료와 선도를 통하여 건전한 사회인으로 육성하는 것을 목적으로 하는 시설
- 정서적 · 행동적 장애로 인하여 어려움을 겪고 있는 아동 또는 학대로 인하여 부모로 부터 일시 격리되어 치료받을 필요가 있는 아동을 보호 · 치료하는 시설

④ 공동생활가정: 보호 대상 아동에게 가정과 같은 주거여건과 보호, 양육, 자립 지원 서비스를 제공하는 것을 목적으로 하는 시설

⑤ 자립지원시설: 아동복지시설에서 퇴소한 사람에게 취업 준비 기간 또는 취업 후 일정 기간 동안 보호함으로써 자립을 지원하는 것을 목적으로 하는 시설

⑥ 아동상담소: 아동과 그 가족의 문제에 관한 상담, 치료, 예방 및 연구 등을 목적으로 하는 시설

⑦ 아동전용시설: 어린이공원, 어린이놀이터, 아동회관, 체육 · 연극 · 영화 · 과학실험 전시 시설, 아동 휴게 숙박 시설, 야영장 등 아동에게 건전한 놀이 · 오락, 그 밖의 각종 편의를 제공하여 심신의 건강 유지와 복지증진에 필요한 서비스를 제공하는 것을 목적으로 하는 시설

⑧ 지역아동센터: 지역사회 아동의 보호 · 교육, 건전한 놀이와 오락의 제공, 보호자와 지역사회의 연계 등 아동의 건전육성을 위하여 종합적인 아동복지서비스를 제공하는 시설

⑨ 아동보호전문기관: 아동들의 권리 보호와 학대 예방 및 치료를 위하여 아동학대 예방사업을 실시하고 있는 아동보호전문기관

⑩ 제48조에 따른 가정위탁지원센터: 가정위탁이 필요한 보호 필요 아동에게

위탁가정을 제공하는 기관으로 아동이 건강하게 성장하여 건전한 사회구성원이 될 수 있도록 위탁아동, 친부모, 위탁 부모에게 종합적인 서비스 제공

⑪ 제10조2에 따른 보장원(아동권리보장원): 아동 정책에 대한 종합적인 수행과 아동복지 관련 사업의 효과적인 추진을 위하여 필요한 정책의 수립을 지원하고 사업평가 등의 업무를 수행하는 기관

⑫ 제39조2에 따른 자립 지원 전담기관: 국가와 지방자치단체는 보호대상 아동의 위탁보호 종료 또는 아동복지시설 퇴소 이후의 자립을 지원하기 위해 기관보호시설은 10개, 기타 아동상담소 10개, 개인양육시설 12개(2022년 기준)를 운영하고 있다.

5) 지역아동센터

다양한 아동시설 중 현장실습기관으로서가장 많이 활용되는 장소가 지역아동센터이다. 지역아동센터는 「아동복지법」 제52조 제1항 제8에 근거하여 맞벌이 가정 등의 지역 내 18세 미만 학령의 돌봄이 필요한 지역사회 아동의 보호, 교육 건전한 놀이와 오락의 제공, 보호자와 지역사회연계 등 아동의 건전한 육성을 위하여 종합적인 아동 서비스를 제공하는 아동복지시설로서 소관 부처는 보건복지부이며 개인, 법인 등 민간과 지방자치단체에서 운영하고 있다. 2019년 말 기준 전국 신고, 운영 중인 지역아동센터는 [그림 8-1]과 같이 총 4,217개소였으며, 이용 중인 아동수는 [그림 8-2]와 같이 108,971명으로 조사되었다.

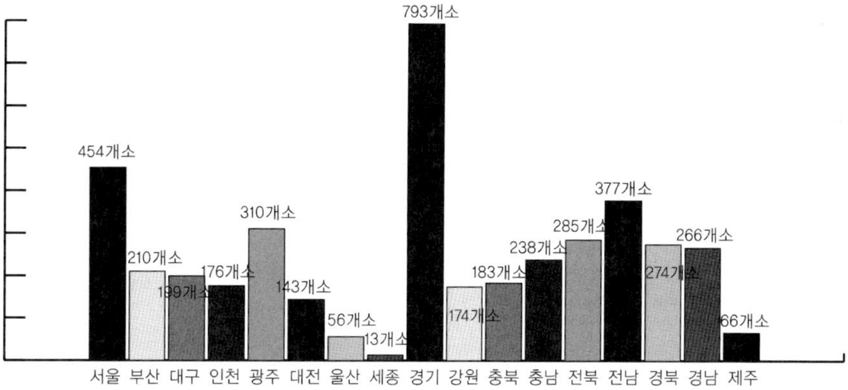

[그림 8-1] 시도별 지역아동센터수(2020년)

출처: 지역아동센터 중앙지원단(2020).

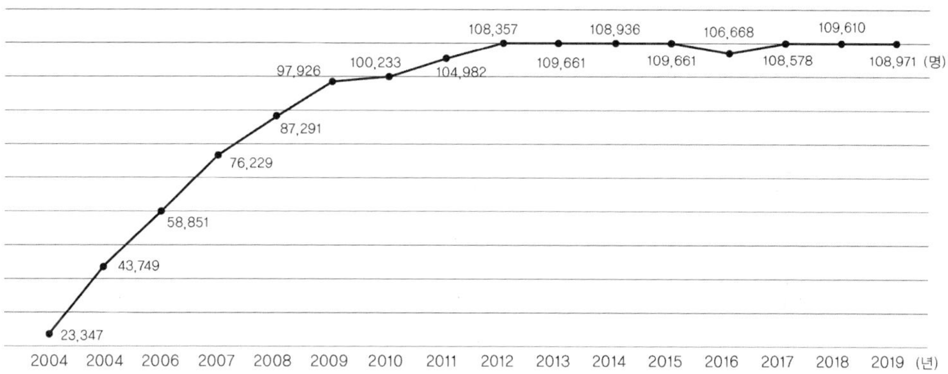

*조사가능 4,081개소의 이용아동 현황

[그림 8-2] 연도별 이용 아동 수(2020년)

출처: 지역아동센터 중앙지원단(2020).

(1) 지역아동센터의 목적

방과후 돌봄이 필요한 지역사회 아동의 건전육성을 위하여 보호·교육, 건전한 놀이와 오락의 제공, 보호자와 지역사회의 연계 등 종합적인 복지서비스 제공하기 위한 시설이다.

(2) 지원 대상 시설

아동복지법 제50조에 따라 설치·신고된 지역아동센터로서 24개월 이상 운영 시설 중 진입 평가결과를 반영하여 선정한다.

(3) 지원 내역

아동보호(안전한 보호, 급식 등), 교육 기능(일상생활 지도, 학습능력 제고 등), 정서적 지원(상담·가족지원), 문화서비스(체험활동, 공연) 등으로 지역사회 내 아동돌봄에 대한 사전 예방적 기능 및 사후 연계를 제공한다.

6) 지역아동센터 설치

(1) 신고제도

아동복지시설의 설치(「아동복지법」 제50조)와 관련하여 국가 또는 지방자치단체는 아동복지시설을 설치할 수 있다.[2] 국가 또는 지방자치단체 외의 자(者)는 지역아동센터를 설치할 경우 관할 시장·군수·구청장에게 신고하고 지역아동센터를 설치할 수 있다.

(2) 신고 접수시 구비서류(「아동복지법 시행규칙」 제23조)

① 국가 또는 지방자치단체 이외의 자가 지역아동센터를 설치하려는 경우에는 "아동복지시설 설치신고서[서식1호 참조]"와 다음의 서류를 첨부하여 시장 · 군수 · 구청장에게 제출해야 한다.

② 정관(법인인 경우에 한함)

③ 사업계획서 및 예산서: 지역아동센터의 적정한 운영을 담보하여 이용 아동에게 돌봄서비스가 충분하게 제공될 수 있도록 재정운영계획 및 재원확보를 확인할 수 있는 증빙서류 첨부

7) 지역아동센터의 기능

지역아동센터의 기능은 다음과 같다.

---

2) 국가 또는 지방자치단체가 설치한 아동복지시설은 설치신고 대상은 아니나 국공립시설 사회보장정보시스템(행복e음) 등록 절차에 따라 사회복지시설대장에 등록하여야 함.

- 아동 청소년의 심리, 정서적 안정 및 건강한 신체발달 지원 강화기능
- 일상생활과 학교생활의 유지 및 적응력 강화기능
- 부모와 가족의 효과적 역할수행 촉진
- 빈곤, 위기가정 아동 청소년의 가정기능 보완
- 아동 문제에 대한 사전예방 및 사후 연계 기능
- 아동의 학습능력 제고 및 학교 부적응 해소기능
- 일상생활 지도 및 학교생활의 유지 및 적응력 강화 등
- 지역사회 자원확보, 발굴, 및 지지망 강화기능

(1) 지역아동센터 프로그램

지역아동센터의 프로그램은 〈표 8-7〉과 같이 크게 기본 프로그램과 특화 프로그램으로 나눈다. 기본 프로그램은 보호, 교육, 문화, 복지, 지역사회 연계 프로그램이며, 특화 프로그램은 주말, 공휴일 프로그램을 구성하여 아동의 체험학습을 지원하며, 가족 기능 강화프로그램을 통해서도 가족 간의 의사소통을 도와주고 있다. 야간보호 프로그램도 존재하는데, 보통 저녁 늦은 시간까지 일로 귀가하지 못 하는 부모들로 인해 소외당하고 있는 아동들을 위한 프로그램이다. 청소년을 위한 프로그램은 1:1 학습 멘토와 동아리 활동, 그리고 진로 탐색 프로그램 등이 마련되어 있다.

〈표 8-7〉 지역아동센터 프로그램

구분	내용
보호프로그램	아동이 안전한 곳에서 건강한 생활을 할 수 있도록 지원함 (야간 보호, 일상생활 관리, 위생 건강관리, 급식지도, 5대 안전의무교육
교육프로그램	다양한 교육활동 지원을 통해 아동의 몸과 마음을 건강하게 성장 할 수 있도록 지원함 (학습 및 특기 적성, 독서 지도, 예체능 활동, 진로 탐색)
문화 프로그램	다양한 문화 활동 지원을 통해 즐거움과 심리 정서적 안정감을 제공하여 아동의 정서적 성장촉진을 도모함, 체험활동(관람, 견학, 캠프 여행) 및 참여 활동(공연, 행사)
정서지원프로그램	아동 및 가족에 대한 지원을 통해 가족 기능을 강화하는 프로그램으로 상담(아동 및 가족 상담) 및 가족지원(부모교육 및 행사모임)
지역사회 연계프로그램	지역 네트워크를 통해 아동들에게 필요한 서비스를 제공하고 지역아동센터 필요자원 공급 및 지역사회 필요자원으로 역할을 수행하기 위한 프로그램(인적 연계 및 기관연계)

출처: 아동권리보장원(2022). 지역아동센터 프로그램 안내.

8) 지역아동센터 사회복지 실습계획 사례

〈표 8-8〉 실습지도계획서 예시

실습지도 계획서

1. 실습목적

지역아동센터의 개념 및 아동에 대한 이해를 돕고, 현장에서의 실무경험을 통해사회복지사로서 갖춰야 할 자질 향상의 기회를 제공한다.

2. 실습목표

- 지역아동센터의 기능 및 역할에 대해 알아본다.
- 지역아동센터의 5대 프로그램과 주요서비스에 대한 이해 및 지도 기회를 제공한다.
- 5대영역 프로그램 및 서비스 실천과정의 경험을 통해 업무수행능력을 향상시킨다.

3. 실습분야: 아동복지

4. 실습기간: 2023년 1월 2일~2023년 1월 31일(총 20일 160시간)

5. 총실습시간: 09:00~ 18:00(일 8시간, 총 20일 160시간)

6. 실습대상: 사회복지학과 졸업예정자

7. 교육계획

구분	내용	담당	비고
오리엔테이션	- 오리엔테이션 지역아동센터 및 지역적 특성소개, 실습지침 안내 (실습생 자세와 역할, 실습일정, 실습과제 등)	이 ○ ○	
	- 종사자와 미팅		
행정업무	- 행정업무 - 사회복지정보시스템소개 - 지역아동센터 행정 서류 소개 - 보고서 및 일지 작성	이 ○ ○	
집단지도	- 5대 영역 프로그램(계획, 실행, 평가) - 프로포절 작성 - 아동관찰	이 ○ ○	1회 이상 프로그램 실행
개별지도	- 실습과제 슈퍼비전 제시		
지역복지 및 정책개발	- 타 기관방문 - 지역자원조사 - 후원 및 홍보	김 ○ ○	

8. 실습지도 방법

- 개별실습지도 계획: 매일 아침 실습일지보고 시간을 통한 개별지도
- 집단실습지도 계획: 주 2회 지역아동센터 이해, 프로포절 작성법, 아동사례관리 및 관찰일지 쓰기 등을 중심으로 교육 및 과제물 점검

9. 실습일정

지역아동센터 실습계획

회차	시간	실습내용	담당	과제물
1	09:00~ 18:00	오리엔테이션 - 지역아동센터 기관 소개 - 실습일정 안내 - 지역아동센터 프로그램참과	이 ○ ○	지역아동센터 조사서
2	09:00~ 18:00	- 지역아동센터 역할 및 운영규정 - 아동의 특성 및 아동권리 - 아동파악 및 라포형서	이 ○ ○	실습일지
3	09:00~ 18:00	- 지역아동센터 운영 및 행정1 - 학습 및 프로그램지원 - 아동관찰	이 ○ ○	실습일지
4	09:00~ 18:00	- 지역아동센터 운영 및 행정2 - 학습 및 프로그램 지원 - 아동관찰 및 상호작용	이 ○ ○	실습일지 , 관찰일지
5	09:00~ 18:00	- 종사자와 질의응답 - 학습 및 프로그램 지원 - 아동관찰 및 상호작용	김 ○ ○	실습일지
6	09:00~ 18:00	- 5대 사업 프로그램 이해1 - 아동상담교육 - 학습 및 프로그램지원	김 ○ ○	실습일지
7	09:00~ 18:00	- 5대 사업 프로그램 이해2 - 학습 및 프로그램지원	김 ○ ○	실습일지
8	09:00~ 18:00	- 5대 사업 프로그램 이해3 - 학습 및 프로그램 지원	김 ○ ○	실습일지
9	09:00~ 18:00	- 5대 사업 프로그램 이해4 - 학습 및 프로그램 지원	김 ○ ○	실습일지
10	09:00~ 18:00	- 중간평가서 - 5대 사업 프로그램 기획 - 학습 및 프로그램 지원	김 ○ ○	중간평가서 프로그램 기획서, 아동상담일지
11	09:00~ 18:00	프로포절의 이해 -학습 및 프로그램 지원	이 ○ ○	실습일지 프로그램기획서 아동상담일지
12	09:00~ 18:00	- 프로포절 기획 - 학습 및 프로그램 지원	이 ○ ○	실습일지 프로그램 일지 및 평가서
13	09:00~ 18:00	- 프로포절 작성 - 학습 및 프로그램 지원	이 ○ ○	실습일지 프로그램 계획서
14	09:00~ 18:00	- 프로포절 작성 - 학습 및 프로그램 지원	김 ○ ○	실습일지 프로그램 계획서
15	09:00~ 18:00	- 프로포절 작성 - 지역사회연계 - 학습 및 프로그램 지원	김 ○ ○	실습일지 프로그램 계획서

16	09:00~ 18:00	- 아동사례관리 - 지역사회연계 - 학습 및 프로그램 지원	김 ○ ○	실습일지 아동상담일지
17	09:00~ 18:00	- 아동사례관리 - 지역사회연계 - 학습 및 프로그램 지원	이 ○ ○	실습일지 아동상담일지
18	09:00~ 18:00	- 후원자 개발 및 관리 - 학습 및 프로그램 지원 - 아동 관찰 및 상담	이 ○ ○	실습일지 아동상담일지
19	09:00~ 18:00	- 후원자 개발 및 관리 - 학습 및 프로그램 지원 - 아동 관찰 및 상담	이 ○ ○	실습일지
20	09:00~ 18:00	- 지역사회 홍보 및 캠페인 -실습 마무리 및 평가	이 ○ ○ 김 ○ ○	실습종결보고서

※ 실습계획은 센터의 상황에 따라 일정이 일부 변경될 수 있습니다

10. 실습생의 책임과 과제

- 근태와 관련된 사항은 실습지도자에게 미리 보고하여, 허락받도록 한다.
- 근무시간을 준수하며, 직원과 동일한 자세로 근무시간에 임한다.
- 기관 및 기관을 이용하는 아동의 특성에 대해 이해하고 아동의 인격을 존중한다.
- 실습기간 동안 알게 된 아동의 사적인 정보에 대한 비밀을 유지하며, 교육목적으로 이용 시 가명을 이용한다.

출처: 이원식 외(2021). 사회복지현장실습 이론과 실제. p. 211 인용 및 재구성.

2. 노인복지시설에서의 실습

노인복지는 모든 노인이 최저수준 이상의 생활을 유지하고 욕구 충족과 생활상 문제를 예방 · 해결하며, 노후 생활 적응과 사회통합을 이루는 데 필요한 급여와 서비스를 제공하는 공공부문과 민간부문의 조직적이고 전문적인 제반 활동이라고 정의할 수 있다. '노인을 위한 유엔원칙'은 노인복지의 원칙을 독립(independence), 참여(participation), 보호(care), 자기실현(self-fulfillment), 존엄(dignity) 원칙으로 정하고 노인복지서비스를 제공함에 있어서 이러한 원칙이 실현될 수 있도록 권고하였다.

노인복지법의 목적(제1조)은 노인의 질환을 사전예방 또는 조기발견 하고 질

환 상태에 따른 적절한 치료·요양으로 심신의 건강을 유지하고, 노후의 생활 안정을 위하여 필요한 조치를 강구함으로써 노인의 보건복지증진에 기여함을 목적으로 제정되었다.

이러한 목적을 달성하기 위해 노인복지시설은 노인들이 친목 도모 및 취미활동, 여가활동, 신체기능 유지 및 향상을 위해 서비스를 제공하고 있으며. 노인복지시설에서의 실습은 학생들에게는 선배 시민이 노인의 삶과 일상생활에 대한 이해를 높일 수 있고 나아가 미래에 노인이 될 학생들의 모습을 반추하고 학습하고 이해하면서 고령 시대의 노인복지증진을 위한 가치관과 정체성을 확립하고 발전 방향을 모색해 볼 수 있다.

1) 노인복지시설의 설치목적 및 유형

노인복지시설이란 노인복지법에 의해 노인복지사업을 행할 목적으로 설치된 시설로서 건전한 노후 생활과 노인의 복지 증진을 목적으로 설치된 시설을 말한다. 노인복지시설의 유형은 (1) 노인주거복지시설, (2) 노인 의료복지시설, (3) 노인여가복지시설, (4) 재가 노인복지시설로 분류된다. 각 유형의 노인복지시설 설치목적 및 유형은 〈표 8-9〉와 같다.

〈표 8-9〉 노인복지시설의 설치목적 및 유형

<table>
<tr><th>종류</th><th>시설</th><th>설치목적</th><th>입소(이용)대상자</th><th>설치</th></tr>
<tr><td rowspan="2">노인주거복지시설</td><td>양로시설</td><td>노인을 입소시켜 급식과 그 밖에 일상생활에 필요한 편의를 제공</td><td rowspan="2">다음 각호 어느 하나에 해당하는 자로서 일상생활에 시장이 없는 자
▶ 「국민기초생활 보장법」 제7조 제1항 제3호에 따른 수급자로서 65세 이상의 사람
▶ 부양의무자로부터 적절한 부양을 받지 못하는 65세 이상의 사람
▶ 본인 및 본인과 생계를 같이 하고 있는 부양의무자의 월소득을 합산한 금액을 가구원 수로 나누어 얻은 1인당 월평균 소득액이 통계청장이 「통계법」 제17조제3항에 따라 고시하는 전년도 도시근로자가구 월평균 소득을 전년도의 평균 가구원수로 나누어 얻은 1인당 월평균 소득액 이하인 자로서 65세 이상의 사람
▶ 입소자로부터 입소비용의 전부를 수납하여 운영하는 양로시설 또는 노인공동생활가정의 경우는 60세 이상</td><td rowspan="2">시장, 군수, 구청장에게 신고</td></tr>
<tr><td>노인공동생활가정</td><td>노인들에게 가정과 같은 주거요건과 급식, 그밖에 일상생활에 필요한 편의를 제공</td></tr>
</table>

			의 사람	
	노인 복지주택	노인에게 주거시설을 분양 또는 임대하여 주거의 편의·생활지도·상담 및 안전관리 등 일상생활에 필요한 편의를 제공하는 시설	▶ 단독취사 등 독립된 주거생활을 하는 데 지장이 없는 60세 이상의 사람(입소자의 배우자와 입소자격자가 부양을 책임지고 있는 19세 미만의 자녀·손자녀는 함께 입소할 수 있음): 입소자 본인 전부 부담	•
노인 의료 복지 시설	노인요양 시설	치매·중풍 등 노인성 질환 등으로 심신에 상당한 장애가 발생한 노인을 입소시켜 일상생활에 필요한 편의를 제공하는 시설	노인성 질환 등으로 다음 각호 어느 하나에 해당하는 자 ▶ 입소자로부터 입소비용의 전부를 수납하여 운영하는 양로시설 또는 노인공동생활가정의 경우는 60세 이상의 사람 ▶ 노인장기요양법 제15조에 따른 장기요양 급여수급자, 3~5등급자 중 불가피한 사유, 치매 등으로 시설급여 대상자로 판정을 받은 경우에 가능 ▶ 기초생활수급권자로서 65세 이상의 자 ▶ 부양의무자로부터 적절한 부양을 받지 못하는 65세 이상의 사람	•
	노인요양 공동 생활가정	치매·중풍 등 노인성질환 등으로 도움을 필요로 하는 노인에게 가정과 같은 주거여건과 급식·요양, 및 그 밖에 일상생활에 필요한 편의를 제공하는 시설		
	노인전문 병원	주로 노인을 대상으로 의료를 행하는 시설	▶ 노인성 질환으로 치료 및 요양을 필요로 하는 자	시, 도지사 허가
노인 여가 복지 시설	노인복지관	노인의 교양 · 취미생활 및 사회참여활동 등에 대한 각종 정보와 서비스를 제공하고, 건강증진 및 질병예방과 소득보장 · 재가복지, 그 밖에 노인의 복지증진에 필요한 서비스를 제공함을 목적으로 하는 시설	60세 이상의 자	시장, 군수, 구청장 에게 신고
	경로당	지역노인들이 자율적으로 친목도모·취미활동·공동작업장 운영 및 각종 정보교환과 기타 여가활동을 할 수 있도록 하는 장소를 제공함을 목적으로 하는 시설	60세 이상의 자	시장, 군수, 구청장 에게 신고
	노인교실	노인들에 대하여 사회활동 참여욕구를 충족시키기 위하여 건전한 취미생활·노인건강유지·소득보장 기타 일상생활과 관련한 학습프로그램을 제공함을 목적으로 하는 시설	60세 이상의 자	시장, 군수, 구청장 에게 신고
재가 노인 복지 시설	방문요양 서비스	가정에서 일상생활을 영위하고 있는 노인으로서 신체적, 정신적 장애로 어려움을 겪고 있는 노인에게 필요한 각종편의를 제공하여	장기요양 수급자이거나 심신이 허약하거나 장애가 있는 65세 이상의 자(이용자로부터 이용비용의 전부를 수납하여 운영하는 시설 경우는 60세 이상의 자로 한다)로서 다음 각호에 해당하는 사람 ▶ 방문요양서비스: 가정에서 보호가 필요한 자	시장, 군수, 구청장 에게 허가

		지역사회 안에서 건전하고 안정된 노후를 영위하도록 하는 서비스		
	주야간 보호서비스	부득이한 사유로 가족의 보호를 받을 수 없는 심신이 허약한 노인과 장애노인 등을 낮 동안 보호시설에서 보호하며 노인의 기능회복 도모	▶ 주야간 보호서비스: 주간 또는 야간동안에 보호가 필요한 자 ▶ 단기보호서비스: 단기간의 보호가 필요한 자 ▶ 방문목욕서비스: 가정에서 목욕이 필요한 자	
	단기보호 서비스	부득이한 사유로 가족의 보호를 받을 수 없어 일시적인 보호가 필요한 노인과 장애노인을 단기간 입소시켜 보호함으로서 노인 및 노인가정의 복지증진을 도모		
	방문목욕 서비스	목욕 장비를 갖추고 재가노인을 방문하여 목욕을 제공하는 서비스		
노인 보호 전문 기관	노인보호 전문기관	시·도지사가 노인보호전문기관을 지정, 운영, 노인학대, 신고, 상담, 보호, 예방 및 홍보, 24시간용 신고상담전화 1366 운영	노인 학대행위자에 대한 상담 및 교육 학대받은 노인의 발견, 상담보호 등 노인학대 예방 및 방지를 위한 홍보	시, 도지사 지정

출처: 보건복지부(2022). 2022년 노인복지관 종류 및 현황. p. 4.

2) 노인복지시설의 종류 및 역할

(1) 노인주거복지시설(제32조)

① 양로시설: 노인을 입소시켜 급식과 그 밖에 일상생활에 필요한 편의를 제공함을 목적으로 하는 시설이다.

② 노인 공동생활가정: 노인들에게 가정과 같은 주거여건과 급식, 그 밖에 일상생활에 필요한 편의를 제공함을 목적으로 하는 시설이다.

③ 노인복지주택: 노인에게 주거시설을 임대하여 주거의 편의·생활지도·상담 및 안전관리 등 일상생활에 필요한 편의를 제공함을 목적으로 하는 시설이다.

(2) 노인 의료복지시설(제34조)

① 노인요양시설: 치매·중풍 등 노인성질 환 등으로 심신에 상당한 장애가

발생하여 도움을 필요로 하는 노인을 입소시켜 급식·요양과 그 밖에 일상생활에 필요한 편의를 제공함을 목적으로 하는 시설이다

② 노인 요양공동생활가정: 치매·중풍 등 노인성 질환 등으로 심신에 상당한 장애가 발생하여 도움을 필요로 하는 노인에게 가정과 같은 주거여건과 급식·요양, 그 밖에 일상생활에 필요한 편의를 제공함을 목적으로 하는 시설이다.

(3) 노인여가복지시설(제36조)

① 노인복지관: 노인의 교양·취미생활 및 사회참여 활동 등에 대한 각종 정보와 서비스를 제공하고, 건강증진 및 질병 예방과 소득보장·재가복지, 그 밖에 노인의 복지증진에 필요한 서비스를 제공함을 목적으로 하는 시설이다.

② 경로당: 지역노인들이 자율적으로 친목도모·취미활동·공동작업장운영 및 각종 정보교환과 기타 여가활동을 할 수 있도록 하는 장소를 제공함을 목적으로 하는 시설이다.

③ 노인교실: 노인들에 대하여 사회활동 참여욕구를 충족시키기 위하여 건전한 취미생활·노인 건강유지·소득보장기타 일상생활과 관련한 학습프로그램을 제공함을 목적으로 하는 시설이다.

(4) 재가노인복지시설(제38조)

재가노인복지시설은 다음 각호의 어느 하나 이상의 서비스를 제공함을 목적으로 하는 시설을 말한다.

① 방문 요양 서비스: 가정에서 일상생활을 영위하고 있는 노인(이하 "재가노인"이라 한다)으로서 신체적·정신적 장애로 어려움을 겪고 있는 노인에게 필요한 각종 편의를 제공하여 지역사회 안에서 건전하고 안정된 노후를 영위하도록 하는 서비스

② 주·야간보호서비스: 부득이한 사유로 가족의 보호를 받을 수 없는 심신이

허약한 노인과 장애노인을 주간 또는 야간 동안 보호시설에 입소시켜 필요한 각종 편의를 제공하여 이들의 생활 안정과 심신 기능의 유지·향상을 도모하고, 그 가족의 신체적·정신적 부담을 덜어주기 위한 서비스

③ 단기 보호서비스: 부득이한 사유로 가족의 보호를 받을 수 없어 일시적으로 보호가 필요한 심신이 허약한 노인과 장애노인을 보호시설에 단기간 입소시켜 보호함으로써 노인 및 노인가정의 복지증진을 도모하기 위한 서비스

④ 방문 목욕서비스: 목욕 장비를 갖추고 재가노인을 방문하여 목욕을 제공하는 서비스

⑤ 그 밖의 서비스: 그밖에 재가노인에게 제공하는 서비스로서 보건복지부령이 정하는 서비스

(5) 노인보호전문기관

학대받은 노인의 발견, 상담, 보호 등 노인보호를 전문으로 하는 기관이다.

3) 노인복지시설의 현황

노인복지시설의 현황은 〈표 8-10〉과 같이 2021년 기준 85,228개에 이르고 있으며 노인주거복지시설은 337개, 노인 의료복지시설은 5,821개, 노인여가복지시설 68,823개, 재가 노인복지시설 9,984개에 이르며, 이밖에도 노인보호전문기관 37개, 일자리 지원사업기관 206개, 학대피해노인 전용 쉼터는 20개에 이른다.

〈표 8-10〉 노인복지시설 현황(단위: 명)

종류	시설	2021		2020		2019		2018	
		시설수	입소정원	시설수	입소정원	시설수	입소정원	시설수	입소정원
합계		85,228	321,500	82,544	297,167	79,382	266,325	77,385	231,857
노인주거시설		337	19,383	352	20,497	382	21,674	390	19,897
노인의료복지시설		5,821	214,683	5,725	203,075	5,529	190,820	5,287	177,318
노인여가복지시설		68,823	0	69,005	0	68,413	0	68,013	0

재가노인 복지시설	9,984	87,434	7,212	73,595	4,821	53,831	3,494	34,642
노인보호 전문기관	37	0	35	0	34	0	33	0
노인일자리 지원기관	206	0	196	0	184	0	160	0
학대피해노인 전용쉼터	20	0	19	0	19	0	18	0

출처: 보건복지부(2021). 2021년 노인복지관 종류 및 현황. p. 4.

지금까지 노인복지시설의 유형과 현황을 알아보았다. 위와 같이 다양한 노인복지시설 중에서 대표적인 노인복지기관인 노인복지관을 중심으로 현장 실습프로그램구성과 세부계획에 대해 알아보도록 하겠다.

3. 노인복지관에서의 실습

노인복지관은 노인의 교양, 취미생활 및 사회참여 활동 등에 대한 각종 정보와 서비스를 제공하고, 건강증진 및 질병 예방과 소득보장, 재가복지 그 밖에 노인의 복지증진에 필요한 종합적인 노인복지 서비스를 제공하는 시설이다(노인복지법 제36조 제1항 제1호).

1) 노인복지관 발달과정

노인복지관은 1981년 노인복지법이 제정되고 1982년 노인복지법 시행령 및 시행규칙에서 노인복지회관의 운영근거가 마련되었다. 이후 1989년 노인복지법 1차 개정 시 노인여가시설의 개념이 도입되었고, 노인복지관은 노인여가복지시설로 분류되었다. 노인복지관이 오늘날과 같은 운영 기준을 갖게 된 것은 2004년 노인복지관 운영지침이 마련되고, 노인복지관의 기능이 처음으로 규정되었기 때문이다. 2007년 노인복지법 개정과정에서는 '노인복지회관'이 '노인복지관'으로 명칭이 변경되었다.

1989년 5월 시범 노인종합복지관으로 시작된 시립노원(구 중부)노인종합복지관과 시립관악(구 남부)노인종합복지관은 상담사업, 사회교육사업, 재가복지사업을 운영하였고, 이후 고령자 취업알선센터 개설(1992.10), 치매주간보호소개설(1992.12), 가정봉사원 위탁교육 실시(1995.9), 치매단기보호사업 시작(1996년 송파노인종합복지관), 중풍 주간보호소 개설(1998.10, 노원노인종합복지관), 경로당 활성화사업(2000년 노원, 관악)을 하게 되면서 노인종합복지관의 역할이 점점 확대되었다.

이러한 발달과정을 거친 노인복지관은 2013년 예방, 보호, 통합이라는 3대 기능을 중심으로 운영 방향을 재정립하였고 2019년 초고령화 사회에 대한 노인복지의 새로운 운영방향을 모색하는 등 노인복지관의 역할과 기능에 대한 재정립 요구가 대두되고 있다(한국노인복지관협회, 2019).

2) 노인복지관 사업내용

노인복지관 영역별 세부사업은 〈표 8-11〉과 같이 상담, 사례관리 및 지역 사회 돌봄, 건강생활 지원사업, 노년사회화교육, 지역자원 및 조직화, 사회참여증진, 돌봄 등이 있다. 이를 구체적으로 살펴보면 다음과 같다.

〈표 8-11〉 노인복지관 영역별 세부사업

사업 구분		프로그램(예시)
상담	일반상담 및 정보제공	노인의 복지 정보 제공 일반상담(이용상담, 섭수상담), 외부 전문가 활용 정보 제공 상담(경제, 법률, 주택상담, 연금상담, 건강상담, 세무상담)
	전문상담	우울 및 사살예방프로그램, 죽음준비프로그램, 집단프로그램, 자조모임, 학대 및 인권, 인지 및 행동 심리 상담, 애도, 상실, 관계(부부관계, 또래관계, 자녀관계 등) 등에 대한 개별 혹은 집단 개입 등
사례관리 및 지역사회 돌봄	위기 및 취약노인 지원	취약노인의 신체·정서·사회적 자립 지원 프로그램 운영, 노인맞춤돌봄 서비스, 사례관리사업, 읍면동행정복지센터 및 유관기관 등과 연계(취약노인 연계망구축사업)
	지역사회 생활자원 연계 및 지원	노인에게 필요한 서비스 조정, 중재, 의뢰, 옹호, 자원반응역량강화를 위한 지원 활동, 지역사회 읍면동 복지 허브화와 맞춤돌봄에 관한 지역자원 발굴 연계
	가족기능지원	노인과 관련된 가족상담, 가족관계프로그램, 가족캠프, 세대통합프로그램 등
건강생활	건강증진지원	건강교육, 건강상담, 건강교실(건강체조, 기체조, 요가 등), 독거노인지원 사

지원		업(기존 재가사업), 노인건강운동, 치매예방 인지활동서비스, 물리치료 등
	기능회복지원	양·한방진료, 작업요법, 운동요법, ADL훈련 등
	급식지원	경로식당(중식서비스), 밑반찬·도시락배달, 푸드뱅크 등
노년 사회화 교육	평생교육 지원	노인역량강화교육, 정보화교육, 사회화교육, 시민사회교육, 한글교실, 외국어교실, 교양교실, 인문학교육, 예비노인 은퇴준비 프로그램, 경제교육, 생애말기 준비·설계 교육, 웰다잉교육 등
	취미여가지원	예능활동(음악, 미술, 생활도예, 서예, 댄스), 문화활동(연극, 사진, 영화, 바둑, 장기, 레크리에이션), 취미활동(종이접기, 손뜨개질, 민속놀이), 체육활동(탁구, 당구, 게이트볼), 동아리활동 등
지역자원 및 조직화	지역자원개발	자원봉사자 발굴·관리, 후원자 개발, 외부 재정지원기관 사업 수탁 등
	지역복지연계	경로당 프로그램 연계 등의 지역복지기관 연계, 지역협력사업 (경로행사, 나들이 등) 등
	주거지원	주택수리사업, 주거환경 개선사업(도배 등) 등
사회참여 및 권익증진	사회참여지원	노인자원봉사 활성화 사업, 노인일자리 및 사회활동지원 사업, 지역 봉사활동, 교통안전봉사, 동아리·클럽 활동 지원, 교통편의서비스 등
	노인권익증진	정책건의, 노인인권 옹호, 노인인식개선사업, 편의시설 설치, 노인소비자피해예방교육, 양성평등교육, 성교육 등
	고용 및 소득지원	고령자취업지원 사업, 취업교육, 창업지원(사회적협동조합 등)사업 등
돌봄	요양서비스	치매환자 프로그램, 주·야간보호 등

출처: 보건복지부(2022). 노인복지사업안내 재구성.

(1) 상담은 일반상담 및 정보제공을 통해 노인의 다양한 욕구 및 문제해결과 예방을 위한 상담서비스로 노년기의 심리적/정서적 안정을 지원한다. 회원 관리, 상담, 심리 건강지원 서비스 등이 있다.

(2) 지역사회 돌봄 사업은 일상생활 영위가 어려운 취약계층 어르신들에게 적절한 돌봄서비스를 제공하여 안정적인 노후 생활 보장, 노인 기능/건강 유지 및 예방을 지원하기 위해, 사회참여, 생활교육, 일상생활 지원, 자원연계서비스 등 직접서비스로 방문/통원 등의 서비스가 있다.

(3) 건강생활 지원사업은 다양한 건강관리 서비스제공을 통해 질병의 조기발견과 예방의 기회를 제공하고 노화 및 노인성 질환으로 신체기능이 손상되거나 일상생활에 어려움을 겪고 있는 대상에게 물리치료, 자원연계 프로그램 등 다양한 접근을 통해 신체기능을 회복하고 건강한 삶을 영위할 수 있도록 지원하고 있다.

(4) 노년사회화교육사업은 다양한 프로그램을 통해 교육 및 여가활동의 기회를 제공하고, 지역사회 내 주체적 구성원으로서의 활기찬 노년기의 삶을

지원하기 위해 건강증진 프로그램, 취미 여가프로그램, 정서함양프로그램, 특별프로그램 및 특별행사, 회의 및 평가 등이 있다.

(5) 지역자원 조직화 사업은 지역 자원개발, 지역 복지연계, 주거지원 프로그램을 제공하고 있다.

(6) 사회 참여 및 권익증진사업은 노인자원봉사 노인 일자리 등을 통해 사회적, 경제적으로 도움이 필요한 어르신들에게 일자리 및 사회활동의 기회를 제공한다. 보충적 소득 보장과 사회참여 활동을 지원하기 위해 공익형 일자리, 사회서비스형 일자리, 시장형 일자리, 취업 알선형 일자리 등 다양한 사업을 하고 있다.

(7) 돌봄 사업은 치매 어른 주·야간 보호 사업 등 어르신 개개인의 욕구에 맞는 서비스 제공을 통해 지역사회와 함께 어울리며 안정적이고 건강한 삶을 살아갈 수 있도록 지원하고 있다.

이밖에도 지역복지 활성화 사업의 일환으로 경로당 연계사업이 있다. 경로당 이용회원의 건강한 여가문화 생활을 지원하고 경로당의 기능 및 역할 확대를 통해 활동적인 노년의 삶을 지원하기 위해 생활지원사업, 문화예술사업, 정서지원사업, 지역교류사업 등이 있다.

4. 노인복지관 사회복지현장실습 사례

노인복지관 사회복지현장실습 사례는 다음과 같다.

2022년도 노인복지관 실습 사업계획서

1. 사업명

'준비된 사회복지 전문인력 양성을 위한 실습지도'

2. 실습 지도의 목적 및 목표

가. 목적

사회복지실습에 참여하는 학생들에게 학교에서 배운 이론과 기술을 사회복지현장에 적용해 보는 임상경험 기회제공과 전문성 발달을 위한 현장교육을 통하여 사회복지실천 능력을 갖추고 노인복지문제에 대해 접근하고 해결할 수 있는 능력을 배양 시킨다.

나. 목표

1) 노인복지의 전문적 발달을 위한 교육을 통해 사회사업가로서의 전문성을 기른다

① 실습오리엔테이션을 통해 실습 일정에 대한 이해 및 전문가로서 갖추어야 할 태도를 습득한다.

② 기관 정체성 및 비전을 통해 고유의 정체성(사회복지적 마인드)를 이해한다

③ 노인복지사업의 가치와 윤리(윤리적, 실천가 적 자세)를 통해 사회복지사로서 자신을 이해한다.

④ 중간, 종합평가를 통해 실습목표를 점검하고 자신을 평가한다.

2) 지역사회 실천 및 정책적 측면의 교육을 통해 노인복지현장의 실무능력을 강화한다.

① 지역사회 욕구 조사를 통하여 지역(노인)민들의 욕구를 파악하고 인식한다.

② 노인복지 정책적 측면의 교육을 통하여 현안 문제에 대해 이해한다.

3) 행정적 측면의 지식과 기술교육을 통해 실무적응능력을 강화 한다.

① 법인의 역사, 비전, 산하 기관, 시설, 사업 소개를 통해 법인의 구조파악 및 행정체계를 이해한다.

② 노인복지관의 역할, 기능, 재정, 행정, 사업에 대한 이해를 통해 조직의 의사소통 체계를 파악한다.

③ 사회복지행정실무를 통하여 실무능력을 배양한다.

-노인복지관의 홍보전략이해 및 홍보물 제작 활동을 통해 기획력을 습득한다.

-프로포절 및 집단프로그램 계획을 통해 전문능력을 습득한다

-지역사회 자원개발, 자원봉사 관리교육을 통해 전문능력을 습득한다.

④ 대인관계기술을 통한 전문 사회사업가로서 관계 기술능력을 향상한다

- 실습생 및 실습 지도자 간의 상호작용능력 향상.
- 멘토 및 멘티와의 개별 면담을 통해 원만한 관계 형성 유도
- 법인 통합실습생들과 통합교육 및 평가회 및 친교 시간을 통해 동기로서의 동질감 형성

⑤ 클라이언트 체계 개입기술 체험을 통하여 전문 사회사업가로서 실천기술능력을 강화한다.

- 분야별 (사회교육, 일자리, 주간 보호, 경로당사업 등)능력을 익히고 경험한다
- 재가 복지사례관리를 통해 클라이언트 체계의 개입기술능력을 습득한다
- 대·소프로그램의 계획·진행·평가 과정을 통해 실천기술능력을 향상한다.

3. 실습개요

가. 실 습 기 간: 2022년 1월 2일(월)~1월 31일(화) 4주 20일 160시간

나 실 습 장 소: ○ ○ 노인복지관

다. 실 습 인 원: 총 ○ 명

라. 실습 지도비: 200,000원(학생 자부담)

마. 실 습 담 당: 김 ○ ○ 복지과장, 이 ○ ○ 사회복지사

4. 실습내용

회차	시간	실습내용	담당자	준비물
1	09:00~ 18:00	- 실습생선서식 - 직원과 인사하기 - 기관장과의 만남	이 ○ ○	실습계획서 이력서 자기소개서
2	09:00~ 18:00	- 상품권 지급지원 - 네트워크1 '자원' - 상품권 지급지원 - 네트워크2 '복지'	김 ○ ○ 사무국장	실습계획서 이력서 자기소개서
3	09:00~ 18:00	- 집단슈퍼비전 - 특강지원준비 - 노인학습 및 프로그램 지원	김 ○ ○	실습일지 프로그램 계획서
4	09:00~ 18:00	- 집단슈퍼비전 및 자원발표 - 노인복지관 사업안내 및 노인의 이해 - 학습 및 프로그램 지원	김 ○ ○	실습일지 프로그램 계획서
5	09:00~ 18:00	- 노인 사례관리 - 지역사회연계 - 노인건강증진 프로그램 참여	이 ○ ○	실습일지 프로그램 계획서
6	09:00~ 18:00	- 후원자 개발 및 관리 - 학습 및 프로그램 지원 - 경로당 활성화 사업의 이해	이 ○ ○	실습일지 노인상담일지
7	09:00~ 18:00	- 노인 사회활동지원 참여 및 참관 - 노래 교실 및 건강교실 참여 및 지원 - 노인 평생 교육프로그램 지원	이 ○ ○	실습일지 평생교육프로그램 계획서
8	09:00~ 18:00	- 지역사회 홍보 및 캠페인 - 노인복지관 회계 및 서무, 행정의 이해	이 ○ ○ 김 ○ ○	실습일지 노인복지회계 및 서무관련 서식
9	09:00~ 18:00	- 프로그램기획과 평가 - 복지2팀 사업 지원: 경로당, 도시락	이 ○ ○ 김 ○ ○	
10	09:00~ 18:00	- 복지요결 공부 - 마인드맵 정리 - 지도교수 방문 - 중간평가	이 ○ ○ 김 ○ ○ 사무국장 관장	실습일지 중간평가지 A4용지

11	09:00~ 18:00	- 노인 일자리 지역주민 조직화 - 총무과 사업 안내 및 회계교육	이 ○ ○ 김 ○ ○	실습일지 회계서식
12	09:00~ 18:00	- 사례관리 - 노인 자원봉사교육 지원	이 ○ ○ 김 ○ ○	실습일지 사례관리일지
13	09:00~ 18:00	- 노인프로그램(레크레이션 참관) - 프로그램 기획과 평가 - 도시락 배달지원 - 주간 보호 사업안내	이 ○ ○ 김 ○ ○ 사무국장	실습일지 프로그램 계획서
14	09:00~ 18:00	- 사회복지 이슈 토론 '노인복지관의 방향성' - 노인 일자리 모니터링 - 건강프로그램 현장실습	이 ○ ○ 김 ○ ○ 사무국장	실습일지 프로그램 계획서 참고자료
15	09:00~ 18:00	- 집단슈퍼비전 - 희망 보드미 참관 - 노인사례관리	이 ○ ○ 사회복지사	사례관리일지 실습일지
16	09:00~ 18:00	- 노인자원봉사자 활성화 사업 지원 - 프로그램 기획과 평가 - 클린데이	이 ○ ○ 사회복지사	실습일지 프로그램계획서
17	09:00~ 18:00	- 노인 사례관리 - 노인 맞춤형 돌봄서비스 발표	이 ○ ○ 사회복지사	사례관리일지 실습일지
18	09:00~ 18:00	- 개인 슈퍼비전 - 경로당 탐방 - 노인 웰빙 사업 진행	이 ○ ○ 사회복지사	실습일지 프로그램계획서
19	09:00~ 18:00	- 자기성장 발표 - 노인 재가복지사업의 이해	이 ○ ○ 사회복지사	실습일지 프로그램계획서
20	09:00~ 18:00	- 최종평가회 - 슈퍼비전 및 마무리	이 ○ ○ 김 ○ ○ 사무국장 관장	실습일지 종결평가서 확인서 등

출처: 이원주 외(연도). 사회복지현장실습 이론과 실제. pp. 224-226 인용 및 재구성.

5. 장애인복지시설에서의 실습

장애인복지시설은 장애인의 존엄성과 인간적 권리의 회복 그리고 자립의 노력과 사회참가의 기회 보장 등을 추구하는 장애인복지의 이념을 실현하는 장소이다. 따라서 장애인 본인의 노력뿐만 아니라 국가 및 지방 공공단체가 장애인의 일상생활에서 재활이나 보호를 행하고 비장애인과 같은 생활조건과 안정을 누릴 수 있도록 하는 장소이다. 따라서 실습에 임하는 학생들도 장애인시설의 종류와 거주 장애인의 등급별 종류별 특성을 잘 알고 장애인복지시설에서의 실습이 이루어져야 한다.

1) 장애인복지시설의 개념

장애인복지시설은 장애인의 성 · 연령 및 장애의 유형과 정도를 고려하여 장애인을 보호 · 치료 · 생활 지원 · 재활훈련과 자립생활 지원 등의 서비스를 제공함으로써 장애인의 기능회복과 사회성 향상을 도모하는 곳이다.

2) 장애인복지시설의 역사

장애인복지시설은 봉건체제에서 근대 자본주의로 변화되어 가는 과정에서 발생한 노동 가능한 빈민과 노동 불가능한 빈민을 위한 조치의 일환으로 영국 구빈원에서 그 기원을 찾아 볼 수 있다. 우리나라의 장애인복지시설은 1950년대 허약아 갱생원(재활원), 지체부자유갱생시설 등으로 시작되었다. 이후 1981년 제정된 심신장애인복지법을 통해 장애유형과 서비스에 따라 지체부자유 재활시설, 시각장애인 재활시설, 언어·청각장애자 재활시설, 정신박약자 재활시설, 근로시설, 점자도서관 등으로 분류 운영되었으며 1982년 우리나라 첫 번째 장애인복지관인 서울 장애인 종합복지관이 설립되었다.

1989년에 전면 개정된 「장애인복지법」에서는 지역사회와 통합된 생활에 초점을 두면서 장애인 재활시설, 장애인요양시설, 장애인유료시설, 직업재활시설 등 다양한 시설이 생겨났으며 1990년 소규모 공동생활가정과 단기 보호시설이 설치되기 시작하였다. 장애인복시시설의 최근의 두드러진 변화는 '시설의 소규모화'로 볼 수 있다. 장애 정도와 생활환경을 고려여 시·군·구에서 거주시설 이용 적격성을 심사하도록 규정하고, 신축되는 거주시설은 거주인원이 30명을 초과할 수 없도록 했다. 더불어 '생활시설'이라는 용어대신에 '거주시설'이라는 용어를 사용하여 기존의 지역사회재활시설에 포함되었던 '장애인 공동생활가정'과 '장애인 단기보호시설'을 '거주시설'에 편입시켰다.

3) 장애인 복지시설의 유형 및 현황

(1) 장애인복지시설의 유형

장애인복지법에 의한 장애인복지시설의 유형은 〈표 8-12〉와 같이 장애인 거주시설, 장애인 지역사회재활시설, 장애인 직업재활시설, 장애인 의료재활시설, 장애인 생산품판매시설이 있다.

〈표 8-12〉 장애인복지시설의 유형

거주시설	지역사회 재활시설	직업재활시설	생산품 판매시설	의료 재활시설
1. 장애유형별 거주시설 2. 중증장애인 거주시설 3. 장애 영유아 거주시설 4. 장애인 단기 거주시설 5. 장애인공동생활가정	1. 복지관 2. 주간보호시설 3. 체육시설 4. 수련시설 5. 생활아동지원센터 6. 수화통역센터 7. 점자도서관 8. 재활치료시설	1. 보호작업장 2. 근로작업장 3. 직업적응 훈련시설	생산품 판매시설	의료재활시설

출처: 보건복지부(2022). 장애인복지시설현황.

① 장애인 거주시설

거주공간을 활용하여 일반가정에서 생활하기 어려운 장애인에게 일정 기간 동안 거주 요양 지원 등의 서비스를 제공하는 동시에 지역 사회생활을 지원하는 시설을 말한다. 대표적으로 장애인 공동생활가정과 장애인 단기 보호시설, 장애유형별 거주시설, 장애 영유아 거주시설, 중증장애인 요양시설이 있다. 장애유형이 같거나 유사한 장애를 가진 사람들을 이용하게 하여 그들의 장애유형에 적합한 주거지원, 일상생활지원, 지역사회 생활지원 등의 서비스를 제공한다.

② 장애인 지역사회 재활시설

장애인을 전문적으로 상담, 치료, 훈련하거나 장애인의 일상생활, 여가활동 및 사회참여 활동 등을 지원하는 시설을 말한다. 대표적으로 장애인복지관, 장애인 주간보호시설, 장애인체육시설, 장애인수련시설, 장애인활동지원센터, 수

화통역센터, 점자도서관 등이 있다. 장애인에게 필요한 사회심리, 교육, 업, 의료재활을 제공하거나 장애인의 활동 및 취미 오락 생활지원 등을 제공하는 시설이다.

③ 장애인 직업재활시설

일반 작업환경에서는 일하기 어려운 장애인이 특별히 준비된 작업 환경에서 직업훈련을 받거나 직업생활을 할 수 있도록 하는 시설이다. 장애인 근로작업장, 장애인 보호작업장, 장애인 직업적응훈련시설 등을 통해 장애인의 직업 재활을 도모하는 시설이다.

④ 장애인 의료재활시설

장애인을 입원 또는 통원하게 하여 상담, 진단 및 판정, 치료 등 의료재활 서비스를 제공하는 시설이다. 장애인의 질병 및 장애 관련 치료를 제공한다. 언어, 미술, 음악 등 재활 치료에 필요한 치료, 상담, 훈련 등의 서비스를 제공한다.

⑤ 장애인 생산품 판매시설

장애인 생산품의 판매활동 및 유통을 대행하고, 장애인 생산품이나 서비스 용역에 관한 상담, 홍보, 판로 개척 및 정보제공 등 마케팅을 지원하는 시설이다.

4) 장애인복지시설의 현황

장애인복지시설의 유형별 현황은 〈표 8-13〉과 같이 2020년 현재 거주시설 1,539개소, 직업재활시설 720개, 지역사회 재활시설이 1,519개 순으로 나타났다. 전체적으로 장애인 거주시설은 소규모화 정책으로 소규모 시설(단기, 공동 등)이 증가하였고, 입소자 수는 점진적으로 감소하는 추세다.

〈표 8-13〉 장애인복지시설 현황

	2017	2018	2019	2020
거주시설	1,517	1,527	1,557	1,539
직업재활시설	625	651	683	720
지역사회 재활시설	1,333	1,373	1,486	1,519
생산품 판매시설	17	17	17	17
의료재활시설	19	19	18	18

출처: 보건복지부(2022). 장애인복지시설현황.

장애인복지시설 중 현장실습이 주로 이루어지는 장애인 거주시설 및 지역사회 재활시설을 중심으로 시설 현황을 알아보면 다음과 같다.

(1) 장애인거주시설 현황

장애인거주시설 중 지체장애인 거주시설은 2020년 기준 28개, 1121명이 거주하고 있으며 시각장애인 거주시설은 16개소 579명, 청각언어 장애인 거주시설은 7개서 205명, 지적장애인 거주시설은 317개소 11,349명, 중증장애인 거주시설은 251개소 10,866명이 거주하는 것으로 나타났다.

(2) 장애인 지역사회 재활시설 현황

장애인 지역사회 재활 시설은 〈표 8-13〉과 같이 2020년 기준 복지관은 258개, 주간 보호시설 797개, 생활이동지원센터 164개, 수어통역센터 199개소 등 총 1,519개로 나타났다.

이밖에도 직업재활시설은 장애인 보호작업장, 장애인 근로사업장, 장애인 직업적응훈련시설이 있다. 직업재활시설은 2010년 이후 직업재활시설의 지속적인 신·증축을 통한 시설 확충으로 근로 장애인 수도 매년 꾸준하게 증가하고 있다. 2011년 456개소 12,870명이던 직업재활시설이 2012년 478개소 13,758명 → '13년 511개소 14,739명 → '14년 539개소 15,641명 → '15년 560개소 16,414명 → '16년 582개소 17,131명 → '17년 625개소 17,841명 → '18년 651개소 18,205명 → '19년 683개소 19,056명 → '20년 720개소 20,843명으로 늘어나고 있는 추세이다.

5) 장애인복지관에서의 실습

(1) 장애인복지관 기능

장애인복지관은 대표적인 장애인 이용시설로 장애인의 사회적응과 복귀를 위한 재활서비스 센터의 기능, 장애 예방과 대중계몽을 위한 사회교육 센터의 기능, 지역사회 내의 전반적인 서비스 조정과 관련한 사례관리 센터의 기능, 프로그램 개발을 위한 종합센터의 기능, 재활환경의 조성과 자원 동원을 위한 기능 등 다양한 기능을 담당하고 있다, 특히 장애인과 가족을 위한 상담사례관리, 기능 강화지원, 장애인 가족지원, 역량 강화 및 권익 옹호 지원, 직업지원, 지역사회 네트워크, 문화여가지원 사회서비스 지원이 장애인복지관의 주요기능이다.

장애인에 대한 각종 상담 및 사회심리 · 교육 · 직업 · 의료재활 등 장애인의 지역사회 생활에 필요한 종합적인 재활서비스를 제공하고 장애에 대한 사회적 인식개선사업을 수행하고 있으며 2020년 기준 258개의 기관이 설치 운영되고 있다. 사회복지사를 비롯하여 심리사, 언어치료사, 물리치료사, 의사, 작업치료사, 직업 재활 상담실, 특수교사 등 전문인력이 함께 근무하고 있으며 사회복지 현장실습을 통하여 다양한 전문직끼리의 협업이 어떻게 이루어지는지에 대한 경험도 할 수 있는 실습기관이다.

(2) 장애인복지관의 운영

장애인복지관은 이용 장애인에 대한 서비스는 물론 장애 발생 예방과 지역 장애인 문제의 조사, 연구 등 장애인복지가 종합적으로 향상되도록 하여야 하며, 이를 위해 각 복지관에서는 장애인의 날(매년 4월 20일) 전 · 후 1주간을 '장애 발생 예방주간 및 인식개선 주간'으로 징하여 지역주민, 학생, 직장인 등을 대상으로 장애 발생 예방 및 인식개선 프로그램을 실시하고 있다. 또한 장애인 복지관은 지역장애인 등의 다양한 복지 욕구를 해소하기 위하여 자원봉사자 활용, 지역 내 복지자원의 동원 등 당해 지역사회의 자원을 개발, 활용하고 지역 장애인복지의 증진을 위해 노력하고 있다.

또한 장애인 복지관은 운영 및 사업수행에 있어 지역사회를 기반으로 한 지역 장애인의 의사와 선택권을 존중하고 장애 유형에 따른 다양한 교육적 욕구를 해소하는 곳이다. 장애인의 능력과 적성에 따라 교육받을 권리를 가질 수 있도록 체계적이고 지속적인 평생교육을 지원하고 있다 더불어 장애인 복지관은 장애인복지 관련 분야의 전문적인 지식과 기술을 가지고 있는 전문인력에 의해 서비스가 수행되고 이용 장애인의 인권침해를 예방하고 인권침해 발생 시 필요한 조치를 통해 이용자의 인권이 보장될 수 있도록 하기 위하여 정기적인 인권 교육을 실시하며 주말에 시설을 개방 또는 관련 프로그램을 운용하여 취업장애인 등 주말 이용자의 편의를 도모한다.

(3) 장애인복지관의 주요사업 내용

장애인복지관의 주요사업 내용은 〈표 8-14〉와 같다. 장애인복지관의 주요사업은 상담, 사례관리사업, 기능강화지원사업, 장애인가족지원, 역량강화 및 권익옹호지원, 작업지원, 지역사회네트워크, 평생교육사업으로 구성되어 있다.

〈표 8-14〉 장애인복지관의 주요사업내용 및 업무

구분	대분류	중분류	주요사업예시
1	상담 사례관리	사례발굴	- 사례대상자 발굴 및 상담 - 사례대상자 연계 - 동행상담
		개입계획	- 개별 지원계획 수립 및 의뢰 - 사례관리 계획수립(단순, 일반, 집중)
		지역회의	- 지역사회 통합사례 회의 - 지역사회 솔루션 위원회
2	기능강화 지원	운동지각향상	- 운동발달(물리치료) - 작업활동(작업치료)
		의사소통향상	- 언어활동(언어치료)
		학습능력 향상	- 특수교육
		사회적응력 향상	- 심리운동, 음악활동, 미술활동 등

3	장애인 가족지원	가족기능 강화	- 중도장애인 가족지원 - 가족역량 강화지원
		양육지원	- 가족 돌봄지원 - 야간 및 주말 프로그램
		여성장애인 복지 증진	- 여성장애인 임신, 출산, 양육, 가사지원 등 - 여성장애인 상담 및 쉼터 운영
4	역량강화 및 권익옹호 지원	역량강화 및 지역사회 참여활동 지원	- 동료 상담 - 자조모임 육성 - 이동지원 - 주거 서비스
		권익홍호	- 장애인 차별금지법 준수 운동 - 권리침해 해소 및 인권옹호 - 법률적인 지원
		정보제공 및 수어서비스	- 장애인 정보화 교육 및 정보화 지원 - 수어교실 - 수어통역 봉사원 양성 및 파견
5	직업지원	직업상담 및 평가	- 직업상담, 평가, 구인구직상담
		전환교육	- 전환교육 - 중등, 고등 직업프로그램
		직업적응 및 역량개발 훈련	- 직업훈련 - 현장훈련 - 취업 후 지도
6	지역사회 네트워크	지역사회 장애인복지서비스 개발 및 지원	- 장애인 서비스 개발 컨설팅 - 지역유관 장애인복지서비스 자문
		민관협력 네트워크 구축	- 지역사회 장애인 중심기관 역할 - 지역사회복지협의체 활동
		지역의 사회통합 환경조성	- 장애인 및 장애인가족에 대한 인식개선 - 장애 예방 활동
7	평생교육 지원	기초 문해 및 학력보완 교육	- 한글(생활) 문해 프로그램 - 초, 중, 고 학력보완 프로그램
		문화 예술 및 인문교육	- 여가 스포츠 프로그램 - 문화예술 향유 숙련 프로그램
8	사회서비 스 지원	장애인 활동지원	- 활동보조, 방문간호, 방문목욕
		장애아동재활치료	- 언어, 청능치료 - 행동, 놀이, 심리운동치료 - 장애조기 발견 및 발달장애 진단서비스
9	운영지원 및 기획 홍보	총무	- 인사, 조직관리 - 회계, 문서관리 - 시설 및 차량관리 등
		기획	- 사업계획 수립 및 평가 - 조사연구 - 직원개발사업
		홍보	- 홍보물 제작 및 홈페이지 운영
		고객만족 윤리경영	- 이용자 참여 - 고객만족사업 등

6. 장애인복지관 사회복지현장실습 사례

1) 장애인복지관 실습일정표 예시

(1) 사회복지현장 실습 1주차

<table>
<tr><th>시간</th><th>1,2(월)</th><th>1,3(화)</th><th>1,4(수)</th><th>1,5(목)</th><th>1,6(금)</th></tr>
<tr><td>09:00
~
10:00</td><td>08:30
아침조회참석
과제점검·일과
공유
실습일정 안내
차량운행보조
탑승</td><td>과제점검 및
일과공유
차량운행보조
탑승</td><td colspan="3">기관별 도착
(통합실습–○○장애인복지관)
다함께 노래활동
교육준비 및 일정공유의 시간(09:00~10:10)</td></tr>
<tr><td rowspan="3">10:00
~
12:00</td><td rowspan="3">사회복지사의
가치와 윤리 및
만남의 시간</td><td rowspan="3">사회복지기관의
이해 및 만남의
시간</td><td>실습생선서
(10:10~10:50)</td><td>강의 3
사회복지사에게
윤리강령이란
무엇인가?</td><td>선배에게 듣는다
김○○사회복지사
조○○사회복지사</td></tr>
<tr><td rowspan="2">법인영상
(11:10~12:10)</td><td>휴식
(11:00~11:10)</td><td>조별나눔활동
(11:00~11:40)</td></tr>
<tr><td>조별 역할극 활동</td><td rowspan="2">수료식(11:50~)</td></tr>
<tr><td rowspan="2">12:00
~
13:00</td><td colspan="2" rowspan="2">급식소 배식 및 점심식사</td><td>강의 1
법인의 역사와
비전(11:00~12:10)</td><td>조별 역할극 활동</td></tr>
<tr><td colspan="3">점심식사(12:10~13:20)</td></tr>
<tr><td>13:00
~
14:30</td><td>사례관리교육</td><td>1차 사례상담
(13:~15:00)</td><td>강의 2
사회복지와 사회적
경제
(13:20~14:10)</td><td></td><td rowspan="4">기관별자율활동</td></tr>
<tr><td rowspan="2">14:30
~
16:00</td><td rowspan="2">성격유형검사</td><td rowspan="2">사회복지회계실무
(15:00~16:00)</td><td>휴식시간
(15:20~15:30)</td><td>휴식시간
(15:20~15:30)</td></tr>
<tr><td>실습생만남의 시간</td><td rowspan="2">조별 역할극 발표 및
피드백
(14:20~17:00)</td></tr>
<tr><td>16:00
~
17:30</td><td>실습OT(기관소개,
라운딩, 사업소개</td><td>멘토 & 멘티
만남의 시간
(16:00~17:30)</td><td>역할극 조별회의
(16:20~17:00)</td></tr>
<tr><td>17:30
~
18:00</td><td colspan="2">일과정리 및 수퍼비전</td><td colspan="3">기관별 귀가
(17:00~)</td></tr>
<tr><td>과제물</td><td>- 실습일지
- 실습계약서 확인
- 명함 만들기</td><td>- 실습일지
- 상담일지 작성 및
제출</td><td>- 실습일지</td><td>- 실습일지
- 조별 역할극
시나리오 제출</td><td>- 실습일지
- 통합실습 참관
일지작성(5일~6일)</td></tr>
</table>

(2) 사회복지현장실습 2주차

<table>
<tr><th>시간</th><th>1,9(월)</th><th>1,10(화)</th><th>1,11(수)</th><th>1,12(목)</th><th>1,13(금)</th></tr>
<tr><td>09:00
~
10:00</td><td>08:30
아침조회참석
과제점검·일과 공유
실습일정 안내
차량운행 보조 탑승</td><td colspan="4">과제점검 및 일과공유
차량운행 보조탑승</td></tr>
<tr><td rowspan="2">10:00
~
12:00</td><td rowspan="2">직장인의 예절/
문서작성이해/
운영지원과 이해</td><td>프로그램참관 1
어르신·장애인
주간보호(장복)</td><td rowspan="2">지역사회활동가
특상</td><td rowspan="2">숲체험</td><td rowspan="2">숲체험</td></tr>
<tr><td>장애인취업지원
커피데이</td></tr>
<tr><td rowspan="2">12:00
~
13:00</td><td colspan="2" rowspan="2">급식소 점심식사</td><td>수다의 날
캠페인참석</td><td colspan="2" rowspan="2">급식소 점심식사</td></tr>
<tr><td>점심식사</td></tr>
<tr><td>13:00
~
15:00</td><td>사례관리 2차
상담</td><td>단위사업계획서
및 평가서 작성</td><td>사례관리 3차 상담</td><td rowspan="2">숲체험</td><td>중간평가
(과장:사업팀장)</td></tr>
<tr><td>15:00
~
17:30</td><td>사례관리 2차
상담
복지관사업의
이해(사업 담당
팀장)</td><td>1차 복지영상
제작</td><td>유관기관방문
활동(○○기관)</td><td>사회복지 비전
나누기</td></tr>
<tr><td>17:30
~
18:00</td><td colspan="5">일과정리 및 슈퍼비전</td></tr>
<tr><td>과제물</td><td>- 실습일지
- 기안문작성 및 피드백
- 기안문제출
- 숲체험사업 계획서 작성</td><td>- 실습일지
- 참관일지
- 숲체험사업 계획서 작성</td><td>- 실습일지
- 숲체험사업 계획서 작성</td><td>-실습일지</td><td>- 실습일지
- 숲체험 평가서 및 결과보고서 작성</td></tr>
</table>

(3) 사회복지현장실습 3주차

<table>
<tr><th>시간</th><th>1,16(월)</th><th>1,17(화)</th><th>1,18(수)</th><th>1,19(목)</th><th>1,20(금)</th></tr>
<tr><td>09:00
~
10:00</td><td>08:30
아침조회참석
과제점검·일과 공유
차량운행보조 탑승</td><td>장애인활동지원사 주간회의 및 인사나눔 참석
(08:00~09:30)
차량운행보조 탑승</td><td colspan="3">과제점검 및 일과 공유
차량운행 보조 탑승</td></tr>
<tr><td>10:00
~
12:00</td><td>사례관리
4차 상담</td><td>프로그램 참관 2
탁구, 당구(공통)</td><td>프로그램 참여 4
(백세바람, 배움나래)</td><td>장애청소년
전환기 교육</td><td>농촌지역 주거환경개선</td></tr>
<tr><td>12:00
~
13:00</td><td colspan="5">급식소 배식 및 점심식사</td></tr>
<tr><td>13:00
~
15:00</td><td>프로그램 참여 3
(보치아/직업재활)</td><td rowspan="2">주거환경
개선사업</td><td rowspan="2">사례관리 5차 상담</td><td>장애청소년 전환기 교육(10:00~14:00)</td><td rowspan="2">농촌지역
주거환경개선</td></tr>
<tr><td>15:00
~
17:30</td><td>2차 복지영상
제작</td><td>케이스 컨퍼런스
(사례관리팀)</td></tr>
<tr><td>17:30
~
18:00</td><td colspan="3">일과정리 및 슈퍼비전</td><td>전체 직원 모임 참석
(17:30~18:30)</td><td>일과정리 및
슈퍼비전</td></tr>
<tr><td>과제물</td><td>- 실습일지
- 숲체험 사업 평가서 및 결과보고서 제출
- 참관일지
- 상담일지</td><td>- 실습일지
- 캠페인 사업 계획서 작성
- 분야별 프로그램 계획서 작성</td><td>- 실습일지
- 상담일지
- 참관일지
- 이동복지관 사업 계획서 작성</td><td>- 실습일지
- 케이스 컨퍼런스 작성
- 참관일지</td><td>- 실습일지</td></tr>
</table>

(4) 사회복지현장실습 4주차

<table>
<tr><th>시간</th><th>1,25(수)</th><th>1,26(목)</th><th>1,27(금)</th><th>1,30(월)</th><th>1,31(화)</th></tr>
<tr><td>09:00
~
10:00</td><td>08:30
아침조회 참석
과제점검·일과 공유
차량운행 보조 탑승</td><td colspan="4">과제점검 및 일과공유
차량운행 보조 탑승</td></tr>
<tr><td>10:00
~
12:00</td><td>캠페인 진행</td><td>프로그램참여
(장애인 일자리)</td><td>○○지역방문
○○드림사업</td><td>분야별 단위사업진행 (과장, 팀장, 사회복지사)</td><td>종합평가
(사회복지사)</td></tr>
<tr><td>12:00
~
13:00</td><td colspan="5">급식소 배식 및 점심식사</td></tr>
<tr><td>13:00
~
15:00</td><td>아동복지관</td><td>3차 복지영상제작</td><td rowspan="2">○○지역방문
○○드림사업</td><td>분야별 평가회의 및 평가서 작성(과장, 팀장, 사회복지사)</td><td rowspan="2">문화 체험 및 스포츠 활동
(사회복지사)</td></tr>
<tr><td>15:00
~
17:30</td><td>멘토 멘테 만남의 시간(팀장, 사회복지사)</td><td>단위사업프로그램 준비</td><td>4차 복지영상제작</td></tr>
<tr><td>17:30
~
18:00</td><td colspan="5">일과정리 및 슈퍼비전</td></tr>
<tr><td>과제물</td><td>- 실습일지
- 참관일지
- 켐페인사업 평가회</td><td>- 실습일지
- 캠페인 사업 결과 보고서제출
- 아동복지관 사업평가회</td><td>- 실습일지
- 분야별 프로그램 결과보고서
- 이동복지관 사업 결과보고서 제출</td><td>- 실습일지
- 유관기관 방문 일지 작성</td><td>- 실습일지
- 복지영상 제출
- 종합 평가서
- 케이스 컨퍼런스 제출</td></tr>
</table>

출처: 이원식 외(2021). 사회복지현장실습, B장애인복지관 실습일지. pp. 236-239 재인용 및 재구성.

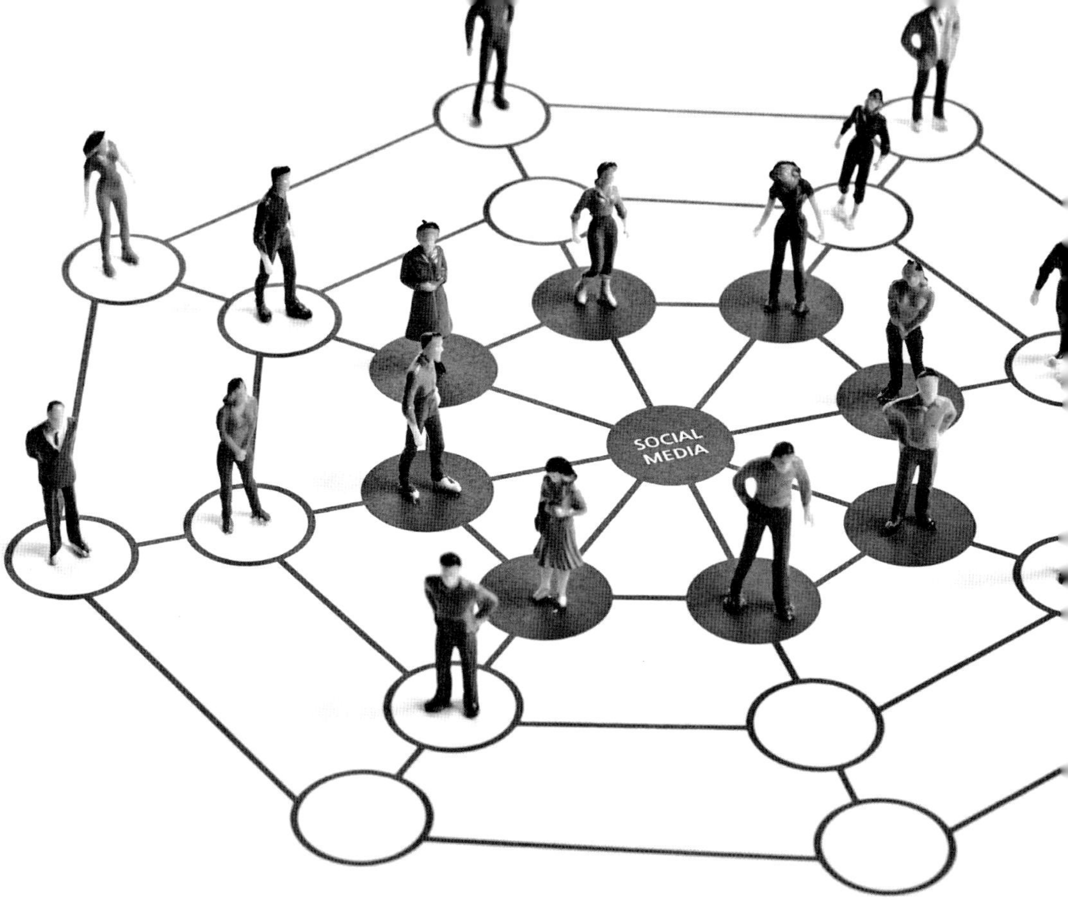

SOCIAL WELFARE FIELD PRACTICUM 제3부

사회복지현장실습관련 이론과 지식

CHAPTER

09 사회복지실천의 가치와 윤리

사회복지 가치는 사회적 가치를 기초로 정책을 결정하기 때문에 사회복지 정책 수립과 집행 준거를 제공해 주는 중요한 요소이다. 가치의 사전적 의미는 '개인 또는 사회가 선호하는 태도로서 유익한 결과를 가져올 것으로 기대되는 것'으로 정의된다. 즉 무엇을 생각하고 판단하고 행함에 있어서 기준의 관점이 되는 것이다. 또 선호하는 것에 대한 기준이며 잠재적이거나, 실제적 행동을 정당화시켜주는 것으로서 인간의 적절한 행동을 선택하는 데 지침이나 기준이 되는 것을 말한다. 즉 가치는 사람들의 행동을 결정짓는 기본적인 요소라고 할 수 있다. 이와 관련하여 해밀턴(Hamilton, 1951)은 사회복지실천의 가치는 특정 클라이언트를 자신의 클라이언트로 받아들일 수 있을 것인가부터 시작하며 사회복지사와 클라이언트, 동료, 넓은 사회 속에서 함께 일하는 다양한 사회구성원과의 관계에 영향을 미치게 된다고 하였다.

레비(Levy, 1973)는 사회복지실천의 가치를 첫째, 사람 우선의 가치 즉 인간에 대한 바람직한 생각과 클라이언트를 개별화된 개인으로 보고 능력을 인정하는 가치로서 인간존중, 상호적 책임, 소속의 욕구, 개인의 독특성 등을 고려하는 가치가 사회복지실천의 첫 번째 가치라고 보았다. 둘째는 결과 우선의 가치로서 인간을 위한 바람직한 결과를 가져올 수 있도록 실천이 전개되어야 하며 서비스를 제공한 후 결과를 통해 동등한 사회참여 기회 보장, 사회적 책임에 대한 믿음의 가치가 실현될 수 있도록 하는 것이고, 셋째, 수단 우선의 가치로서 사회복지사는 인간을 다루는 바람직한 도구로서 서비스를 수행하는 방법과 수단에 대한 가치관을 가지고 인간에 대한 존엄과 자율성 존중하고 이를 위해 개인의 역량을 강화해야 한다고 하였다(Levy, 1973).

이러한 가치에 대하여 옳고 그름의 규범적 기준을 부여하는 것이 윤리이다. 윤리는 '사람으로서 마땅히 지키거나 행해야 할 도리나 규범'으로 사회복지실천과정의 모든 결정에는 윤리적 측면이 있기에 전문가로서 실천과정에서 직면하게 되는 다양한 윤리적 문제를 정확하게 이해하고 대처하는 능력이 필요하다. 따라서 실습생들이 접할 수 있는 윤리적 문제와 클라이언트의 다양한 욕구와 관련된 새로운 윤리적 갈등 해결을 위한 윤리지침은 사회복지사가 윤리적 쟁점에 대해 올바른 판단을 내릴 수 있도록 하는 체계적인 준거틀이 된다.

이에 따라 사회복지실습을 하려는 실습생들은 다양한 실습상황에서 윤리적 딜레마가 발생될 수 있고, 윤리적 딜레마 상황을 극복하기 위해 사회복지실천의 가치와 윤리에 기반한 실천을 요구받게 된다. 이처럼 사회복지윤리와 가치는 사회사업 업무의 기반이 되는 것이다. 사회복지현장실습의 경우 실천대상이나 실습하는 기관에 따라 추구하는 가치가 다르고, 다양한 상황에 따른 윤리적 딜레마를 경험할 수 있다. 이에 따라 실습을 할 때 자신이 실습하고 있는 기관과 클라이언트의 가치를 잘 알고 딜레마 상황에서 윤리적인 행동규범을 할 수 있도록 준비된 사회복지사가 되기 위한 훈련이 필요하다.

1. 사회복지 전문직의 가치

사회복지 전문직의 가치는 해당 전문직의 실천 활동과 관련하여 요구되는 가치로서 전문직 구성원들이 행하는 업무의 목적을 분명하게 해주며 구성원들의 활동을 안내해 주게 되어 전문직 활동의 평가와 책임소재의 근거가 된다(김기태 외, 2008).

더불어 사회복지 실천은 가치를 기반으로 사회복지사가 동기화되거나 기능화

되기 때문에 사회복지에 있어서 가치는 매우 중요한 의미를 갖는다. 퍼니스와 틸튼(Furniss & Tilton, 1977: 8)은 사회정책이 추구하는 일반적인 가치로 평등(equality), 자유(freedom), 민주주의(democracy), 사회적 연대(social Solidarity), 생존권 보장(security of existence right) 및 경제적 효율(economic efficiency)을 제시하고 있다, 길버트와 스펙트(Gilbert & Specht, 1974: 40-43)는 배분적 정의의 기초가 되는 가치로 평등(equality), 공평(equity), 적절성(adequately)을 꼽고 있다. 재스트로는(Zastrow, 1995)는 사회복지실천에서 주요가치를 다음과 같이 제시하고 있다(방미진 외, 2011 재인용).

1) 인간의 존엄성과 개인의 독특성을 존중하여야 한다. 즉 인간은 각각 다양한 특성과 삶의 경험이 있기 때문에 개별성을 존중하여 실천해야 한다.
2) 자기 결정권에 대한 클라이언트의 권리를 존중해야 한다. 즉 클라이언트가 자신의 의견을 표현하고 실행할 수 있으며, 문제 해결에 대한 책임과 권한을 클라이언트가 가질 수 있도록 해야 한다.
3) 비밀보장을 해야 한다. 즉 클라이언트의 동의 없이 비밀을 노출하지 말아야 한다.

이상의 가치에 대한 다양한 견해를 토대로 사회복지 실천의 가치를 요약해 보면 〈표 9-1〉과 같다.

〈표 9-1〉 사회복지 실천의 가치

사회복지실천의 가치
▶ 인간의 존엄성 - 사회복지실천의 가장 기본적인 가치 - 인간을 존엄한 존재로 봄 - 편견과 차별 없는 사회를 만들기 위한 사회복지실천의 근거로 사회복지서비스, 사회복지정책, 사회보장제도를 통해 노력하게 됨 - 사회복지실천에서의 자기 결정권, 클라이언트의 개별화, 비밀보장 등의 수단적 가치에도 영향을 미침
▶ 배분적 사회정의 - 사회적 공평 - 사회적 연대감 및 공동체 의식에 기초하여 사회의 책임성과 참여를 중시하는 가치 - 모든 사람이 기본적 사회자원을 배분 받을 수 있도록 사회복지 실천 수행 및 사회정의 수행을 위해 노력 - 사회복지정책을 통해 수직적 재분배나 수평적 재분배 기능을 가지고 있음

▶ 기타
- 자율성, 기회의 균등성, 사회적 책임성, 사회적 효과, 다양성 존중, 자기 결정권, 비밀보장, 사생활 보장, 적절한 자원과 서비스제공, 역량 강화 등 다양

2. 사회복지 전문직의 윤리 및 필요성

1) 사회복지전문직의 윤리

사회복지 전문직의 윤리는 사회복지사가 전문적인 실천활동을 할 때 필요한 지침을 제공한다. 즉 사회복지사에게 기대되는 윤리적 행동을 규명하고 이에 따른 행동 방향을 제공한다, 사회복지실천은 실천의 목적과 추구하는 가치 이론적 지식, 기술과 경험 등을 조화시켜 이루어진다. 하지만 사회복지사는 자신이 가지고 있는 가치, 지식, 기술 등을 사회복지실천현장에 옮기는 데 있어서 갈등적이며 모순된 상황에 직면하게 된다, 이러한 가치관의 혼란이나 윤리적 딜레마가 사회복지 전문직으로 활동하는 사회복지사에게 영향을 미친다(김현호 외, 2015).

따라서 사회복지실천 과정의 모든 결정에는 윤리적 측면이 있기에 전문가로서 실천과정에서 직면하게 되는 다양한 윤리적 문제를 정확하게 이해하고 대처하는 능력 필요하다. 사회복지실천가치에 의한 윤리적 원칙은 〈표 9-2〉와 같다

〈표 9-2〉 사회복지실천의 핵심가치에 의한 윤리적 원칙

핵심가치	윤리적 원칙
서비스 욕구의 제공	사회복지사의 주요목표는 어려움에 처한 사람들을 돕고 사회문제를 해결하고자 하는 것이다.
사회정의의 증진	사회복지사는 사회적 불공평에 도전한다.
개인의 존엄성과 가치 존중	사회복지사는 각 개인의 내재적 존엄성과 가치를 존중한다.
인간관계의 중요성 인식	사회복지사는 인간관계의 본질적인 중요성을 인정한다.
성실성, 충실(신뢰성 확립)	사회복지사는 신뢰성을 줄 수 있도록 행동한다.
능력 증진(역량)	사회복지사는 역량 범위 내에서 실천하고 전문성을 향상시킨다.

출처: 이원숙(2014). 재인용.

2) 사회복지 전문직 윤리의 필요성

리머는 미국 사회복지사를 대상으로 사회복지 전문직 윤리의 필요성에 대해 다음과 같이 제시하였다(방미진 외, 2011).

① 사회복지전문가 자신의 가치관과 클라이언트, 동료 전문가 등 다른 사람의 가치관과 어떤 공통점과 차이점이 있는지에 관해 체계적으로 확인할 수 있도록 도와준다.

② 윤리적 딜레마에 대한 사전 대비를 가능하게 한다.

③ 서로 다른 가치가 상충되는 상황에서 우선순위를 두어야 하는 가치에 대한 기준 제공 및 가치 간의 관계 정립에도 도움이 된다.

④ 사회복지의 현행 주류 가치가 얼마나 정당한가를 성찰하고 시대적 조류에 맞는 가치를 정립하기 위하여 필요하다.

⑤ 사회복지 전문성을 발전시키고 실천방법을 개발하기 위해 필요하다.

3. 사회복지 전문직 윤리강령

1) 윤리강령

(1) 윤리강령의 목적

윤리강령은 사회복지 실무현장을 처음 접한 사회복지사들에게 사회복지사의 책무, 가치, 윤리적 원칙들과 윤리적 기준을 학습함으로써 책무의 갈등이나 윤리적으로 불확실한 상황이 발생했을 때 적절한 판단을 할 수 있도록 한다.

미국사회복지사협회(NASW)는 윤리강령은 다음과 같다.

① 사회복지의 임무는 핵심가치를 기반으로 한다.

② 전문적 핵심가치의 반영과 실천을 위한 특정 윤리기준을 확립하는 총괄적인 윤리의 원칙들을 요약한다.

③ 전문직 의무의 갈등이나 윤리적인 불확실성이 발생할 때 고려해야 할 사항

들을 돕는다.

④ 일반 사람들이 사회복지 전문직의 책임에 대해 간주할 수 있는 윤리의 기준을 제공한다.

⑤ 사회복지의 임무·가치·윤리원칙·윤리기준에 생소한 사회복지사에게 지침을 제공한다.

⑥ 사회복지사의 비윤리적인 행위 여부를 사정하는 데 필요한 기준을 제공한다.

우리나라 윤리강령은 사회복지 전문직으로서 전문성 확보와 업무상의 윤리적 판단에서의 기준마련을 위해 1982년 1월 15일 제정되었으며, 1988년 3월 26일 제1차 사회복지사 윤리강령 개정, 1992년 10월 22일 제2차 사회복지사 윤리강령 개정, 2001년 12월 15일 제3차 사회복지사 윤리강령 개정을 거쳐 현재에 이르고 있다,

사회복지사 윤리강령은 전문, 사회복지사의 기본적 윤리기준, 사회복지사의 클라이언트에 대한 윤리기준, 사회복지사의 동료에 대한 윤리기준, 사회복지사의 사회에 대한 윤리기준, 사회복지사의 기관에 대한 윤리기준, 사회복지윤리위원회 구성과 운영, 사회복지사 선서로 구성되어 있다.

한국 사회복지사 윤리강령의 내용은 다음 〈표 9-3〉과 같다.

〈표 9-3〉 한국 사회복지사 윤리강령

한국 사회복지사 윤리강령

1) 전문: 기본이념

사회복지사는 인본주의 평등주의 사상에 기초하여, 모든 인간의 존엄성과 가치를 존중하고 천부의 자유권과 생존권의 보장 활동에 헌신한다. 특히 사회적, 경제적 약자들의 편에 서서 사회정의와 평등, 자유와 민주주의 가치를 실현하는 데 앞장선다. 또한 도움을 필요로 하는 사람들의 사회적 지위와 기능을 향상시키기 위해 저들과 함께 일하며, 사회제도 개선과 관련된 제반 활동에 주도적으로 참여한다. 사회복지사는 개인의 주제성과 자기 결정권을 보장하는 데 최선을 다하고, 어떠한 여건에서도 개인이 부당하게 희생되는 일이 없도록 한다.

이러한 사명을 실천하기 위하여 전문적 지식과 기술을 개발하고, 사회적 가치를 실현하는 전문가로서의 능력과 품위를 유지하기 위해 노력한다. 이에 우리는 클라이언트, 동료, 기관 그리고 지역사회 및 전체사회와 관련된 사회복지사의 행위와 활동을 판단, 평가하며 인도하는 윤리기준을 다

음과 같이 선언하고 이를 준수 할 것을 다짐한다.

2. 사회복지사의 기본적 윤리기준

1) 전문가로서의 자세

① 사회복지사는 전문가로서의 품위와 자질을 유지하고, 자신이 맡고 있는 업무에 대해 책임을 진다.

② 사회복지사는 클라이언트의 종교, 인종, 성, 연령, 국적, 결혼 상태, 경제적 지위, 정치적 신념, 정신, 신체적 장애, 기타 개인적 선호, 특징, 조건, 지위를 이유로 차별 대우를 하지 않는다.

③ 사회복지사는 전문가로서 성실하고 공정하게 업무를 수행하며, 이 과정에서 어떠한 부당한 압력에도 타협하지 않는다.

④ 사회복지사는 사회정의 실현과 클라이언트의 복지증진에 헌신하며, 이를 위한 환경 조성을 국가와 사회에 요구해야 한다.

⑤ 사회복지사는 전문적 가치와 판단에 따라 업무를 수행함에 있어, 기관 내·외로 부터 부당한 간섭이나 압력을 받지 않는다.

⑥ 사회복지사는 자신의 이익을 위해 사회복지 전문직의 가치와 권위를 훼손해서는 안 된다.

⑦ 사회복지사는 한국사회복지사협회 등 전문가 단체 활동에 적극 참여하여, 사회 정의 실현과 사회복지사의 권익 옹호를 위해 노력해야 한다.

2) 전문성 개발을 위한 노력

① 사회복지사는 클라이언트에게 최상의 서비스를 제공하기 위해, 지식과 기술을 개발하는데 최선을 다하며 이를 활용하고 전파할 책임이 있다.

② 클라이언트를 대상으로 연구하는 사회복지사는 저들의 권리를 보장하기 위해, 자발적이고 고지된 동의를 얻어야 한다.

③ 연구 과정에서 얻은 정보는 비밀보장의 원칙에서 다루어져야 하고, 이 과정에서 클라이언트는 신체적, 정신적 불편이나 위험, 위해 등으로부터 보호되어야 한다.

④ 사회복지사는 전문성을 개발하기 위해 노력하되, 이를 이유로 서비스의 제공을 소홀히 해서는 안 된다.

⑤ 사회복지사는 한국사회복지사협회 등이 실시하는 제반 교육에 적극 참여해야 한다.

3) 경제적 이득에 대한 태도

① 사회복지사는 클라이언트의 지불 능력에 상관없이 서비스를 제공해야 하며, 이를 이유로 차별 대우를 해서는 안 된다.

② 사회복지사는 필요한 경우에 제공된 서비스에 대해, 공정하고 합리적으로 이용료를 책정해야 한다.

③ 사회복지사는 업무와 관련하여 정당하지 않은 방법으로 경제적 이득을 취하여서는 안 된다.

3. 사회복지사의 클라이언트에 대한 윤리기준

1) 클라이언트와의 관계

① 사회복지사는 클라이언트의 권익 옹호를 최우선의 가치로 삼고 행동한다.

② 사회복지사는 클라이언트에 대하여 인간으로서 존엄성을 존중해야 하며, 전문적 기술과 능력을 최대한 발휘한다.
③ 사회복지사는 클라이언트가 자기 결정권을 최대한 행사할 수 있도록 도와야 하며, 저들의 이익을 최대한 대변해야 한다.
④ 사회복지사는 클라이언트의 사생활을 존중하고 보호하며, 직무 수행과정에서 얻은 정보에 대해 철저하게 비밀을 유지해야 한다.
⑤ 사회복지사는 클라이언트가 받는 서비스의 범위와 내용에 대해, 정확하고 충분한 정보를 제공함으로써 알 권리를 인정하고 존중해야 한다.
⑥ 사회복지사는 문서, 사진, 컴퓨터 파일 등의 형태로 된 클라이언트의 정보에 대해 비밀보장의 한계, 정보를 얻어야 하는 목적 및 활용에 대해 구체적으로 알려야 하며, 정보 공개 시에는 동의를 얻어야 한다.
⑦ 사회복지사는 개인적 이익을 위해 클라이언트와의 전문적 관계를 이용해서는 안 된다.
⑧ 사회복지사는 어떠한 상황에서도 클라이언트와 부적절한 성적 관계를 가져서는 안 된다.
⑨ 사회복지사는 사회복지 증진을 위한 환경조성에 클라이언트를 동반자로 인정하고 함께 일해야 한다.

2) 동료의 클라이언트와의 관계
① 사회복지사는 적법하고도 적절한 논의 없이 동료 혹은, 다른 기관의 클라이언트와 전문적 관계를 맺어서는 안 된다.
② 사회복지사는 긴급한 사정으로 인해 동료의 클라이언트를 맡게 된 경우, 자신의 의뢰인처럼 관심을 갖고 서비스를 제공한다.

4. 사회복지사의 동료에 대한 윤리기준

1) 동료
① 사회복지사는 존중과 신뢰로서 동료를 대하며, 전문가로서 지위와 인격을 훼손하는 언행을 하지 않는다.
② 사회복지사는 사회복지 전문직의 이익과 권익을 증진시키기 위해 동료와 협력해야 한다.
③ 사회복지사는 동료의 윤리적이고 전문적인 행위를 촉진시켜야 하며, 이에 반하는 경우에는 제반 법률규정이나 윤리기준에 따라 대처해야 한다.
④ 사회복지사가 전문적인 판단과 실천이 미흡하여 문제를 야기시켰을 때에는, 적절한 조치를 취하여 클라이언트의 이익을 보호해야 한다.
⑤ 사회복지사는 전문직 내 다른 구성원이 행한 비윤리적 행위에 대해, 제반 법률 규정이나 윤리기준에 따라 조치를 취해야 한다.
⑥ 사회복지사는 동료 및 타 전문직 동료의 직무 가치와 내용을 인정, 이해하며, 상호 간에 민주적인 직무 관계를 이루도록 노력해야 한다.

2) 슈퍼바이저
① 슈퍼바이저는 개인적인 이익의 추구를 위해 자신의 지위를 이용해서는 안된다.
② 슈퍼바이저는 전문적 기준에 의해 공정하게 책임을 수행하며, 사회복지사, 수련생, 실습생에

대한 평가는 공유해야 한다.

③ 사회복지사는 슈퍼바이저의 전문적 지도와 조언을 존중해야 하며, 슈퍼바저는 사회복지사의 전문적 업무수행을 도와야 한다.

④ 슈퍼바이저는 사회복지사, 수련생 및 실습생에 대해 인격적, 성적으로 수치심을 주는 행위를 해서는 안 된다.

5. 사회복지사의 사회에 대한 윤리기준

1) 사회복지사는 인권존중과 인간 평등을 위해 헌신해야 하며, 사회적 약자를 옹호하고 대변하는 일을 주도해야 한다.

2) 사회복지사는 필요한 사회서비스를 개발하기 위한 사회 정책의 수립, 발전, 입법, 집행에 적극적으로 참여하고 지원해야 한다.

3) 사회복지사는 사회환경을 개선하고 사회정의를 증진시키기 위한 사회 정책의 수립, 발전, 입법, 집행을 요구하고 옹호해야 한다.

4) 사회복지사는 자신이 일하는 지역사회의 문제를 이해하고, 그것을 해결하는 일에 적극적으로 참여해야 한다.

6. 사회복지사의 기관에 대한 윤리기준

1) 사회복지사는 기관의 정책과 사업목표에 달성, 서비스의 효율성과 효과성의 증진을 위해 노력함으로써, 클라이언트에게 이익이 되도록 해야 한다.

2) 사회복지사는 기관의 부당한 정책이나 요구에 대하여, 전문직의 가치와 지식을 근거로 이에 대응하고 즉시 사회복지윤리위원회에 보고해야 한다.

3) 사회복지사는 소속기관 활동에 적극 참여함으로써, 기관의 성장발전을 위해 노력해야 한다.

7. 사회복지윤리위원회의 구성과 운영

1) 한국사회복지사협회는 사회복지윤리위원회를 구성하여, 사회복지윤리실천의 질적인 향상을 도모하여야 한다.

2) 사회복지윤리위원회는 윤리강령을 위배하거나 침해하는 행위를 접수받아, 공식적인 절차를 통해 대처하여야 한다.

3) 사회복지사는 한국사회복지사협회의 윤리적 권고와 결정을 존중하여야 한다.

출처: 한국사회복지사협회(2022).

2) 사회복지사 선서

사회복지사 선서는 다음 〈표 9-4〉와 같다.

〈표 9-4〉 사회복지사 선서

나는 모든 사람들이 인간다운 삶을 누릴 수 있도록 인간의 존엄성과 사회정의의 신념을 바탕으로 개인, 가족, 집단, 조직, 지역사회 전체와 함께 한다.
나는 언제나 소외되고 고통 받는 사람들의 편에 서서 저들의 인권과 권익을 지키고 사회의 불의와 부정을 거부하면서 개인의 이익보다 공공의 이익을 앞세운다.
나는 사회복지사 윤리강령을 준수함으로써 도덕성과 책임성을 갖춘 사회복지사로 헌신한다.
나는 나의 자유의지에 따라 명예를 걸고 이를 엄숙하게 선서합니다.

출처: 한국사회복지사협회(2022).

4. 사회복지실천현장의 가치 갈등과 윤리적 딜레마

사회복지실천현장은 각 체계나 개인의 특성, 가치, 상황이나 문제 등이 서로 다르기 때문에 사회복지사는 가끔 윤리적 결정을 내려야 하는 상황에 직면하게 된다.

이때 어떤 가치를 존중하여 어떤 결정을 해야 하는가에 대한 갈등, 즉 윤리적 딜레마를 겪게 된다. 윤리적 딜레마란 사회복지사가 전문가로서 지켜야 하는 윤리적 의무와 책무가 서로 충돌함에 따라 어떠한 실천 행동을 선택하는 것이 윤리적으로 올바른 것인지 판단하기 힘든 상태를 의미한다. 현장에서는 제한된 자원과 클라이언트를 둘러싸고 있는 복잡한 욕구와 상황, 결과의 모호성, 가치 상충 등으로 사회복지사가 가치 갈등을 경험하는 경우가 종종 발생한다. 이때 사회복지사는 상황을 판단하고 개입의 방향성을 결정하기 위하여 클라이언트 및 기관과의 협의하는 과정에서 윤리적 실천에 대한 도전과 갈등을 경험하게 된다.

사회복지실천에서 윤리적 문제는 주로 현대 사회의 특징인 가치의 다양성과 모순성에서 찾아볼 수 있다. 따라서 윤리적 딜레마 상황에서는 "주어진 상황에서 도덕적으로 마땅히 해야 할 옳은 일은 무엇인가?", "그 상황에서 사회복지사는 비윤리적 행동을 어떻게 피할 수 있는가?"의 문제에 대한 판단이 필요하다(이효선, 2005).

1) 사회복지실천에서의 가치 갈등

사회복지사는 개인적인 가치, 전문적인 가치, 클라이언트와 클라이언트 집단의 가치, 사회적 가치 등의 영향을 받으며 이러한 가치 사이의 갈등으로 어려움을 경험하게 된다. 즉 같은 상황에서도 서로 다른 가치에 따라 상이한 결정을 내릴 수 있고, 결정 과정에서 가치 간의 갈등을 겪게 된다. 사회복지사가 겪게 되는 다양한 가치 갈등의 유형은 다음과 같다(양옥경 외, 1993).

(1) 가치상충(competing values)

사회복지사가 가장 빈번하게 겪을 수 있는 윤리적 갈등 상황이다. 두 개 또는 그 이상의 경쟁적 가치와 상충 되었을 때 윤리적 딜레마가 일어난다. 예를 들자면 심각한 유전병을 가지고 있는 남편이 부인에게 이러한 사실을 알리지 않고 자녀를 갖기를 원하는 경우에 사회복지사는 '클라이언트의 자기 결정'이라는 가치와 '장애아 출산 예방'이라는 가치가 상충됨으로서 윤리적인 갈등에 빠지게 된다.

(2) 의무상충

기관과 클라이언트에 대한 의무 사이에서 갈등이 일어나는 경우이다. 즉 사회복지사는 자신이 속한 기관의 정책을 따라야 하지만 기관의 목표가 클라이언트의 이익과 위배되거나 반할 때 윤리적 갈등을 겪게 된다. 예를 들자면 장애인복지시설에서 장애인에게 휠체어를 제공할 때 사회복지사, 보장구 관리자, 의사 등과 회의를 거쳐 클라이언트의 장애 정도와 체격에 맞는 보장구를 제공해야 함에도 불구하고, 그러한 과정을 생략하거나 제한된 자원으로 인해 클라이언트에게 최선의 서비스를 제공하지 못하는 경우를 들 수 있다.

(3) 클라이언트 체계의 다중성

하나 이상의 복합적인 문제를 가진 클라이언트 체계에 개입할 때 발생할 수 있는 딜레마를 말한다. 예를 들자면 이동학대나 심각한 부부갈등, 가정폭력 등 복합적인 문제를 가진 가족의 문제를 다룰 때 사회복지사는 누가 클라이언트인가를 결정하는 데 어려움을 겪고 누구의 이익을 최우선으로 고려해야 하는지 누구의 관점에서 문제를 생각해야 하는지, 어떤 문제에 먼저 개입을 해야 하는지 등에 대한 윤리적 갈등을 겪을 수 있다.

(4) 결과의 모호성

클라이언트가 자기 결정을 스스로 할 수 없는 경우에 대신하여 어떠한 결정을 내려야 할 상황에 처하거나, 효과성에 대한 확신이 모호할 때 딜레마에 봉착하게 된다. 예를 들자면 해외입양을 담당하는 사회복지사는 종종 해외입양이 아동을 위한 최선의 선택인지 확신할 수 없기 때문에 종종 갈등을 겪게 된다(박희숙 외, 2018).

(5) 힘 또는 권력의 불균형

사회복지사와 클라이언트의 관계가 권력적으로 평등하지 않다는 사실이 윤리적 딜레마를 일으킨다. 클라이언트는 도움을 구하는 사람이기 때문에 사회복지사에게 의존하는 관계가 되기 쉽다. 예를 들자면 미성년자나 정신질환자인 클라이언트의 경우 자신의 결정과 선택을 전문가에게 맡기고 의존할 수 밖에 없는 상황에 처하게 되므로 클라이언트의 알 권리와 자기 결정권을 포기할 수 있다. 따라서 사회복지사는 클라이언트 이익의 최우선권, 의사결정에서 클라이언트 참여 우선 등의 가치를 염누에 두고 개입하여야 한다.

또한 다양한 가치가 갈등을 일으킬 경우 사회복지사는 자신의 개인적 가치와 클라이언트의 문화적 가치, 종교적 가치, 윤리적 신념이나 도덕 체계 사이에 잠재적인 갈등이 존재하고 있을 가능성을 인식해야 한다 더불어 윤리적 갈등 상황에서 클라이언트의 가치에 대한 존중과 동시에 윤리적인 사회복지 실천을 행하는데 필요한 윤리적 의사결정을 해야 하며, 가치 갈등에 대한 해결이 어려울 경우 다른 전문가에게 클라이언트를 의뢰할 필요가 있다. 따라서 가치갈등상황에서 올바른 판단을 하기 위해 사회복지사 자신의 가치체계와 신념이 클라이언트와 어떻게 다른가에 대해 분석하고 이해하는 자기인식의 과정을 끊임없이 성찰하여야 한다.

2) 사회복지실천에서 윤리적 딜레마

윤리는 사회적 의식의 한 형태로 인간이 마땅히 따라야 하는 규범의 총체이며 가치에 대하여 옳고 그름의 규범적 기준을 부여하는 것이다. 로웬버그와 돌고프(Lowenberg & Dolgoff, 1996)는 윤리란 "무엇이 맞고 옳은가에 대한 행동규범"이며, 윤리학은 올바른 행위에 대한 물음이라 규정하였다. 윤리적 판단에 따른 행동 수행에 있어서 규범적 기준이 필요하며, 윤리적 가치는 좋은 사고(思考)로 그치는 것이 아니라 그 사고(思考)로 인해 행위가 실천될 때 의미가 있다고 하였다. 따라서 사회복지사는 무엇이 맞고 옳은 것인가에 대한 끊임없는 질문을 통해 사회복지실천현장에서 발생할 수 있는 윤리적 딜레마를 해결해야 한다.

윤리적 딜레마는 두 가지 이상의 상충하는 상황에서 윤리적 선택을 해야 할 때, 혹은 선택하고자 하는 각 대안들이 한 사람 혹은 여러 사람에게 바람직하지 못한 결과를 초래하게 될 때 발생한다. 일반적으로 가치의 상충(competing values), 상충 되는 충성심(competing loyalties)에 의해서 발생한다(Lowenberg & Dolgoff, 1985). 실천현장에서 만날 수 있는 전형적인 윤리적 딜레마는 다음과 같다.

(1) 직접적인 개입 활동과 관련된 윤리적 갈등(Reamer, 1999)

① 비밀보장

비밀보장은 사회복지사가 클라이언트의 동의 없이 클라이언트에 대한 정보를 누설하지 않는다는 원칙이다. 그러나 클라이언트가 학대 및 제3자에 의한 위협 상황에 처해있거나 자살 시도 및 자해를 하는 경우 비밀보장의 원칙을 지킬 것인가에 대한 윤리적 갈등이 생긴다. 법에 따라 클라이언트 정보를 제공해야 하는 경우, 슈퍼비전을 위한 전문가 회의 등에서 클라이언트 비밀을 공개해야 하는 경우 클라이언트 개인의 권리를 존중하여 동의를 받아야 한다.

예) 클라이언트가 제삼자를 심각하게 위협할 경우, 자신에게 위해를 가할 경우, 법률을 위반할 경우

② 클라이언트의 자기 결정권

클라이언트의 자기 결정은 클라이언트가 지신과 관련된 문제에 관해 스스로 선택하고 결정할 수 있는 권리와 욕구를 인정하는 윤리원칙이다. 그러나 클라이언트가 너무 어리거나 정신연령이 낮아서 스스로 결정할 수 있는 능력이 없을 때 클라이언트의 결정이 다른 사람이나 기관, 사회에 해를 입힐 가능성이 높다고 판단될 때 사회복지사가 어느 범위까지 클라이언트의 자기 결정권을 한정해야 할 것인지 고민해야 한다.

③ 전문적 동료 관계의 유지

동료인 사회복지사가 전문가로서 권위를 남용하여 클라이언트나 전문직에 해를 끼지게 되는 행동을 하였을 때 클라이언트를 보호해야 하는지 혹은 동료인 사회복지전문가를 보호해야 하는지에 대한 윤리적 갈등을 겪게 된다. 이때 전문가로서의 경계 유지가 중요하다.

예) 명백한 비윤리적 행위: 클라이언트와의 성적 관계, 사업 관계 등

④ 진실을 말할 의무

클라이언트는 자신에 대한 치료와 처우에 대해 진실을 알 권리가 있다 하지만 진실을 알게 됨으로 인해 클라이언트가 상처를 입을 수도 있고, 위험에 빠질 수도 있다. 이때 클라이언트에게 그 사실을 알려주는 것이 좋은 선택인지, 만약 알려준다면 클라이언트의 비밀보장은 어떻게 되는지 등 딜레마에 빠지게 된다.

⑤ 클라이언트 이익과 사회복지사의 이익

원조 과정에서 사회복지사는 자신을 위태롭게 하거나 자신의 희생을 강요당

할 때 사회복지사 자신과 클라이언트의 이익 사이에서 갈등할 수 있다. 그러나 사회복지사는 자신의 이익을 위해 행동해서는 안 된다.

(2) 간접적 실천에서 일어나는 윤리적 갈등(Reamer, 1999)

① 제한된 자원의 할당

사회복지사는 원칙적으로 사회자원을 필요로 하는 클라이언트에게 공정하게 자원을 배분하여야 한다. 그러나 많은 경우 욕구충족에 대한 위급성이나, 클라이언트의 개별적인 특성 등으로 인해 위험성이 가장 높은 클라이언트를 우선적으로 분배해야 하는 경우에 봉착하게 된다. 한정된 자원을 공평하게 분배해야 하는 문제는 사회복지사에게 형평성의 기준을 어떻게 적용할 것인가에 대한 딜레마를 가져온다.

② 정부와 민간 영역의 사회복지 관련 책임

실천현장에서 법이나 전달체계의 문제로 인해 클라이언트의 처우나 욕구에 대한 문제가 발생할 수 있다. 예를 들자면 빈곤계층의 자살이나 사망 사건의 경우 정부와 민간이 사회복지 관련 책임소재를 두고 윤리적 갈등에 봉착할 수 있다.

③ 규정과 법 준수

사회복지사가 근무하고 있는 기관의 정책과 규칙들을 준수해야 하지만 클라이언트 문제나 욕구를 해결하기 위해서 내린 결정이 기관정책에 어긋날 때 갈등상황에 놓이게 된다.

④ 조직 차원의 윤리

클라이언트, 상사, 동료, 기관, 사회 등 개인이나 기관은 서로 상충된 기대를 가진다. 이때 사람이나 기관 등 어떤 대상을 우선으로 하여 의무를 행사해야 할지 갈등하게 된다.

⑤ 연구와 평가, 속임수, 내부 고발

사회복지 관련 연구나 기관평가 및 사회복지사의 평가 시 평가를 위한 속임수나 내부 고발관련 윤리적 갈등 상황에 놓이게 된다. 사회복지사는 이런 윤리적 갈등 상황에서 사실에 입각한 진실규명을 통해 윤리적 갈등을 해결하는 것이 필요하다.

3) 가치 갈등과 윤리적 딜레마 해결책

사회복지실천현장에서 클라이언트 욕구와 문제를 해결하기 위한 실천과정 중 다양한 가치 갈등을 경험하게 된다. 사회복지사는 이와 같이 두 가지 이상의 정당한 가치나 윤리 사이에 갈등이 존재할 때 하나의 가치나 윤리를 우선적으로 선택해야 한다. 이러한 딜레마를 해결하기 위해서 여러 학자들이 윤리적 지침을 제시하였으며 이러한 지침을 기초로 한 판단과 결정은 사회복지가치를 실천하는 방향으로 사회복지사를 이끌어 줄 수 있다(윤철수 외, 2018).

윤리적 결정이란 인간의 존엄성과 사회정의라는 사회복지의 핵심가치에 기반을 두고 클라이언트의 권익과 이익에 우선을 두어 옳은 결정을 하는 것을 말한다. 따라서 사회복지실천 현장에서 발생하는 다양한 윤리적 딜레마를 해결하기 위해 여러 실천 행위와 대안 중에서 사회복지사가 선택할 수 있는 최선의 윤리적인 결정을 하기 위해서는 윤리적인 이슈에 대한 사회복지사의 민감성이 전제되어야 한다(Reamer, 1989).

- 가장 윤리적인 실천이란 무엇인가?
- 판단의 근거는 무엇인가?
- 어떤 방법으로 가장 윤리적인 결정에 도달할 수 있는가?

이를 통해서 사회복지사의 실천 활동이 가치에 기반한 윤리적인 활동이 될 수 있도록 하여야 한다. 그럼 윤리적 의사결정을 위한 고려사항이 무엇인지 알아보자.

첫째, 현재 직면하고 있는 윤리적 딜레마와 관련된 사회복지사 자신의 가치가 무엇인지를 아는 것이 중요하다.

둘째, 윤리적 결정에 관련되는 사회의 가치, 전문가 가치가 무엇인지를 확인하는 것이 필요하다.

셋째, 의사결정을 위해 가능한 대안이 무엇인지, 어떤 것을 선택하는 것이 가장 최선인지, 그 선택을 통해 이익을 받는 사람과 불이익을 받는 사람이 누구인지, 클라이언트의 권리가 최대한 보장되는지 파악해야 한다.

넷째, 사회복지사가 취하고자 하는 대안이 효율성과 효과성의 측면에서 최선이면서도 윤리적인 것인지를 확인해야 한다.

4) 윤리적 딜레마의 해결: 윤리적 결정의 준거틀

사회복지실천현장에서 사회복지사는 클라이언트와 문제해결을 위해 다양한 가치 갈등과 윤리적 딜레마가 발생한다. 이를 해결하기 위한 방법을 살펴보면 다음과 같다.

(1) 리머의 윤리적 결정 지침(Remer, 1989)

리머(Remer, 1989)는 윤리적 딜레마를 해결하기 위한 윤리적 결정의 가이드라인을 다음과 같이 제시하였다.

① 생명, 건강, 주거, 정신적 안정 등 생활필수품이나 인간의 삶과 행복에 대한 권리는 부, 교육, 여가 같은 부수적인 재화에 대한 기회와 비밀보장에 대한 권리에 우선한다.

② 개인의 기본적인 행복을 누릴 권리는 다른 사람들의 사생활과 자유 또는 자기 결정권에 대한 권리에 우선한다(예: 아동이 의료적 처치를 받을 권리는 부모의 종교적인 신념으로 치료를 거부할 수 있는 권리에 우선한다).

③ 개인의 자기 결정권에 관한 권리는 기본적인 행복권에 우선하며, 다른 사람의 안녕을 침해하지 않는다면 자기 결정권을 받아들여야 한다.

④ 개인의 행복에 대한 권리는 조직의 정책이나 법보다 우선할 수 있다. 일반적으로 사회복지사는 자신이 속해 있는 기관의 정책에 지켜야 하는 의무가 있지만 기관의 정책이나 절차가 클라이언트나 사회복지사의 안녕에 해가되거

나 부당하다면 정책, 법, 또는 절차를 위반하는 것이 정당화될 수도 있다.

리머의 윤리적 의사결정 과정은 다음 〈표 9-5〉와 같다.

〈표 9-5〉 리머의 윤리적 의사결정 단계

1 단계	갈등을 일으키는 사회복지 실천가치와 의무를 포함하여 윤리적 쟁점을 규명한다.
2 단계	윤리적결정에 의해 영향받을 가능성이 있는 개인, 집단, 조직을 확인한다.
3 단계	가능한 행동방침과 각각의 방침에 포함되는 관계자 및 잠재적 이익과 위험을 잠정적으로 확인한다.
4 단계	윤리이론, 원칙지침, 윤리강령과 법률적 규정, 사회복지실천이론과 원칙, 개인적 가치 등 관련사항을 고려하여 각각의 행동방침을 찬성 또는 반대하는 이유와 근거를 면멸히 검토한다.
5 단계	동료나 슈퍼바이저, 기관행정가 등 전문가에게 자문을 구한다.
6 단계	결정을 내리고 결정내용을 문서화 한다.
7 단계	결정을 점검 평가하고 문서화 한다.

출처: 엄명용 외(2009).

(2) 로웬버그 돌고프(Lowenberg & Dolgoff, 1996)의 윤리원칙 준거틀

로웬버그 돌고프(Lowenberg & Dolgoff, 1996)는 윤리적 의무들이 서로 갈등적인 상황에서 어떤 원칙이나 법적 의무를 우선시해야 하는지 결정하는 것을 돕기 위해 '윤리원칙 준거틀'을 위계서열 형태로 〈표 9-6〉과 같이 제시하였다(엄명용 외, 2009).

〈표 9-6〉 윤리원칙 준거틀

윤리원칙 1	생명보호의 원칙	인간의 생명보호가 모든 것에 최우선 된다.
윤리원칙 2	평등과 불평등의 원칙	능력 또는 권력이 같은 사람들은 '똑같이 취급을 받을 권리'가 있고 능력 또는 권력이 다른 사람들은 '다르게 취급받을 권리'가 있다.
윤리원칙 3	자율과 자유의 원칙	클라이언트의 자율성, 독립성, 자유는 중시되나 무제한 적으로 중시되는 것은 아니라는 것으로 자신이나 타인의 생명을 학대하거나 위협할 권리 등은 없다.
윤리원칙 4	해의 최소화 원칙	선택을 해야 할 대안이 다 유해할 때는 가장 최소한으로 유해하게 미치는 것을 선택해야 한다.
윤리원칙 5	삶의 질의 원칙	클라이언트 개인뿐 아니라 지역사회와 모든 사람들의 삶의 질을 증진시킬 수 있는 것들을 선택해야 한다.
윤리원칙 6	사생활 보호와 비밀보장의 원칙	사회복지사가 클라이언트에 대하여 할게 된 사실들을 다른 사람들에게 공개해서는 안 된다.

윤리원칙 7	진실성과 완전 개방의 원칙	사회복지사는 오직 진실만을 이야기해야 하며 클라이언트 및 타인과 관련된 모든 정보에 대하여 충분하게 공개해야 한다.

출처: 이은희, 김남숙(2014).

여러 원칙이 충돌하는 경우 상위원칙을 우선 적용하는 것을 원칙으로 하였다.

윤리원칙 1: 생명보호의 원칙

인간의 생명보호(Protection of Life)는 클라이언트를 비롯한 모든 사람에게 적용된다 이 원칙은 다른 의무나 원칙들보다 우선하여 발생한다.

윤리원칙 2: 평등과 불평등의 원칙

평등(equality)과 불평등(inequality)의 원칙은 동등한 사람들의 처우는 평등해야 하는 권리를 가지며 동등하지 않은 사람들은 만약 그 동등하지 않은 이유가 문제가 되고 있는 그 사안 자체에 있다면 그에 따라 다르게 처우 되어야 한다는 권리를 말한다(예: 아동학대의 경우 아동은 성인과 동등한 위치에 있지 않기 때문에 학대상황이 비록 생과 사의 심각한 경우가 아니어도 학대하는 성인에 대한 비밀보장보다는 약자인 아동을 보호하는 원칙이 우선이다).

윤리원칙 3: 자율과 자유의 원칙

사회복지사는 개인의 자율성과 독립성 및 자유를 신장시키는 실천적인 결정을 해야 한다. 그러나 자유가 중요한 가치이긴 해도 자신이나 다른 사람의 생명의 원칙 또는 생존의 원칙이 갖는 중요성보다 우선할 수 없다.

윤리원칙 4: 해의 최소화 원칙

해의 최소화 원칙은 클라이언트에게 해가 되는 윤리적 교착상태에 직면하게 되면 사회복지사는 위해가 되는 상황을 사전에 방지하거나 피하도록 해야 한다. 즉 가장 쉽게 회복 혹은 해결될 수 있는 방향으로 조기에 개입하여 영구적인 손상을 최소화할 수 있는 선택을 하여야 한다.

윤리원칙 5: 삶의 질의 원칙

삶의 질의 원칙은 클라이언트 개인뿐 아니라 지역사회와 모든 사람들의 삶의 질을 증진 시킬 수 있는 것들을 선택해야 한다.

윤리원칙 6: 사생활 보호와 비밀보장의 원칙

사생활 보호와 비밀보장의 원칙은 사회복지사는 모든 사람의 사생활 보호와 비밀보장의 권리를 위해 노력해야 한다, 그러나 비밀보장을 하는 것이 오히려 위해(危害)될 경우 폭력이나 손해를 예방하는 것이 이 원칙보다 우선되어야 한다(박희숙 외, 2018).

윤리원칙 7: 진실성과 완전 개방의 원칙

진실성과 완전 개방의 원칙은 사회복지사는 클라이언트와 다른 사람에게 오직 진실만을 이야기해야 하며 실천과 관련한 결정에 관한 모든 정보를 충분히 공개해야 한다. 진실성과 전문적 관계 유지를 위해 진실성과 완전 개방을 통한 신뢰가 바탕이 되어야 한다.

CHAPTER

10 지역사회 욕구조사와 기관분석

1절 지역사회조사와 욕구 사정

우리나라에서는 1990년대 사회복지관을 중심으로 지역사회복지와 주민조직화사업이 이루어지면서 지역사회복지가 발달되고 있다. 지역사회조사는 지역의 특성과 주민의 복지 욕구를 정확하게 파악하여 어느 분야에 어떤 정책이 필요하며 언제, 어떻게, 얼마나 예산을 투입하여 진행시킬 것인가에 대한 문제이다, 따라서 한정된 자원 내에서 사회복지의 효과성, 효율성, 형평성을 고려한 서비스를 제공하기 위해서 지역사회에 대한 정확한 분석과 지역주민들의 욕구를 정확히 파악하는 것이 중요하다. 즉 지역의 특성은 무엇이고 지역주민들이 필요로 하는 서비스나 프로그램이 무엇인지 파악하여 우선순위를 정하고 파악된 객관적 사실을 근거로 가장 적절한 서비스 및 프로그램이 무엇인지 판단하고 실행하는 작업을 위한 선행작업이 지역사회조사와 욕구사정이다.

1. 지역사회조사의 배경과 목적

지역사회조사는 지역사회를 분석하여 지역주민들이 어떠한 사회복지 욕구를 가지고 있는지? 전문적인 판단을 하기 위해 실시하는 기초적인 조사과정이다. 즉 지역사회의 변화를 위한 전략인 동시에 지역사회복지의 추진에 관한 사항을 전체적으로 정하기 위한 계획의 기초를 마련하기 위해서 지역사회조사가 이루어지며. 지역조사의 목적은 다음과 같다(서인해, 2002).

지역사회조사는 '지역사회구성원의 참여와 협력을 기반으로 지역사회문제를 확인하고 사정하여 문제를 발굴하고, 그 문제를 이슈화하고, 지역사회운동을 토대로 정책·법·제도에 영향을 미쳐서 지역사회의 변화를 가져오게 하고자 하는 데 목적'이 있다.

2. 지역사회 욕구조사의 개념

지역사회조사의 일반적 개념은 지역사회에 대한 다양한 정보를 과학적으로 확인하고 분석하는 방법이다. 즉 지역사회 복지와 관련된 문제나 욕구를 조사하여 사회문제를 악화시키는 요인을 분석하여 구체적 표적 집단에 적합하도록 사회복지서비스를 만드는 데 필요한 정보를 습득하는 과정으로 볼 수 있다.

지역사회조사의 가장 대표적인 영역이 욕구조사이다. 이슐트(Ischuld, 1995)는 '욕구 조사는 프로그램에 대한 결정 및 기관조직 능력을 향상시키고 자원을 할당시키기 위한 우선순위를 정하고, 결정하기 위한 목적으로 진행되는 체계적인 과정'이라 하였고, 그레고르(Gregor, 1973)는 '사회복지전달체계의 정책기구가 수행하는 정책 결정에 중요한 영향을 미치는 요인'으로 정의하였다. 김성이와 채구묵은(1997) '욕구 조사는 특정 지역 사회 또는 특정 집단의 사회문제를 해소하기 위한 서비스 개발이나 기존 서비스의 보완을 위한 작업에 앞서 대상 집단의 욕구를 정확하게 파악하기 위해 실시하는 조사다'라고 정의한 바 있다(강병노, 2008 재인용). 이를 토대로 사회복지현장실습에서 지역사회욕구조사의 개념을 도출해보면 다음과 같다.

지역사회욕구조사는 '지역사회복지기관에서 지역주민들의 사회복지 욕구를 충족할 목적으로 수행되는 체계적인 과정'으로 볼 수 있다.

3. 지역사회 욕구조사 과정 및 내용

욕구조사 과정은 욕구조사의 목적, 예산, 지원, 대상 등을 인식하고 사전정보를 탐색하여 실행계획을 수립하고 자료수집 및 분석 후 결과보고서를 작성하는 과정을 거친다.

지역사회 욕구조사를 위해서는 〈표 10-1〉과 같이 1) 지역사회 기초자료, 2) 욕구 파악을 위한 자료, 3) 활용 가능한 지역사회자원과 관련된 조사가 이루어져야 한다.

〈표 10-1〉 지역사회 욕구조사와 욕구조사 내용

구분	조사항목	조사내용
1. 지역사회에 대한 기초자료	지역사회의 일반적 특징	지역주민 연령분포, 가족수, 가구주특성, 결혼상태, 거주기간, 직업구성, 소득수준, 빈곤인구율, 주택보급율, 범죄율, 공공부조 수혜자 수 등 인구사회학적 정보
2. 욕구파악을 위한 자료	현재 생활상태에 관한 사항	경제, 고용, 가정, 교육, 주거, 건강, 여가, 생활만족도 등 지역주민의 현재 생활상태와 삶의 질 파악
	기존서비스 평가	서비스 인지 정도, 활용 정도, 서비스 인지 및 활용에 대한 장애요소 존재 여부, 직원에 대한 부정적 태도 여부, 비용부담 등 기존서비스의 문제점 파악
	새로운 서비스 개발	지역의 심각한 문제, 필요한 서비스 등 지역주민의 욕구파악 및 욕구의 상대적 중요성 파악, 새로운 서비스 개발에 필요한 정보파악
3. 활용 가능한 지역사회 자원에 관한 자료	지역사회 정보체계	기관이 추진하고 시행하는 서비스를 지역주민이나 표적집단에게 잘 알릴 수 있는 공식적 및 비공식적 의사소통 네트워크에 대한 정보 파악
	서비스 자원	동원할 수 있는 지역사회의 공적 및 사적 자원, 인적 및 물적 자원 등 프로그램 실행에 필요한 가용자원파악
	정치 사회적 자원	프로그램 개발을 성공적으로 추진하기 위해 프로그램에 대한 주민의견, 행정관청 및 지역사회 정치사회지도층의 지원 지지 가능성에 대한 정보와 자원파악

출처: 강병노(2008). 재인용.

4. 지역사회 욕구조사에서 사회복지사의 실천적 활동

지역사회에서 조사를 실시하는 사회복지사나 실습생의 경우 직접적인 조사 활동에 참여할 수 도 있고 간접적으로 조사 활동 전반에 대한 경험도 할 수 있다. 이에 따라서 사정, 개발, 관리의 실천적 활동이 요구된다.

1) 지역사회 문제 및 욕구 사정(problem and Need Assessment)

지역사회 문제 및 욕구 사정이라는 것은 조사를 통하여 결과로 나타난 욕구와 문제에 대해 지역주민들이 원하는 서비스가 어떤 것인지 그 상대적 중요성, 즉 우선순위를 결정하는 방법을 말한다, 이때 욕구 사정의 초점은 서비스의 이용 가능성, 서비스 체계의 조정, 서비스의 차이, 서비스의 접근 가능성, 제한된 예산과 인력 등을 기준으로 실시하여야 한다.

2) 지역사회 문제 및 욕구개발(problem and Need Development)

지역사회문제 및 욕구개발은 지역사회 내에서 지금 현재 욕구나 문제를 가지고 있지만 잘 파악되지 않거나 새롭게 문제나 욕구를 가지고 있을 것으로 보이는 잠재적 집단에 대한 조사를 통해 사례발굴과 새로운 서비스 수요예측을 하는 방법을 의미한다.

지역사회문제 및 욕구개발에는 욕구와 계층에 따라 다음 2가지로 구분된다. (강병노, 2019).

(1) 기존 서비스 계층의 잠재적 욕구발굴: 기존의 주요복지서비스 계층에 대해서 파악되지 않거나 잘 드러나지 않는 욕구를 발굴하여 대응하는 것이다.

(2) 잠재적 서비스 계층의 새로운 욕구확인: 기존 서비스 계층이 아닌 새로운 또는 잠재적 서비스 계층(예: 출산률 하락으로 인한 인구문제와 관련된 욕구의 증가)에 대한 새로운 욕구를 파악하는 것을 의미한다.

3) 지역사회 문제 및 욕구관리(problem and Need Management)

지역사회문제 및 욕구관리는 지역사회에서 문제와 욕구를 파악하고, 이에 대한 서비스를 원활히 제공하기 위해서 문제와 욕구를 사정하고, 서비스를 기획하며 수행하고, 마지막으로 평가하는 단계에서 문제와 욕구가 어떻게 충족되고 변화되고 있는지, 서비스가 적절히 제공되고 있는지, 그것의 문제점과 대안은 있는지를 총체적으로 관리 감독하는 것을 말한다(서울복지재단, 2006).

5. 사회복지실습과 지역사회조사의 적용

지역사회조사를 할 경우 구체적인 조사방법과 내용을 토대로 사회조사계획서를 작성하고 설계를 하게 된다. 이때 중요한 사항은 다음과 같다.

첫째, 문제 제기 및 조사문제 제기에서는 문제의 기술, 검토될 조사문제에 대한 진술, 문제의 중요성과 조사 필요성을 제시한다.

둘째, 조사와 관련한 문헌 자료 검토에서는 이론적·역사적 관점 문헌에서 파악된 차이점들을 검토한다.

셋째, 조사방법제시에서는 조사설계와 자료수집절차, 표집 설계, 대상에 대한 기술, 측정방법기술, 자료분석절차를 제시한다.

넷째, 조사한 결과에 대해서는 기술적 분석 인과적 분석결과를 작성한다.

다섯째, 논의점에서는 밝혀진 사항에 대한 설명, 실천에의 함의, 평가의 한계와 후속연구의 제안점을 설명한다(박귀영, 2020 재인용).

사회조사 관련 서식은 부록 1 실습일지의 사회조사계획서, 사회조사진행일지, 사회조사분석평가서를 참고하기 바란다.

2절 기관 분석

1. 기관 분석의 목적

실습기관분석보고서는 실습하는 기관의 설립 취지 및 역사, 조직 구조, 클라이언트와 지역사회의 특성, 기관의 사업이나 서비스 및 프로그램, 행정구조, 기관의 조직문화, 기관의 지역사회에서의 정체성 등 전체적으로 자신이 실습하는 기관에 대한 이해를 목적으로 실시된다.

2. 실습기관 분석보고서 작성법

실습기관 분석보고서에는 기관의 역사, 기관의 조직 구조, 기관 직원의 특성과 전문성, 타 직원과의 관계 등 운영위원회, 이사회, 자문위원회, 기관의 서비스와 프로그램, 기관이 위치한 지역사회의 특징 등에 대해 분석하여 보고서를 작성한다.

기관의 역사를 분석하기 위해 사용할 수 있는 방법은 다음과 같다.

(1) 기관의 홈페이지, 안내 책자, 공식문서 등을 참조하여 분석한다.

(2) 기관의 역사 및 발전과정을 파악하여 작성한다.

(3) 실제 이루어지고 있는 서비스나 프로그램의 전달과정을 분석하여 기록한다.

(4) 서비스 대상, 서비스 내용, 서비스 우선순위 등을 파악하여 분석한다.

(5) 기관과 관련된 주요인물과 인터뷰 방법도 있다.

1) 기관의 역사 및 목적

기관의 역사 및 목적을 알아보기 위해 다음과 같은 사항을 확인·분석한다.

(1) 기관 설립 동기 및 설립목적

(2) 기관 사업의 역사적 변천

(3) 기관 역사에 대한 실습생의 평가

2) 기관의 조직 구조

(1) 공식, 비공식조직, 행정구조, 규범, 의사결정과 의사소통 과정, 통제방식, 조직문화 등을 참고하여 분석한다.
(2) 서비스 전달방식을 통해서 분석한다.

3) 기관의 운영위원회, 이사회, 자문위원회 등

(1) 기관의 사업과 인사, 정책을 통해 분석한다.
(2) 법인의 성격 또는 기관장의 역할 등을 통해 구성원의 성격, 의사결정 과정 등을 분석한다.

4) 기관의 서비스와 프로그램

(1) 기관의 홈페이지, 제공되는 프로그램, 특화사업, 기관 연중계획서, 행사계획서, 프로포절 관련 자료 등을 통해 분석한다.
(2) 개인 관련 프로그램, 집단프로그램의 종류나 성격 등도 분석한다.

5) 기관이 위치한 지역사회의 특징

기관의 홈페이지, 안내문, 기관이 위치한 지역사회 행정관청의 통계자료 등을 통해 지역사회의 특성, 구조, 인구집단, 재정자립도 등을 분석하고 통계를 통해 클라이언트 집단의 변화도 분석한다.

6) 기관분석보고서 작성 시 유의사항

(1) 정확한 정보에 근거하여 명료하고 구체적으로 기술한다.
(2) 객관적 자료나 정보에 근거하여 논리적으로 분석한다.
(3) 서비스나 프로그램별 주 클라이언트, 대상 지역, 서비스 전달방식, 특성화 프로그램 및 주 서비스 대상을 파악, 분석 시 서비스나 프로그램의 특성이나 목적을 명확히 분석하여 기술한다.
(4) 기관의 예산 등은 기관에서 미공개 시 사실대로 작성한다.
(5) 추측이나 검증되지 않은 기관에 대한 정보는 보고서에 싣지 않는다.
(6) 전반적인 기관에 대한 인상이나 느낌을 부연한다.

3. 기관분석보고서 작성의 실제

1) 기관분석보고서 작성사례

기관분석보고서는 한국사회복지사협회 사회복지현장실습 실습일지에 기관의 역사, 기관의 목적, 중요사업 및 프로그램, 기관의 행정사항 등 기관분석과 관련된 중요 요소들이 서식에 제시되어 있기 때문에 실습일지 서식을 기준으로 기관분석보고서를 작성하면 된다.

실습기관 분석보고서

실습생명	○○○	기관명	○○노인복지관
기관주소	서울 ○○구 ○○동 ○○		
기관소개자	○○○		

1. 기관의 역사

(1) 기관의 설립동기 및 설립목적

인간의 존엄성과 평등의 사회복지가치를 바탕으로 사회복지관련 전문지식과 거술을 적용하여 지역사회노인들의 욕구와 지역사회자원을 연계시켜 노인중심의 프로그램 및 서비스를 제공하여 노인의 삶의 질을 향상시키고자 설립하였다.

(2) 기관 사업의 역사적 변천

2001년 노인복지관 개관
2007년 노인일자리 창출사업 실시[총 50명]
2008년 노인일자리사업 우수기관 선정
2009년 사서도우미 파견사업 보건복지부장관상 수상
2010년 노인일자리 지원센터 개소
2013년 노인 자원봉사센터 개소
2015년 노인돌봄기본서비스사업 수행기관 선정
2017년 독거노인응급안전알림서비스사업 수행기관 선정
2020년 노인맞춤돌봄서비스 수행기관선정

(3) 기관역사에 대한 실습생의 평가

22년 이상 지역노인의 다양한 욕구에 맞추어 기관의 사업이 변화하고 있다는 것을 알 수 있었다. 개관초기에는 노인복지관의 기본 역할에 충실한 사업들이 주를 이루었고, 지속적인 클라이언트와 주민의 욕구를 반영한 사업과 프로그램을 발전시켜서 지역사회에 중요한 노인복지관의 역할을 충실히 수행하고 있으며 지역사회주민들로 부터도 책임감 있고 신뢰하는 기관으로 성장하고 있다는 것을 알 수 있었다.

2. 기관의 목적

- MISSION: 나눔과 섬김의 자세로 어르신들의 행복한 삶을 최우선 목표로 하는 복지관
- VISION: 1) 이용자가 중심이 되는 복지관
  2) 서비스향상을 위해 연구하는 복지관
  3) 지역사회변화를 추구하는 복지관
- 발전전략: 전문화, 조직화, 통합화를 바탕으로 성장하는 지역사회의 변화주도기관으로서 역할을 담당하고자 한다.

3. 기관의 주요사업 및 프로그램

1) 클라이언트 및 대상지역

OO구는 서울의 OO구에 위치하고 있으며 OO구의 60세 이상 어르신 2만 명이 이용하는 노인복지관이다. 이용시설로서 주야간 데이케어센터, 재가노인복지센터 등도 함께 운영하고 있으며 주 클라이언트는 일상생활 수행이 어려우신 노인 분들과 건강하신 노인 분들 모두 이용이 가능하다.

2) 주요사업

평생교육 프로그램 지원을 통해, OO지역 노인의 노후생활에 필요한 정보와 교양·지식을 제공하여, 사회변화에 적응하는 '선배시민'으로서의 삶의 질을 높이고 자아실현을 달성할 수 있도록 지원하고 있다.

(1) 노년사회화 프로그램

프로그램	내용
정보화교육	초급, 문서활용(한글, 파워포인트), 인터넷, 스마트폰 활용방법 등
외국어교육	영어초급 회화, 일본어 회화, 중국어 회화
교양교육	별도 주제를 선정하여 어르신 욕구(need)에 맞는 교육 제공
문해학교	문해학교 1·2·3학년, 학교체험프로그램(소풍, 입학식 등)
인터넷카페, 스마트폰교육	정보교류의 장 마련 및 스마트폰 교육 제공
운영관리	강사간담회, 이용자자치회, 스승의날 행사, 프로그램 평가 등
선배시민대학	선배시민강의 등

(2) 취미 여가 프로그램

프로그램	내용
예능활동	노래교실(3개반), 민요반, 합창반, 하모니카, 우쿨렐레, 색소폰, 서예반, 사군자반, 민화반 등
문화활동	레크레이션, 바둑·장기반, 예절반, 시치유반 등
체육활동	당구, 탁구, 핸들러, 실버내권도, 실버체조
동아리활동	캘리그라피반, 풍물치사랑
운영관리	강사 간담회·연수 및 겜프, 이용자자치회, 프로그램 평가 등

(3) 기능회복지원사업

노년기의 다양한 '노인성 질환'을 예방하기 위하여 신체기능회복과 건강 유지, 관리를 지원

프로그램	내용
이혈상담(안내데스크이용)	월, 화, 목, 금(주 4회) / 이용료 무료
손마사지	매월 첫째주 화요일 / 선착순 진행
건강증진실	주 5회 이용가능

(4) 노인맞춤돌봄사업

프로그램	내용
제공 절차	대상자 또는 가족 또는 대리인 신청(읍·면 사무소) → 접수(읍·면 사무소) → 조사/상담(수행기관) → 서비스제공계획 수립(수행기관) → 승인처리(수행기관 → 음성군) → 재사정/종결/사후관리(수행기관)
제공 서비스	안전확인(방문, 전화, 혹서기·혹한기·명절 요보호자, ICT활용), 사회참여(사회관계향상 등), 생활교육(건강, 우울예방, 인지활동), 일상생활지원, 사업대상자 관리, 종결, 재사정 등
외부연계	서비스연계(물품, 주거, 의료, 상담 등), 마음 잇는 봉사(봉사자), 식사지원서비스(진지방) 등
조직사업	회의(주간, 월례회의, 침 사례회의), 신규교육, 연계 단체교육, 간담회(내부·거점), 직무만족도, 사업평가

이밖에도 건강생활지원, 상담 및 정보제공, 지역사회자원개발, 지역복지연계사업, 사회참여 및 권익증진사업, 독거노인 장애인 응급안전 안심서비스 사업 등 노인들의 복지증진을 위한 다양한 사업을 실시하고 있다.

(3) 서비스 전달체계

관장과 부장을 중심으로 기획운영팀과 지역돌봄팀으로 구성된 복지지원과와 선배시민지원팀, 지역사회복지팀으로 구성된 복지과의 2과가 있다. 이밖에 운영위원회, 인사위원회, 고충처리위원회, 노사협의회를 두어 지역노인복지관으로서 정체성과 투명성, 전문성 확보를 위한 서비스 전달체계를 갖추고 있다.

(4) 기관의 대상층 및 주요사업에 대한 실습생의 평가

60세 이상 어르신들이면 누구나 이용할 수 있는 노인 복지관 이용 대상층이 한정되어 있지는 않다. 주요사업은 노인의 욕구조사를 토대로 매년 변화하는 노인사회의 경향을 반영하여 필요한 서비스를 지속적으로 추진하고, 변화에 대응하거나 창의적인 프로그램이 지속적으로 업데이트되고 있다는 생각이 들었다.

4. 기관의 행정사항

(1) 기관의 조직구조

■ 조직현황

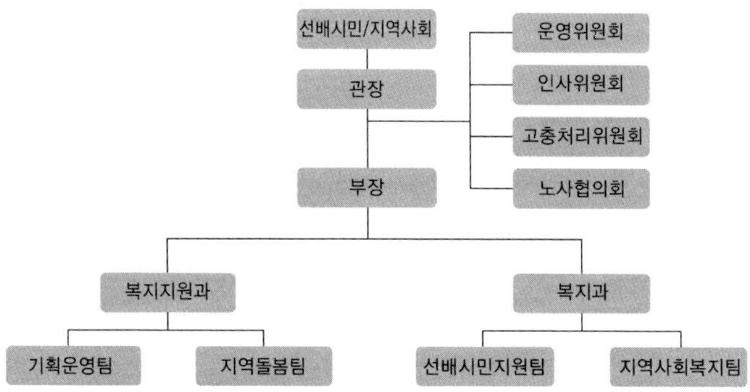

■ 직원현황

구분	계	OO노인복지관									
		관장	부장	과장	사회복지사	물리치료사	영양사	안전관리	특수교사	취사	운전원
계	27	1	1	2	15	2	1	1	2	1	1

(2) 예산, 후원 및 지원사항

■ 예산은 정부 보조금과 실비 수익사업, 법인전입금, 후원금으로 이루어진다.

전체예산의 50%는 정부에서 지원받으며 나머지 예산은 노인 돌봄사업 수익금과 법인전입금 후원금(복지관 후원, 결연후워느 물품후원 등)으로 이루어진다. (정확한 예산에 대해 실습생이 알 수 없는 경우도 있음으로 가급적 슈퍼바이저에게 물어서 기록하거나 공표된 예산이 있으면 참고하여 적는 것이 좋다.)

(3) 기관의 행정구조와 예산 사용 및 후원에 대한 실습생의 평가

OO복지관의 예산은 홈페이지에 투명하게 공개되고 있어서 예산 사용이 투명하게 쓰이고 있다는 것을 알 수 있었다. 예산에 있어서 후원금 비중이 큰 것으로 보아 지역사회 내에서 기관의 위치를 알 수 있었으며 자원봉사를 통한 인적자원 후원, 다양한 지역사회네트워크를 통한 물적 후원이 원활하게 이루어지고 있는 것을 알 수 있었다.

5. 기관이 속한 지역사회, 물리적 환경의 특징

(1) 지역사회

OO구는 서울의 중심부에 위치하며 주거, 업무, 상업 기능모두 활성화된 지역이다. 특히 우리나라의 대형 전자시장이 자리 잡고 있어서 인구밀도도 높고, 인구이동량도 많다, 노인인구, 대비 생산기능인구의 비율이 타 구에 비해 높은 편이며 이는 4차 산업 관련 기능을 하는 상가가 자리하고 있고 자족도시로서 기능도 갖추어져 있으며 사회복지 관련기관도 증가하는 추세이다.

■ 지역특성(OO구 지역사회복지계획) 2022년 사료

면적	37.82km²(서울시의 12%)
인구	193,278세대 405,270명
주택	103.536호(보급률 92%)
주민조직	482통 2607반
행정동	21동

■ 인구특성

OO구 전체인구는 서울시 인구(10,200.827명)의 4.07%를 차지하고 있으며 전체인구 중 영구임대주택이 있는 oo동에 10.56% oo동에 10.4%rk 거주하고 있다. 65세 이상 노인인구는 36.495명으로 2005년부터 고령화 사회로 진입하였다.

■ OO구 유형별 인구현황

구분	전체 인구	5세미만	65세 이상	기초생활 수급자	저소득 모부자가정	등록장애인	비고
인구수(명)	385,119	18,429	36,495	6,019	1,788	13,826	
비율(%)	100	4.78	9.47	1.58	0.4	3.59	

6. 노인복지관으로서 타 기관과의 연계

OO구 내 직접서비스를 제공하는 종합복지관 및 자활센터, 노인, 장애인 아동청소년, 여성복지 시설이 있으며 대부분 1~2 정도 지역사회 내에 위치해 있고 서로 네트워크를 구성하고 있다.

■ OO구 사회복지시설 현황 총괄(2022년 08월 기준)

구분	전체수	종합사회 복지관	지역자활 센터	노인복지 시설	장애인복 지시설	아동 청소년 복지시설	여성복지 시설	정신보건 시설
기관수 (개)	66	2	1	15	14	14	16	4
비율(%)	100	3.1	1.5	22.7	21.2	21.2	24.2	6.1

(2) 기관의 타 기관과의 관계유지에 대한 실습생의 평가

OO구는 상업과 주거가 함께 공존하고 있는 구로 유동인구가 많으며 전체인구가 많아 복지관련 욕구와 인프라 구성이 더욱 체계적으로 이루어지고 확장될 필요가 있어 보였다. 기관의 관계자들도 이러한 점은 인식하고 지역사회의 다양한 기관과의 연계와 협력을 강화하기 위해 힘쓰고 있었다.

7. 기관의 특별한 면이나 전반적인 사항에 대한 인상이나 느낌

기관에 실습하기 전에 지역사회에서 OO복지관의 인지도나 평판을 들은바 있고 프로그램에 대해 홈페이지 등을 통해 살펴보았다. 인지도와 평판과 같이 OO복지관은 지역사회 노인복지전문 기관으로서 책임성과 기관의 존재 이유를 확실히 보여주는 기관이라는 것을 알 수 있었다 기관 라운딩을 통해 물리적인 기관의 규모를 알 수 있었고 다양한 사업과 프로그램을 진행할 수 있는 준비가 갖춰진 기관이라는 것을 알 수 있었다. 사업이나 프로그램을 진행하는 인력의 전문성도 기관의 인적구성체계를 통해 알 수 있었고 사회복지사나 슈퍼바이저 선생님들의 전문성이 프로그램만족도를 높이고 있다는 생각이 들었다. 노인들의 다양한 욕구를 충족하는 전통 있는 노인복지관이라는 생각이 든다. 아쉬운 점은 큰 도로에서 약간 떨어져 있어서 접근성이 떨어져 보이나 지역사회 어르신들은 개의치 않는 느낌이 들었다. 가장 특별하게 느꼈던 것은 지역사회 구청이나 공공기관과의 네트워크가 잘 이루어져서 OO복지관이 지역사회 복지의 중심 기능을 한다는 느낌이 들어 무한한 성장 가능성을 알 수 있었다.

출처: 순덕기(2020). 사회복지현장실습. 기관분석 보고서 재구성.

CHAPTER 11

사례관리

1절 사례관리의 필요성과 개념

1. 사례관리의 등장배경

사례관리는 1960년대 미국내 정신질환자의 탈시설화가 진행됨으로서 기존에 제공되던 시설보호에서 지역사회 차원의 보호 전환이 필요하게 되었다. 이후 노인, 장애인, AIDS환자 등 복합적인 욕구를 가진 클라이언트가 대거 등장하면서 체계별, 대상자별로 분절된 서비스와 자원을 연계·조정하고 정기적으로 보호할 필요성에 따라 사례관리가 발전하기 시작했다.

우리나라에서 사례관리가 도입된 것은 1990년대 이후로 사회복지 방향이 지역사회복지 중심으로 전환되면서 지역사회복지서비스 전달을 위한 중요한 실천방법론으로 자리 잡게 되었다. 이는 지역사회의 다양한 서비스와 자원을 통합하여 복합적 욕구를 가진 클라이언트에게 효율적으로 연계함으로써 보호의 지속성(continuity of caer)을 실천시킬 수 있는 방법으로 평가되었기 때문이다(남화수, 2013).

1990년 우리나라에 도입된 사례관리(care management)는 지역사회복지를 위한 효과적인 모델로 강조되어 왔다(민소영, 2008). 이후 2003년부터는 서울시 종합사회복지관을 중심으로 사례관리 수행에 대한 평가가 시작되었으며 2006

년에는 사례관리의 표준화 및 전산화 정도, 사례관리 단계별 내용의 충실성 등(서울시복지재단, 2006) 사례관리에 대한 구체적인 평가항목을 제시하였고(장인엽 외, 2007) 2013년에는 종합사회복지관에서 사례관리영역을 별도로 편성하는 등 사례관리가 사회복지실천과정에 반드시 수행해야 하는 의무로 규정되기에 이르렀다.

사회복지실습을 나가는 학생들은 학교에서 이론적으로만 배웠던 사례관리를 현장에서 실제의 다양한 클라이언트를 만나게 되고 그들의 문제를 직접 접하고 다루어 보는 기회를 갖게 된다. 즉 클라이언트의 욕구를 사정하고 개입, 평가 등 사례관리의 전 과정을 실습현장에서 배울 수 있는 기회를 접한다. 따라서 실습 과정에서 학교에서 배운 사례관리에 대한 이론과 지식을 토대로 전문성을 확장할 수 있도록 정진하여야 한다.

2. 사례관리의 개념

사례관리는 임상 개입의 의미가 함축된 사례(case)와 행정적 의미가 함축된 관리(management)의 복합어로 다양한 문제로 인하여 사회적인 기능을 수행하기 어려운 클라이언트에게 포괄적이고 체계적이며 지속적인 서비스를 지역사회에서 제공하는 데 목적을 둔 일련의 문제해결 과정이라 할 수 있다(강선경 외, 2005).

이와 관련하여 목슬리(Moxley, 1989)는 사례관리를 '다양한 욕구를 가진 사람들의 사회생활기능이나 복지를 최대한으로 보장하는데 목적을 두고 공식적·비공식적인 서비스망을 조직화하고 조정·유지하는 것이다'고 하였고, 레빈과 플레밍(Levin & Fleming)은 사례관리란 정부나 사회복지기관 같은 서비스 체계 차원에서 클라이언트에 대한 서비스를 조정하는 전략적인 과정이며 클라이언트 차원에서는 특정한 서비스를 제공받을 수 있도록 지향하는 과정이라 하였다. 장인협(1984)은 사례관리를 통해 성취하고자 하는 목적은 (1) 클라이언트의 능력과 생활기술을 증진시켜 대인 서비스와 사회적 지지들을 이용하거나 접근할 수 있게 하며, (2) 클라이언트의 복리와 기능을 증진시키기 위해 관련 서비스 제공자와 사회적 지지망의 능력을 발전시키고, (3) 서비스의 전달을 달성하는 과정에서 서비스의 효과성을 증진시키는 것이라고 하였다.

미국사회복지사협회(NASW, 1984)는 사례관리를 여러 가지 문제와 장애가 있는 클라이언트에게 적합한 형태로 적절한 시기에 필요로 하는 모든 서비스의 보장을 돕는 포괄적 서비스 방법이라 하였으며. 오코너(O'Conner, 1988)는 사례관리의 정의를 서비스 제공의 중복이나 누락을 막고 효율적인 서비스 제공을 위해 서비스 제공자들 간의 협력적 측면을 강조하는 행정적·관리적 특성과 클라이언트와의 전문적 관계 속에서 지속적인 보호와 직접적인 상담 및 치료를 제공하는 측면을 강조하는 직접적 개입의 특성을 모두 포함하는 것이 바람직함을 제안하고 있다.

이러한 다양한 학자들의 정의를 토대로 사례관리의 개념을 정의해 보면 '사례관리란 복합적 욕구를 가진 클라이언트의 욕구 충족 및 기능 향상을 위한 체계적이고 전문적이고, 통합적인 서비스 활동'이라고 정의할 수 있다.

3. 사례관리의 필요성[1)]

사례관리는 여러 분야에 걸쳐서 복합적인 서비스를 받는 대상자들에게 효과적인 서비스를 전달하기 위한 주요 실천전략의 핵심요소로 인정받아오고 있다. 즉 재가 복지 영역, 정신보건 영역, 직업 재활 영역, 노인복지시비스 영역, 심장장애 영역 등에 존재하는 다양한 욕구들을 가지고 있는 대상자들을 충족시키기 위해서 서비스를 조직하고 주택, 고용, 정신보건, 사회적인 서비스, 건강 보호와 같은 다양한 서비스를 모아 조정하고, 관리 및 통제를 해야 할 필요성이 제기되는 것이다. 목슬리(Moxley, 1989)는 사례관리가 필요하게 된 이유로 다음의 항목을 제시하였다(김만두, 1993: 30-37 요약).

1) 서울시복지재단(2005). 사회복지프로그램 매뉴얼 개발연구: 사례관리 실천방법. 인용 및 재구성.

첫째, 탈시설화의 영향으로 클라이언트가 시설에서 벗어나 지역사회에 기반을 둔 프로그램으로 이동하거나, 자신의 가족에게 되돌아가게 되어 지역 내에서 이들의 욕구를 충족시킬 수 있는 서비스 제공을 위한 포괄적인 체계구축이 필요하게 되었다.

둘째, 지역사회 서비스의 지방분권화로 인해 기관들 간의 서비스를 조직하고 통합함으로써 지방분권화에 따르는 부정적 영향들을 완화시킬 수 있는 전문가(혹은 팀)의 활동이 요구되었다.

셋째, 정신지체, 정신질환, 신체장애, 심한 의료적 문제를 지닌 여러 유형의 복합적 욕구를 가진 인구의 증가로 이들의 다양한 욕구를 충족하기 위해 다양한 영역의 서비스들이 상호 관련성을 가질 수 있도록 체계망을 구축하여 지원 서비스를 제공하는 예방적 기능수행이 필요하게 되었다.

넷째, 다양한 영역에 걸쳐 분산되어있는 기존 서비스의 단편성을 조정하고 통합할 수 있는 역할이 요구되었다.

다섯째, 대인 서비스 실천 전문가들 사이에서 클라이언트의 삶의 질에 대한 사회적 지원체계와 사회적 지지망의 영향력에 관한 인식이 지속적으로 증가하였다.

여섯째, 부족한 자원의 한도 내에서 서비스 전달의 효과를 최대화함과 동시에 대인 서비스 전달의 비용을 억제하려는 관심이 증가하여 대인 서비스의 비용효과 성에 대한 인식이 확대되었기 때문이다.

4. 사례관리의 목적

사례관리는 서비스 전달 측면과 실천적 측면에서의 다양한 목적을 달성하기 위해 노력하는 사회 사업적 접근방법이다. 우선 서비스 전달체계 측면에서의 목적을 아래와 같이 정리할 수 있다.

첫째, 포괄적인 서비스를 보장한다. 특정 시점에서 클라이언트가 가지고 있는 욕구와 문제를 해결하기 위해 포괄적인 서비스를 조정하여 제공한다.

둘째, 서비스의 연속성을 보장한다. 시간의 경과에 따라 변화하는 클라이언트의 욕구를 충족시킬 수 있도록 즉각적이고 포괄적인 서비스를 지속적으로 제공해 주는 등 보호의 연속성을 보장한다.

셋째, 클라이언트의 접근가능성(accessibility) 역량을 강화한다. 클라이언트가 다양한 서비스 체계와 협상하는 것을 원조해 줌으로써 서비스를 쉽게 활용할 수 있는 능력을 배양한다.

넷째, 서비스의 책임성을 제고한다. 서비스의 단편화로 인한 서비스 접근의 장애들을 극복하고 클라이언트에 문제에 대한 전반적인 책임을 짐으로서 책임성(accountability)을 제고할 수 있다.

다섯째, 서비스의 적정성을 확보한다. 서비스가 클라이언트 욕구에 적합하고, 적절한 방법으로 제공될 수 있도록 보장함으로써 서비스 계획의 효율성을 향상시킨다(Intagliata, 1992).

결과적으로 사회복지실천에서의 사례관리 목적은 1) 외부환경에 적응할 수 있는 클라이언트의 잠재력을 최대화하고, 2) 그들과 가족이 여러 서비스와 지원체계에 접근하여 이를 활용할 수 있는 방법을 습득하게 하며, 3) 가족, 이웃, 친구 등 비공식적 자원체계가 클라이언트를 보호할 수 있는 능력을 최대화시키고, 4) 클라이언트와 가족의 욕구를 충족시키는 데 있어 공식적 도움체계의 능력을 최대화하는 역할들을 수행한다(Moore, 1990).

5. 사례관리자의 역할

1) 사례관리자의 역할

사례관리자로서의 사회복지사는 공식적 서비스와 가족 및 기타 1차 집단에 의해 제공되는 비공식적 서비스의 성공적인 통합에 결정적인 역할을 수행한다. 이런 역할들은 다음과 같이 규정된다.

(1) 기관 간의 정책과 프로토콜(protocol: 기관의 규칙과 절차 등을 말함)에 대한 지식을 포함한 중개(brokerage) 능력
(2) 클라이언트의 권리를 주장하기 위한 옹호와 서비스 체계의 경직성을 극복하기 위한 능력인 정치적 기술(political skills)
(3) 비공식적 원조망 등과 같은 자원체계를 찾아내고, 증대시키거나, 연구하고, 이러한 체계에 클라이언트를 연계시키는 능력을 포함한 지역사회 업무(community work) 능력
(4) 진단의 치밀함은 물론 치료적 지식과 기술을 포함한 임상적 기술(clinical skills)
(5) 클라이언트들의 기본적인 생활기술의 매우 작고, 단순한 변화를 성취하기 위한 노력에 대한 인내심을 발휘할 수 있는 재활(rehabilitation)에 대한 신념

미국의 사회복지사협회(National Association of Social Workers: NASW, 1992)에서는 사회복지 분야에서 사례관리에 대한 표준 기준 10가지를 설정하여 제시하고 있다(정순둘, 2005: 33-34).

표준 1. 사회복지 사례관리자는 사회복지교육협의회의 인준을 받은 사회사업 프로그램의 학부나 대학원에서 받은 학위를 가지고 있어야 한다. 그리고 사회복지 사례관리자는 사례관리실천을 능숙하게 수행하는 데 필요한 지식, 기술, 경험을 가지고 있어야 한다.

표준 2. 사회복지 사례관리자는 클라이언트의 이익에 최우선의 관심을 갖고 클라이언트에게 서비스를 제공하기 위해 자신의 기술과 숙련성을 사용해야 한다.

표준 3. 사회복지 사례관리자는 클라이언트가 사례관리의 전 과정에서 가능한 한 최대로 관계하고 있음을 확신해야 한다.

표준 4. 사회복지 사례관리자는 타인에게 클라이언트에 관한 정보가 제공될 때 비밀보장의 원칙을 지켜야 하며, 사생활에 대한 클라이언트의 권리를 존중해 주어야 한다.

표준 5. 사회복지 사례관리자는 클라이언트 수준에서 직접적 서비스를 제공

하기 위해 개입하고 클라이언트와 그의 가족에 대한 직접적 서비스의 전달을 조정해야 한다.

표준 6. 사회복지 사례관리자는 서비스 체계 수준에서 현존하는 사례관리 서비스를 지지하고, 필요한 서비스에 대한 공급 확장과 접근 개선을 위해 개입해야 한다.

표준 7. 사회복지 사례관리자는 자원의 이용 가능성, 서비스 가격, 예산에 관련된 모수(parameters)에 대한 지식을 가지고 있어야 하며, 모든 사례관리 기능과 실천을 수행함에 있어 재정적 책임감을 가지고 있어야 한다.

표준 8. 사회복지 사례관리자는 사례관리가 진행되고 있는 서비스 전달체계는 물론 사례관리자 자신의 사례관리 서비스에 대한 적절성과 효과성을 점검하기 위해 계획된 평가적이고 품질 보장적인 활동에 참여해야 한다. 그리고 이러한 과정에 대한 전문적 책임감을 가지고 있어야 한다.

표준 9. 사회복지 사례관리자는 자신이 클라이언트나 체계 개입과 관련된 사례관리 과제를 효과적으로 계획·제공하고, 평가할 수 있을 정도의 합리적인 사례 수를 가지고 있어야 한다.

표준 10. 사회복지 사례관리자는 친절과 존경을 가지고 동료를 대해야 하며, 클라이언트를 위한 전문가 간, 전문가 내적, 기관 간 협력을 촉진하기 위해 노력해야 한다.

2) 사례관리의 개입원칙

(1) **서비스 개별화:** 클라이언트는 서로 다른 상황이나 환경으로 인해 욕구나 서비스 선호가 각자 다를 수 있다. 따라서 클라이언트 개인적 특성과 개별화된 욕구를 개발하여 서비스를 제공하여야 한다는 원칙이다.

(2) **서비스 제공의 포괄성:** 클라이언트가 필요 하는 모든 욕구들, 즉 주거, 고용, 정신보건, 여가선용, 사회적 · 경제적 · 의료적 보호 등을 클라이언트 문제 해결에 필요한 모든 서비스가 제공되도록 개입하여야 한다.

(3) **클라이언트의 자율성 극대화:** 클라이언트의 자기결정권을 보장하도록 한다.

(4) **서비스의 지속성:** 사례관리자가 클라이언트의 욕구를 점검, 재점검을 통하여 욕구가 완전히 해소될 때까지 지속적인 서비스가 제공하여야 한다.

(5) **서비스 연계성:** 사례관리자는 클라이언트 문제해결에 필요한 다양한 네트워크와 자원을 개발하여 필요한 서비스가 연계될 수 있도록 하여야 한다.

(6) **서비스 접근성:** 클라이언트에게 제공되는 서비스와 자원의 접근성 향상하여야 한다.

(7) **서비스 체계성:** 서비스 간의 중복들을 줄이고 서비스 비용을 효율적으로 잘 관리하기 위하여 서비스와 자원들을 체계적으로 조정하여야 한다.

6. 사례관리의 과정2)

사례관리의 과정은 〈표 11-1〉과 같이 클라이언트나 서비스 기관의 성격, 사례관리자의 역할, 클라이언트의 목표 등에 따라 다르게 나타날 수 있으나 일반적 단계는 접수(○)-사정-계획-개입-점검-평가의 단계로 실행된다.

〈표 11-1〉 사례관리의 주요과정

Steinberg & Carter (1983)	Weil & Karls (1985)	White & Goldis (1986)	Moxley (1989)	Challis & Davies (1989)	Rothman (1991)	SSI (1991)	장인협 (1995)	이윤로 & 성규택 (1993)
접수(○) (사례발견, 사전적격 심사접수)	클라이언트의 확인과 출장원고	사례발견		사례발견	기관접근, 접수	홍보, 탐색 및 의회	인테이크	문제상황 측정
사정	개별적 사정과 진단	사정	사정	사정	사정	사정수준 결정, 욕구사정	사정	재측정의
계획 (목표설정, 서비스 기획, 능력조성)	서비스 기획, 자원확인	보호계획	기획	사례계획 및 서비스 배정	목표설정, 개입기획, 자원확인과 목록화	케어계획	계획수립	보호계획 수립

2) 서울시복지재단(2005). 사회복지프로그램 매뉴얼 개발연구: 사례관리 실천방법. 인용 및 재구성.

개입 (보호계획의 수행)	서비스 연결, 서비스 실행과 조정	계획수행	개입		클라이언트와의 연결	케어실행	실행	서비스조정 및 구입
점검 및 평가 (재사정)	서비스전달의 점검, 옹호	사후검토 재사정	점검	모니터링 및 재평가	점검과 재사정	점검	점검 및 재평가	서비스전달 상황점검
종결, 관계유지	평가		평가	종료	결과평가	검토	평가 및 종결	재측정

출처: 서울시복지재단(2005).

1) 접수

접수단계는 사례관리의 첫 단계로 사례를 발견하고 스크리닝을 통해서 사례관리 대상이 되는 클라이언트를 판단하고 사정을 위한 자료를 수집하는 과정을 말한다. 이 단계는 사례발견과 인테이크(intake)로 구성된다.

사례발견은 사례관리가 요구되는 클라이언트를 발굴하는 것으로 다양한 방법이 활용된다. 기관에 방문하는 클라이언트나 공공기관에서 의뢰받은 클라이언트 이외에도 대외추적이나 주변 인물로 부터 의뢰를 받거나 찾아가는 서비스를 통한 잠재적 클라이언트를 발굴 등을 통해 클라이언트를 확보하게 된다.

인테이크는 클라이언트가 발견되거나 의뢰를 받으면 시작되는 것으로, 인테이크 초기에는 클라이언트가 사례관리 대상으로 적합한가를 스크리닝해야 한다. 철저한 스크리닝을 위해서는 다음과 같은 내용이 포함되어 있어야 한다(Quinn, 1993; 장인협, 1995: 115 재인용).

- 이름, 나이, 결혼 여부, 주거상태와 같은 배경 정보
- 의뢰 또는 원조 추구 이유
- 이미 이용하고 있는 지지내용(공식/비공식적 자원)
- 즉각적인 조처가 필요한 지 여부 평가(위기개입, 혹은 보호 서비스)
- 수입, 연령, 다른 요구조건과 관련하여 수혜자격 여부 결정

2) 사정

이 단계는 개입 방식을 선택하기 위하여 클라이언트의 문제와 상황을 검토하는 절차이며, 이 과정을 통하여 서비스 수준과 성격에 관한 결정이 내려지고, 서비스 전달의 양과 질에 대한 청사진이 마련된다. 이 과정에서는 클라이언트와 그 가족에 의해 제시된 문제 외에도 신체적·인지적·사회적·정서적 욕구는 물론 재정적·환경적 욕구도 파악되어야 한다. 또한 공식적·비공식적 서비스 제공자로부터 클라이언트에게 제공될 수 있는 도움에 대한 면밀한 검토도 실시되어야 한다.

사정은 또한 클라이언트의 욕구와 자원을 전반적이며 다차원적으로 파악할 뿐만 아니라, 앞으로 진행될 개입의 효과성을 결정짓는 중요한 역할을 담당한다. 이 단계에서는 클라이언트를 총체적 인간으로 바라보고, 개인의 다양한 문제 및 욕구 영역을 확인해야 한다(Kirst-Ashman & Hull, 1993; 장인협, 1995). 특히 사례관리기법은 문제를 전문가가 직접 해결하려는 것이 아니라 클라이언트의 문제해결에 요구되는 가능한 자원을 발견하고 이러한 자원들을 조정하고 의뢰하는 기능이 강조되기 때문에 정확한 사정이야말로 사례관리 서비스의 성패를 결정짓는 중요한 과정이라고 할 수 있다.

전문적 케어 능력에 대한 보다 질적인 사정에는 서비스의 이용 가능성(availability), 서비스 양의 적당성(adequacy), 욕구에 대한 서비스의 적절성(appropriateness), 클라이언트에 의한 서비스의 수용 가능성(acceptability), 서비스에 대한 접근 가능성(accessibility)에 대한 정보 수집이 포함되어야 한다.

3) 서비스 계획

이 단계에서는 적절한 서비스의 유형, 보호에 필요한 시간, 그리고 지역사회기관과 가족 구성원이 취할 역할들을 구체화하는 계획을 수립한다. 적절한 보호를 위한 계획은 사례관리의 핵심이 되기 때문에 사례관리자는 그 계획에 대하여 잘 알고 있어야 한다(Schneider, 1988; 이윤로·성규탁, 1993: 122 재인용).

서비스 계획은 이들 욕구를 충족시킬 수 있는 적절한 수단의 실질적 선택에 초점을 둔다(Challis & Davis, 1989). 즉 사정은 보호의 목적과 맞닿아 있는 문제의 명확화에 초점을 맞추며, 계획은 적절한 수단을 구체적으로 선택하는 것에 초점을 맞추는 것이다. 서비스 계획은 확인된 클라이언트의 문제, 성취된 결과, 목표 달성을 위해 추구되는 서비스 등에 관해 클라이언트, 사회적 관계망, 다른 전문가, 사례관리자가 합의를 발달시켜 나가는 일련의 과정이다. 따라서 사례관리자는 계획과정에 클라이언트가 적극적으로 참여하도록 격려하는 것이 무엇보다 중요하다.

4) 개입

이 단계에서는 서비스 계획을 실행하는 단계로, 양질의 서비스나 자원을 확보하여 직접적·간접적 서비스를 제공하게 된다. 직접적 개입은 클라이언트의 서비스 접근과 활용기술 및 능력을 고양시키려는 노력에 관계되는 것으로, 대표적인 경우는 클라이언트를 교육시키는 것, 클라이언트의 결정 및 행동을 격려, 지지하는 것, 위기 상황에 적절히 개입하는 것, 클라이언트를 동기화하는 것 등을 들 수 있다. 반면, 간접적 개입은 클라이언트를 대신하여 체계의 변화를 유도하는 것으로, 클라이언트를 필요한 자원체계에 연계 또는 서비스를 중개하는 것, 클라이언트를 대신하여 다양한 체계에 대해 클라이언트 욕구를 옹호하는 것이 주로 행해지는 실천 활동이다. 사례관리 체계에서 옹호는 클라이언트 권리에 대한 주장적 옹호를 하는 것, 서비스 체계의 경직성을 극복하려는 노력, 클라이언트가 불공정하게 처우 받지 않도록 강하게 주장하는 것, 설득하는 것, 강요하는 것 등이 중요한 부분으로서 자리 잡고 있다.

목슬리(Moxley, 1989)는 케이스 옹호에서 사례관리자가 주로 사용하는 다양한 전략을 다음과 같이 제시한 바 있다.

(1) 일선에서 일하는 직원, 중간 레벨의 직원들과 협상하고 타협한다.

(2) 명령계통을 따르는 조직적 망에 대해 직접적으로 호소한다. 기관의 임무, 목적, 관련된 철학을 강조한다.

(3) 만일 기관이 클라이언트에게 서비스를 제공해 주지 않으려고 한다면 기관

의 법령에 호소한다.

(4) 서비스 접근의 문제에 개입하기 위해 외부의 민원 조사관에 호소한다.

(5) 기관의 자금지원처에 가서 조직이 책임 있게 서비스, 자금, 자원을 이용하지 않는다고 논의한다.

(6) 기관이 특정 클라이언트나 클라이언트 집단에 서비스를 제공하지 않는 문제를 대중매체에 폭로하여 이슈화 한다.

(7) 조직적인 소비자 집단과 협력하여 기관에 대항한다.

5) 점검 및 재사정

점검(monitoring)의 목적은 클라이언트에게 서비스가 적시에 적절하게 제공되었는지, 서비스의 질이 높은가, 서비스가 연속적으로 제공되었는지 등의 여부를 보장하기 위해 실시된다. 이 단계는 서비스가 전달되는 실제적 과정 동안, 기존의 계획이 클라이언트에게 만족스러운지 또는 어떤 변화가 필요한지를 지속적으로 점검하고, 기존의 계획이 제대로 수행되고 있는지를 점검하기 위해 서비스의 전달과 실행을 추적하는 과정이다.

6) 평가 및 종결

평가는 궁극적으로 사례관리의 효과성을 제시하는 중요한 근거가 되는 단계이다. 이 단계에서는 서비스와 지지계획이 일치되었는지, 서비스 구성요소, 그리고 사례관리자에 의해 동원·조정된 서비스 활동이 가치 있는 것이었는지 여부를 결정하기 위해 이용되는 과정이다. 재사정과 평가가 다른 점은 재사정이 클라이언트의 보호 계획의 적합성을 판단하여 서비스에 대한 변화의 필요성의 여부를 결정하는 과정인 반면에, 평가는 계획이 클라이언트의 삶에 어떠한 변화를 가져왔는가를 판단하는 효과성에 초점을 두는 과정이다. 평가는 클라이언트에 대한 사례관리의 적용을 지속시킬 것인지 여부를 결정짓게 해주는 만큼 상당히 신중하고 객관적으로 수행되어야 한다.

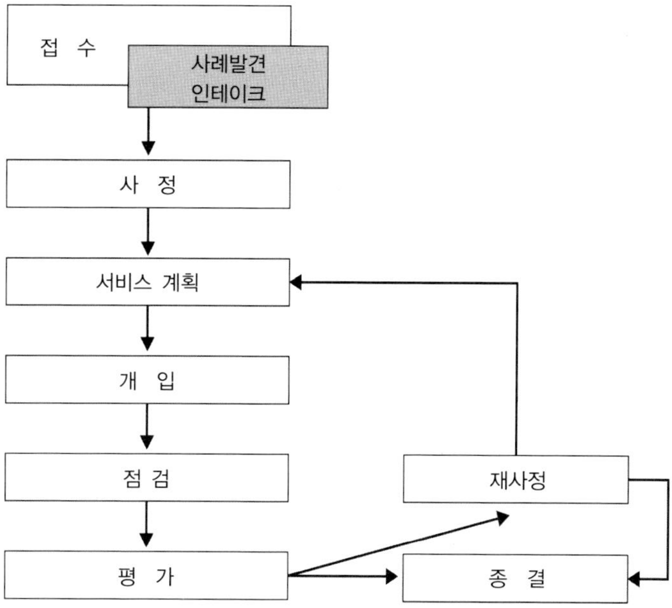

[그림 11-1] 사례관리의 과정

출처: 서울시복지재단(2005).

7. 사례관리의 모형

1) 서비스 수준에 따른 사례관리 모델

클라이언트에게 제공되는 서비스 수준에 따른 사례관리 모델로는 제공되는 서비스 수준이 단순한 정도에서 전문화된 정도에 따라 단순형, 기본형, 종합형, 전문관리형으로 구분된다.

(1) 단순형: 지역사회 자원과 서비스 연계

사례관리자의 역할은 지원과 서비스 중개자이다.

(2) 기본형: 지역사회 자원 및 서비스 연계, 기초상담, 조언

사례관리자의 역할은 중개자, 상담자, 교육자, 지지자, 서비스 점검자 역할이다.

(3) 종합형: 지역사회의 자원과 서비스연계, 심층상담 및 치료

사례관리자의 역할은 중개자, 상담자, 치료자, 교육자, 옹호자이다.

(4) 전문관리형: 직간접적서비스 제공과 관리자로서의 서비스 관리

사례관리자의 역할은 연계자, 상담자, 치료자, 교육자, 관리자이다.

2) 사례관리 실천모델

사례관리의 실천모델은 학자에 따라 다음 〈표 11-2〉와 같이 다양한 모델이 있다. 따라서 사례관리의 모형에 대한 깊은 이해를 통해 클라이언트 상황이나 특성에 맞는 모형을 접목시킬 수 있도록 노력하여야 한다.

〈표 11-2〉 사례관리의 모형

제공자 (Weil)	케이스매니저 역할(Moore)	서비스 포괄성 정도(Ross)	서비스 제공지관 (Cline)	사례관리 제공자 (이근홍)	서비스전달 (성규탁·이윤로)	이념적 규정 (황성철)
① 일반적모형 ② 일차적 치료자 모형 ③ 학제적침모형 ④ 가족모형 ⑤ 지지적 보호모형 ⑥ 자원봉사자모형 ⑦ 종합서비스센터 모형	① 할당모형 ② 마케팅모형 ③ 개발모형 ④ 중개모형	① 최소모형 ② 조정모형 ③ 포괄모형	① 의료보험모형 ② 재해보호모형 ③ 장기보호모형	① 가족보호모형 ② 지역사회지원 모형 ③ 포괄형	① 중계모형 ② 판매모형 ③ 통합된 중개 판매모형 ④ 자원개발 ⑤ 조직의 변화 모형	① 단순형 ② 기본형 ③ 종합형 ④ 전문관리형

출처: 서울시복지재단(2005). 재인용.

8. 사례관리실천기술

사례관리자는 일반적으로 두 가지 개입기술을 사용한다. 하나는 서비스를 직접 제공하는 직접적인 개입기술이고, 다른 하나는 서비스의 연계, 옹호 및 조정과 같은 간접적인 개입기술이다. 사례관리자는 직접적 개입과 간접적 개입을 위해 필요한 실천기술들을 익히고 있어야 한다.

1) 직접적 개입을 위한 기술

직접적 개입을 위한 실천에 가장 기본이 되는 대인관계 형성기술의 핵심적인 2가지 기술은 의사소통기술과 상담 및 치료기술이다.

(1) 의사소통기술

사례관리자는 클라이언트와의 의사소통을 통해 서비스자격 여부와 서비스 계획을 세우기 위한 사정에 필요한 정보 수집을 한다. 사례관리자가 필요한 정보를 수집하기 위해서는 적절한 질문을 언어적 수단과 비언어적 수단 즉 신체적 언어의 이해와 활용을 통해 전달하고 의미를 전달받게 된다. 효과적인 의사소통을 위해 다섯 가지 유형의 기술을 제안하고 있다(장인협·우국희, 2001: 170-176).

① 말하기

사례관리자가 사용하는 단어, 목소리 톤 및 고저, 말하는 속도 등은 클라이언트와 의사소통을 함에 있어서 중요한 요소들이다. 사례관리자는 평가하는 듯한 단어의 사용을 피하고, 클라이언트의 청력 상태 및 이해능력을 고려하여 목소리의 톤 및 고저, 속도 등을 적절히 조절하여야 한다.

② 신체적 언어

대부분의 의사소통이 말로 이루어지지만 얼굴, 표정, 상대방을 바라보는 시선, 상대방과의 대화 시 거리 유지, 대화 시 앉는 자세, 사람을 만지는 방법 등 비언어적인 신체 언어가 더 강력하게 의미를 전달하기 때문에 사례관리자는 신체적 언어에 대해 잘 인식하고 민감해야 한다.

③ 질문하기

사례관리에 있어서 인터뷰의 주된 목적은 정보 수집이다. 정보는 관찰이나 경청을 통해 수집될 수도 있지만, 보다 일반적인 방법은 사실과 감정을 동시에 이끌어 낼 수 있는 적절한 질문을 하여야 한다. 질문 방식에는 상황에 대한기술이 가능한 개방형 질문과 사실적 정보의 수집과 확인을 위한 폐쇄형 질문이 있는데 되도록 개방형 질문이 클라이언트의 감정과 주관적 인식에 대한 보다 많은 정보를 끌어낼 수 있다.

④ 경청하기

경청은 다른 사람의 말을 집중해서 듣고 제스처나 포즈를 관찰하고 자기 자신을 충분히 표현하도록 격려하며, 의사 전달한 내용을 잘 기억해 내는 일체의 과정을 말한다. 효과적인 경청은 사정 및 계획에 필요한 정보 수집이 가능케 하고, 경청 그 자체로 클라이언트의 자기 이해, 자존감, 문제해결 능력 면에 있어서 긍정적인 변화를 이끌어 내는 강력한 개입 도구가 된다. 따라서 사례관리자가 경청을 잘하기 위해서는 자신의 충동을 다룰 수 있는 절제 및 자기 통제 능력을 지녀야 하고, 클라이언트의 신체적 특징, 행동적 특성, 말과 표정 간의 일치 정도 등을 면밀하게 관찰함으로서 클라이언트에 대한 이해를 높여야 한다. 그리고 클라이언트가 의사표현을 계속할 수 있도록 간단한 문장, 소리, 제스처 등의 형태로 격려를 하여야 하며 클라이언트가 말한 것을 잘 기억하여야 한다.

⑤ 적극적인 경청(반응하기)

적극적인 경청은 말하고 경청하는 두 기술을 결합해 놓은 것으로 클라이언트가 보다 풍부하게 자신을 표현할 수 있도록 격려하는 일종의 피드백이다. 적극적인 경청은 사례관리자가 클라이언트의 말을 자신의 말로 달리 표현함으로써 클라이언트가 말한 내용의 핵심을 반복해서 들려주고, 사례관리자가 이해한 내용이 실제로 클라이언트가 의도한 내용인가를 묻는 것이다.

(2) 상담과 치료

상담과 치료는 클라이언트에게 직접적으로 관여하는 실천기능으로, 둘 다 개인의 정서적·인지적 과정을 다루며 이론적 기반이 일부 동일하고, 활용되는 기법도 유사하다는 공통점이 있어 상호교환적으로 사용되지만 개념상으로 구분이 가능하다(장인협·우국희, 2001: 180-181). 일반적으로 상담이 일상생활에서의 지금-현재의 문제와 관련하여 도움을 주는 것이라면, 치료는 클라이언트 내부의 정신적인 요소에 근본적인 초점을 두면서 이야기하는 방법이다.

2) 간접적 개입을 위한 기술

(1) 연계

연계란 클라이언트를 서비스나 자원에 연결하는 데 필요한 모든 활동으로 사례관리자는 클라이언트가 서비스나 자원에 접근할 수 있도록 유용한 정보를 제공해 주거나 직접 다른 기관에 의뢰할 수 있다. 그리고 연계는 클라이언트의 욕구가 변하면 그에 적합한 다른 자원을 계속 연결해 주어야 하므로 단 한번의 활동이라기보다는 지속적으로 이루어지는 연속된 과정이다.

(2) 옹호

기관이나 조직이 서비스 제공을 거부하거나 부적절한 사회정책으로 인해 클라이언트가 서비스나 자원에 접근조차 할 수 없을 때, 중증장애인이나 치매 노인과 같이 자신의 견해를 표현하기 어려운 클라이언트일 경우에 사례관리자들은 옹호 역할을 하게 된다. 옹호는 궁극적으로 클라이언트에게 자신의 목소리를 낼 수 있는 기회를 보장하는 데 목적을 둔다.

(3) 조정 및 협력

조정과 협력은 엄격하게 구분되어 정의되기도 하는데, 사례관리에 있어서는 일반적으로 두 개념을 같은 맥락에서 이해하고 있다. 조정이란 욕구와 서비스 간의 최상의 적합성을 이끌어 내는 것으로, 상이한 사람들과 기관을 함께 모아 욕구에 대한 사정 및 누가, 언제, 무엇을 행할 것인지에 관한 협상과 합의를 이끌어 내는 것이다. 즉 사례관리자는 클라이언트에게 필요한 전문적인 서비스를 제공할 팀들을 조정하고, 클라이언트, 팀 구성원, 다른 서비스 제공자들을 연계하는 활동을 수행하게 되어 조정, 협력적 기능을 수행하게 된다.

2절 사례관리의 실제

1. 사례관리 계획서 작성법

사례관리 계획서는 일반적인 사항(가족상황, 경제상황, 건강상황, 일상생활 및 주거상황, 사회심리적 상황, 자원활용상황)과 클라이언트에 관한 사항(신체, 인지, 정서, 행동기능면/클라이언트의 강·약점), 욕구진술, 개입계획, 서비스 일정표 순으로 작성한다.

사례관리 계획서

실습생명: 김 복지

클라이언트명	이OO	성 별	여	조사일	2000,00,00
주 소		전화번호		작성일	2000,00,00
직 업	초등학생	학력	초2학년	연령	9세
의뢰경위	OOO 의뢰	경제상태	□ 일반 ■ 저소득 □ 수급자		

1. 일반적인 사항
- 가족상황: 아버지 38세 건설업 근무/어머니: 식당 서빙/ 동생: 7세 초등학생
- 경제상황: 건설경기 부진과 코로나 19로 인해 부모님 소득이 줄어들어 경제적 어려움 있음.
- 건강 상황: 양호
- 일상생활 및 주거상황: 아버지는 일이 없으셔서 아침에 늦게 일어나고 저녁에는 술을 마시는 날이 많고 어머니는 식당에서 늦게까지 일을 하신다.

- 사회심리적 상황: 다른 친구에 비해 소심해 보이고 늘 혼자 조용히 있다.
- 자원활용상황:센터에 오기는 하나 센터 프로그램 활동에 적극성을 보이지 않고 있다.

2. 클라이언트에 관한 사항
- 신체, 인지, 정서, 행동기능면 / 클라이언트의 강·약점

건강상태는 양호해 보이나 늘 혼자서 멍하니 앉아 있는 모습을 보인다. 말을 걸어보니 쑥스러운 듯 고개를 숙이고 작은 목소리로 대답한다. 센터에 가끔 늦게 오는 경우가 있어서 이유를 묻자 "아빠랑 같이 있다가 오느라 늦는다"고 대답하였다. 친구들과는 잘 어울리지 못한다.

3. 욕구진술
- 친구를 사귀고 싶지만 친구사귀는 것이 어렵다.
- 엄마가 일찍 들어왔으면 좋겠다.
- 돈 걱정이 없었으면 좋겠다.

4. 개입계획

욕구	결과 목표	세부목표	표적체계	개입전략 및 수행방법	비고 (역할분담 등)
친구 관계 증진	친구 만들기	- 친구에게 다가가는 연습하기 - 짝꿍 만들기	호감을 가지고 있는 센터 친구 2명	- 하루에 2번 말붙여 보기 - 짝궁만들기 게임을 통해 단짝 친구 만들기 - 심리상담을 통한 마음 열기	- OOO사회복지사 (심리상담, 짝궁만들기 프로그램)
가족경제 상황 개선 및 가족관계 개선	건강한 가족 만들기	- 부모님 및 동생과 상호작용 증진 - 부모님 취업촉진 프로그램 연계	부모님과 동생 취업 훈련 센터	- 하루에 10분 부모님, 동생과 함께 대화하기 - 센터에서 있었던 일 한 가지 이야기하고 생각 물어보고 말하기 - 클라이언트의 아버지 취업훈련 프로그램 연계	- OOO사회복지사 (가족관계개선) - OOO사회복지사 및 OO고용안정센터 OOO직업상담사 (취업훈련 프로그램 연계)

5. 서비스 일정표

날짜	담당	서비스 목표	서비스 내용	준비물	비고
2000.00.00	OOO 사회복지사	친구 만들기	- 심리상담 - 친구만들기 프로그램 수행	상담실	
2000.00.00	OOO 사회복지사	건강한 가족 만들기	- 가족관계 개선프로그램 참여 - 가족상담 - 직업훈련 신청서 접수	OO고용안정센터 OOO직업상담사와 사전 조율 필요	

2. 사례관리 진행일지 작성 사례

사례관리 진행일지(3 회)

클라이언트명	OOO	실습생명	김복지
일 시	2000.00.00	장 소	OO센터

1. 목표 및 내용

결과목표	하위목표	서비스 목표	서비스 내용
친구관계 증진	친구 만들기	클라이언트가 호감을 가지고 있는 센터 친구 2명을 단짝친구로 만들기	하루에 2번 말붙여 보기 짝궁만들기 게임을 통해 단짝 친구 만들기 심리상담을 통한 마음 열기

2. 과정기록

- 사례관리회의를 통해 종합형 서비스 대상자로 선정됨
- 친구관계증진 프로그램 2회, 건강한 가족만들기 프로그램 1회 진행중임
- 클라이언트의 프로그램 참여 의지가 강하고 표적체계 등의 협조와 지지체계가 형성됨

3. 평가

1) 목표달성 및 서비스 평가
 - 사례개입 초기로서 서비스 먼저 친밀감 형성을 위한 협동놀이 프로그램을 진행하고 있음
 - 아침마다 인사를 먼저 하는 등 클라이언트의 행동변화가 시작됨
 - 어머니가 일을 하시다가 다쳐서 집에 있어서 클라이언트와 함께 하는 시간이 늘어남
 - 가족의 경제적 문제는 여전히 어려운 상황임

2) 클라이언트에 대한 평가
 - 말을 잘 하지 않고 표현을 하지 않던 행동의 변화가 보임
 - 인사를 하거나 친구 옆에 먼저 가서 앉아 있거나 간식을 먹을 때 친구에게 말없이 권하는 모습이 보임

3) 사례개입에 대한 자신의 역할 평가
 - 클라이언트문제에 대해 슈퍼바이저의 피드백을 받으며 프로그램에 참여하고 있으며 특히 클라이언트와 자연스러운 상황에서 대화를 통한 공감과 지지를 보내고 있음.

4. 계획

- 목표달성을 위해 지속적이고 정기적인 개입이 필요하며 사례계획서대로 개입이 이루어질 계획임

3. 사례관리 종결기록서 작성 사례

사례관리 종결 기록서

클라이언트명	OOO
실습생명	김복지
서비스제공기간	2000.00.00~2000.00.00

1. 제공된 서비스

클라이언트 OOO의 욕구 및 문제를 해결하기 위해 친구관계 증진 프로그램과 건강한 가족 만들기 프로그램을 통해 사례 개입이 진행되었음.
친구관계증진프로그램의 일환으로 클라이언트와 센터의 아동대상 친구 만들기 프로그램(5회), 클라이언트 대상 심리상담(5회)가 진행되었으며 건강한 가족 만들기 프로그램의 일환으로 클라이언트와 가족대상 가족관계 개선프로그램(5회), 가족상담(5회), 클라이언트 아버지 대상 직업훈련 신청서 접수 및 프로그램 참가(6개월)이 진행되었음.

2. 사례관리 목표 달성정도

총 10회의 프로그램과 10회의 심리상담 프로그램이 진행되었음
가족의 경제적 문제 해소를 위한 직업훈련 프로그램은 지역의 고용안정센터와 연계하여 이루어졌으며 클라이언트 어머니의 질병 및 아버지의 실업으로 인한 경제적 문제해결을 위해 지역사회 협의체를 통해 식료품지원, 단기 일자리 지원 등의 연계, 지지가 이루어 졌음
센터에서 직접 개입한 클라이언트의 욕구(친구 만들기와 건강한 가족 만들기)관련 사례관리는 기존의 목표를 달성함.
개입사항을 구체적으로 살펴보면
- 친구 만들기 프로그램 만족도: 85점 성취(계획목표점수는 70점이었으나 85점 성취로 목표달성함(만족도 설문지로 조사, 클라이언트, 사례관리자가 함께 설문지 조사 참여)
- 건강한 가족만들기 프로그램 만족도: 80점 성취(계획목표 점수는 70점이었으나 80점 성취로 목표 달성함((만족도 설문시로 소사, 클라이언트, 가속, 사례관리자가 함께 설문지 조사 참여)
- 기관의 사회복지사 및 센터장이 클라이언트에게 필요한 프로그램관련 인적 물적 자원을 연결해 주었으며 지역 가족상담센터 심리상담사의 무료 상담 및 개입도 중요한 역할을 하였음.

3. 사후지도 계획

- 개선된 친구관계가 지속, 발전될 수 있도록 지속적이고 정기적인 관리가 필요함
- 가족의 경제상황개선 문제는 아버지가 중장비 자격취득 후 취업을 하는 시점에 어느 정도 해결될 것으로 보임
- 클라이언트의 정서가 안정될 수 있도록 정기적인 방문과 상담을 실시를 할 예정임

CHAPTER

12 프로그램 개발과 평가

1. 프로그램 개발과 평가의 중요성

'프로그램 개발과 평가'는 사회복지 전공 학생들이 가장 어려워하는 영역 중의 하나다. 그럼에도 불구하고 사회복지현장에서 프로그램 개발과 평가의 중요성에는 이견이 없을 것이다. 즉 '사회복지는 곧 프로그램이다'라고 이야기할 수 있다. 프로그램 개발과 평가가 중요한 이유는 크게 두 가지로 들 수 있다. 첫째는 제한적인 사회복지 재원을 확보할 수 있는 중요한 방법이며, 둘째는 기존의 정책이나 서비스의 한계를 극복할 수 있는 수단이 될 수 있다는 점이다,

1970년대 이후 대두된 복지기관의 확장 및 사회복지기관 평가제도 도입으로 인해 외부자원개발의 중요성이 대두되었다, 더불어 시대의 변화로 인해 다원화되어 가는 사회환경이 클라이언트의 욕구의 복합성과 다양성을 유발시켰다. 따라서 기존의 정부나 복지관에서 제공하는 서비스만으로는 복지 사각지대가 발생하는 등 클라이언트의 다양한 욕구에 부응할 수 있는 프로그램의 개발이 필요하게 되었다. 뿐만 아니라 사회복지기관 수의 증대는 기관의 생존과 지역사회에서의 복지기관의 책무성에 대한 요구도 높아지는 등의 요인으로 인해 사회복지기관은 사회복지환경변화에 적응할 필요성이 대두되었으며 이로 인해 프로그램 개발과 평가의 중요성이 높아졌다.

특히 최근에는 사회복지공동모금회, 기업복지재단, 민간기금, 지자체, 정부

등에서 프로그램 공모를 통해 기금을 지원하는 사례가 늘어나면서 좋은 프로포절(사업계획서: proposal) 작성을 통한 프로그램 개발과 수행이 사회복지기관의 정체성 확립과 지역사회의 지지 확보에 중요한 역할을 하기에 이르렀다.

프로포절(proposal)은 사회복지사가 프로그램을 개발하고 기획한 실체로서 실제 사업을 실행하는 데 필요한 운영지침이다. 즉 프로그램 기획하고 개발하여 작성된 사업계획서를 말한다. 프로포절(proposal)은 기관장 또는 이사회나 사회복지공동모금회나 자원조달기관인 여러 기업재단들과 같은 후원자들로부터 사업에 대한 승인과 예산, 인력 등의 자원을 제공받는 근거로 활용되기도 하고 정부 각부처에서 수행하는 각종 공모 사업신청서로 사용된다. 따라서 프로포절(proposal)을 어떻게 쓰느냐에 따라 공모사업 당락에 영향을 미치게 되므로 대부분의 시설에서는 직원이나 사회복지사로 하여금 프로포절 작성 요령에 대한 지식과 기술을 갖출 것을 요구하고 있다.

따라서 현재 사회복지현장에서 일하고 있는 선임사회복지사나 사회복지실습에 임하는 예비사회복지사들은 좋은 프로그램을 기획하고, 이것을 하나의 사업계획서(propo)로 만들어 내고, 만들어진 사업계획서에 따라 프로그램을 진행하여 프로그램이 설정한 목적과 목표를 달성할 수 있도록 함으로써 좋은 평가를 받을 수 있는 사회복지전문가로 거듭나야 한다.

2. 사회복지 프로그램의 개념

사회복지프로그램의 개념을 살펴보면 다음과 같다(김종명 외, 2014 재인용).

요크(York, 1982)는 "특정 상황에서 목표를 달성하기 위한 일련의 상호 의존적인 활동들"로 규정하고 있으며, 스미스(Smith, 1989)는 "특징 목표를 달성하기 위하여 만들어진 조직적인 활동"이라고 규정하고 있다. 프로그램에 있어서 조직적인 활동이란 임시적인 활동이 아니라 어떤 문제를 해결하기 위하여 설계된 계획된 활동을 의미하는 것이다. 라프와 퍼트너(Rapp & Poertner, 1992)는 "특정한 목표를 달성하기 위한 집합체"로 정의하고 있으며, 로이스(Royse, 2001)는 "특정한 목표 달성을 위한 조직화된 활동의 체계, 즉 대상, 참여자에게 영향을 주기 위한 개입"이라고 주장하고 있다.

또 황성철(2005)은 "특정한 목적 달성을 위하여 자원과 기술이 투입되어 일정한 절차에 의해 이루어지는 조직의 계획적인 활동체계"로 정의하고 있고, 정무성과 정진모(2001)는 "일정한 기관에서 목적을 달성하기 위하여 모든 과정을 마칠 때까지 요구되는 내용의 선정과 조직, 활동목표 체계, 시설, 자원, 지원체계, 기간 등에 관한 전체적인 계획"으로 정의하며, 사회복지조직에서 사회복지 목적을 달성하기 위한 활동의 집합체라고 규정하였다. 우수명(2018)은 "사회복지 프로그램은 달성해야 할 목적과 목표가 있으며, 이를 위해 동원할 조직체계 및 자원체계를 가지고 있고, 사전에 계획된 활동 단계별로 진행하여 의도한 바를 이루고자 하는 것"으로 정의하고 있다.

위와 같은 다양한 학자들의 사회복지프로그램의 정의를 토대로 사회복지프로그램 개발의 개념을 정의해 보면 사회복지 프로그램은 '사회복지의 목적을 달성하기 위한 계획된 활동들로 사전에 기획된 구체적이고 체계적이고 전문적인 서비스실천계획'이라 할 수 있다.

1) 사회복지 프로그램 개발의 성격

사회복지 프로그램의 개발은 프로그램의 기획, 설계, 평가, 환류를 포함하는 매우 복잡한 절차와 방법을 포괄하는 과정이다. 사회복지 프로그램 개발의 성격에 대해 정리하면 다음과 같다(이영숙 외, 2002).

첫째, 프로그램 개발이란 사회복지조직이 지역사회의 욕구나 문제에 적극적으로 대처하기 위한 대응 기제로 변화를 창출하기 위한 전략이다.

둘째, 사회복지 분야에서의 프로그램 개발은 개인 참여자의 변화뿐만 아니라 참여자집단의 행동 변화, 지역사회의 발전을 지향한다.

셋째, 프로그램 개발은 계속되는 의사결정 과정이다.

넷째, 프로그램 개발은 참여자들의 욕구를 확인하고 사정하며 분석하기 위해 사회복지조직과 지역사회 및 그 대표자들이 자발적으로 참여하는 협력적 노력이다.

다섯째, 프로그램 개발은 조직 내외의 여러 사람들이 복잡한 절차에 공동으로 참여하는 집단활동으로 하나의 체계(system)로 간주될 수 있다.

2) 프로포절(proposal)의 특성 및 요건

프로포절(proposal)은 기획안의 성격을 지닌 문서로 프로젝트 실행과 관련된 활동과 노력의 토대가 되는 기획안으로 프로그램을 진행하기 위한 사업계획서이다. 프로포절은 진행되는 과정들이 연속적인 단계들로 구성되어 상세하게 담겨야 할 뿐만 아니라, 실행에 필요한 시간과 자원들을 구체적으로 작성함으로서 프로그램 실행의 전체적인 계획서로서 체계적이고, 논리적이고, 전문적으로 작성되어야 한다. 특히 프로포절이 채택되기 위해서는 기금을 지원하는 기관이나 단체가 어떤 프로포절을 눈여겨 볼 것인가에 대한 고민이 필요하다. 일반적으로 프로포절을 심사할 때 고려하는 사항은 다음과 같다.

1) 문제의 심각성
2) 프로그램의 참신성과 효과성(창의성)
3) 프로그램 운영의 비용 효율성
4) 실현 가능성(수행 가능성)
5) 명료한 논리성
6) 기관의 능력과 직원들의 전문성

3. 프로그램 개발과정

1) 일반적 개발과정

사회복지현장에서 근무하다 보면 다양한 원인이나 이유로 인해 클라이언트에게 반드시 필요한 프로그램임에도 불구하고 실행되지 않고 있어서 클라이언트의 삶의 질을 향상시킬 수 있는 서비스나 프로그램이 없거나 부족한 경우를 발견한다. 사회복지사는 이때 클라이언트와의 적극적인 상호작용을 통해 클라이언트 욕구를 확인하고 프로그램을 설계하고 진행하고자 하는 동기가 부여되어야 한다. 이런 동기부여가 결과적으로 프로그램 개발의 모티브가 된다.

프로그램 개발은 일반적으로 문제나 욕구의 확인, 프로그램 설계, 프로그램의 실행, 프로그램의 평가의 네 단계를 거친다. 각각의 단계는 독립적으로 분리되어 있으나 서로 밀접하게 관련되어 있다. 즉, 프로그램의 개발은 이러한 각각의 단계를 논리적으로 연결하는 과정의 산물이다.

프로그램 개발의 의사결정 과정을 단계별로 살펴보면 다음과 같다(정무성 · 정진모, 2001).

(1) 1단계: 문제의 정의 및 욕구 확인 단계

클라이언트의 문제가 뭔지 발견하고 욕구를 확인하는 단계이다. 문제와 욕구를 규정하는 목적은 한정된 자원과 시간을 가지고 성취하기를 바라는 활동이 어떠해야 하는지를 규정하는 것이다. 그리고 문제의 심각성, 피해계층, 그리고 문제의 원인과 결과 간의 인과관계를 살피고 확인하는 단계이며 이러한 문제를 해결하기 위해 필요한 조직과 구성원을 확인하는 작업이 이루어져야 한다.

(2) 2단계: 관련 정보를 확보하는 단계

클라이언트 문제와 관련된 조직 또는 기관 내외의 관련 정보를 획득하기 위하여 조사 활동을 하는 단계이다. 이 단계에서는 문제와 관련하여 과거에 이루어졌던 결정에 관한 지식, 현재 상태와 목표에 대한 자료, 유사한 타 조직에 관한 정보 및 기록의 활용을 통하여 대안 수립과 평가의 근거가 될 수 있는 관련 정보를 수집하여야 한다. 그리고 대안적 행동으로 어떤 서비스를 제공할 것인지 등 선정기준을 마련하여야 한다.

(3) 3단계: 해결 대안의 개발 및 사정 단계

해결 대안의 개발 및 사정(assessment) 단계에서는 클라이언트의 문제와 관련한 목표 및 잠정적, 현실적 제약사항을 고려하여 일련의 대안적 행동방침을 개발하고, 비교 가능한 방식으로 대안을 영역별로 분류해야 한다. 각 대안에 대한 객관적 분석과 앞에서 설정한 기준을 활용하여 각 대안의 장·단점을 파악하고, 각 대안의 성공 가능성을 예측하여야 한다.

(4) 4단계: 최선의 대안 선택 단계

최선의 대안을 선택하는 단계에서는 클라이언트 문제해결을 위해 가장 적합한 대안을 선택하기 위해서 대안적 행동 방침을 수집하고, 명확한 기준에 따른 대안의 상대적 장·단점을 평가하고, 대안적 행동방침의 성공 가능성에 대한 합리적 예측에 근거를 두어야 한다. 그리고 실용적 측면뿐만 아니라 윤리적 측면까지도 선택과정에서 고려되어야 한다.

(5) 5단계: 대안의 실행 단계

지금까지 각 단계의 상황을 바탕으로 실행하는 단계이며, 이 단계에서는 이용 가능한 자원의 배분, 자원의 조직화, 성공적 해결에 필요한 활동 등 다양한 요인들이 대안의 실행과 최선의 해결에 영향을 미친다.

(6) 6단계: 환류 단계

환류는 검증 및 평가 단계로 구성된다. 이 단계에서 첫 번째는 자원을 가장 효율적이고 효과적으로 사용하기 위해서 지속적으로 사정(assessment)하는 일이며, 두 번째는 선택된 행동방침이 목적 달성에 어느 정도 적절하였는가를 평가하는 일이다.

2) 프로포절(proposal) 작성법

프로포절 작성을 위한 첫 번째 단계는 프로그램의 기획이다.

(1) 사회복지프로그램 기획의 개념

기획은 주어진 문제를 해결하는 데 가장 적절한 활동 내용을 개발하고 개발된 활동이 과연 목표를 달성할 수 있는 적절한 대안인지를 지속적으로 평가하는 과정이다(이봉주 · 김기덕, 2014). 따라서 사회복지 프로그램의 기획은 사회복지의 가치와 인권을 보호하는 차원에서 개인이나 지역사회 내에 존재하는 문제를 해결하기 위한 프로그램을 설계하기 위한 기초적인 과정이다.

(2) 사회복지 프로그램 기획의 필요성

사회복지 프로그램은 대부분 외부의 자원제공자(정부, 후원자 등)들과 이용자에게 프로그램의 운영에 필요한 비용을 의존하고 있고, 따라서 사회복지 전문직은 이러한 외부 자원에 대한 프로그램의 효과성과 효율성을 가시화해야 할 책임을 이행하기 위해 과학적인 기획이 필요하다. 스키드모어(Skidmore, 1995)는 사회복지조직체에서 프로그램 기획의 필요성을 바탕으로 프로그램의 과학적 설계의 중요성을 다음과 같이 제시하고 있다(정무성, 2005 재인용).

① 불확실성 감소

빠른 환경의 변화와 미래의 불확실한 상황에서 사회복지 조직의 목표가 혼돈되거나 조직 성원과 클라이언트가 무능력하거나 권력 지향적인 행정책임자에 의해 희생당할 가능성이 있는데 잘 기획된 프로그램은 이러한 부분을 통제할 수 있다.

② 합리성 증진

기획은 문제해결과 의사결정을 위해 경험적 증명을 통해 타당하게 적용될 수 있는 수단을 제공하기 때문에 합리성을 높일 수 있다.

③ 효율성 및 효과성 증진

사전의 치밀한 기획은 최소의 비용과 노력으로 서비스 목표를 달성할 수 있으므로 효율성을 증진시킬 수 있으며, 클라이언트의 문제나 욕구를 해결하는 데 효과적이다.

④ 책임성 증진

사회복지 조직은 사회의 인가를 받아 개인의 기부금이나 국가의 지원을 통해 이루어지는 사업으로 서비스를 효과적이고 효율적으로 제공할 책임을 갖고 있다. 따라서 기획을 통해 그 책임성을 객관적으로 증명할 수 있다.

⑤ 프로그램 관련자들의 이해와 욕구 충족

프로그램 기획에는 그 프로그램에 관련된 전문가, 이용자, 지역사회 관계 인사들이 참여하게 되므로 이들이 프로그램에 적극적인 관심을 갖게 되고 프로그램 자체가 이용자의 요구에 맞게 개발・적용될 수 있다.

⑥ 사기 진작

목표의 달성은 기획에 참여한 이들에게 성취감과 동시에 타인으로부터의 인정을 얻게 한다.

4. 사회복지 프로그램 개발의 이론적 모형

사회복지 프로그램 개발의 이론적 모형은 학자들의 주장에 따라 다양하다. 다양한 학자들의 모형을 살펴보면 다음과 같다(김종명 외, 2005 재인용).

(1) 카머만(Kamerman)의 모형

카머만(Kamerman, 1975)은 사회복지 프로그램 개발에 관해 최초로 체계적인 이론적 모형을 제시하였다(최초의 이론모형과 단계제시). 또한 프로그램의 활동과정을 기획, 개시, 실행의 3단계로 나누는 프로그램 개발의 개념적 틀을 완성하였다. 최초의 이론모형과 단계를 제시하였고 실증적 조사와 연구에 기초하고 있다.

① 프로그램 기획단계

기획단계에서는 지역사회의 당면 문제나 클라이언트 집단의 욕구 파악이 우선시 되어야 하며, 목적 및 목표의 구체화, 개입방법과 기술의 선택, 프로그램 수행에 적절한 조직 구조의 설계, 행정 및 재정적 자원의 확보와 지원 등의 과업이 수행되어야 한다.

② 프로그램 개시단계

개시단계는 프로그램이 기획단계에서 설계된 기획에 따라 프로그램을 구체적으로 실행에 옮기기 위한 전초적인 단계이다. 프로그램 수행에 필요한 재원이 확보되었을 경우, 상부기관이 프로그램을 기획하는 기관에 대해서 프로그램 시행에 관한 인준이 이루어졌을 경우, 사회복지기관과 조직 내 집단이 새로운 프로그램을 수행하기로 결정했을 경우에 프로그램이 시작될 수 있다.

③ 프로그램 수행단계

프로그램의 기획에 따라 프로그램을 구체적으로 실행에 옮기는 실제적인 단계이다. 사회복지 프로그램 개발에 관한 경험적 조사연구 결과를 토대로 프로그램이 구조화되어 지속적으로 계획된 서비스가 이용자집단에 제공되면 종결하게 된다.

(2) 토마스(Thomas)의 디자인 개발(D&D) 모형

토마스(Thomas, 1988)의 디자인 개발모형(Design & Development model)은 사회복지 프로그램 개발단계에서 실제 시범적 사용, 프로그램을 테스트하는 작업 등이 요구되는 특성을 갖고 있기 때문에 '디자인 개발(Design & Development)'

모형으로 명명되었다. 과학적 지식에 기반을 둔 체계적 개발과정을 강조하며 설계와 개발과정을 포함하여 프로그램의 전파와 확산도 강조한다.

① 분석(analysis): 문제분석과 개발 가능성 탐색, 기존 및 현 상황 검토단계

② 디자인(design): 목표를 설정하고 목표를 달성하기 위한 요구사항 확인, 설계문제의 확인, 자료 및 정보 원천을 선별, 자료를 수집하고 처리하고, 해결 대안의 개발 및 선정, 현장에 적용 가능한 형태로 구체적인 절차와 활동방법을 기술하는 과정

③ 개발(development): 개발계획을 수립하고, 시범적으로 실행해 보는 단계

④ 평가(evaluation): 평가계획을 수립하고 평가자료를 확보하며 평가활동을 하는 단계

⑤ 확산(diffusion): 미디어를 통한 전파와 확산 준비 및 사용자에 의한 사용단계

⑥ 채택(adoption): 광범위한 활동 전개단계

(3) 케트너(Kettner), 모로니(Moroney), 마틴(Martin)의 설계관리모형

사회복지기관의 관리자가 프로그램의 효과성을 향상하기 위해서 관리자의 관점에서 프로그램의 기획과 설계단계에 중점을 두어 프로그램 개발의 원리와 구체적 지침을 제공하는 모형이다. 효과성과 책임성의 관점에서 개발의 주요 내용이 상세히 기술되어 있고, 현장의 개발자 입장에서 실용적 방법을 제시하고 있으며 관리적 측면과 기술방법론을 중요시 한다.

① 문제 분석(problem analysis): 다루어야 할 사회문제를 이해하고 활용하는 방법 제시함.

② 욕구 사정(need assessment): 욕구이론에 따라 규범적 욕구, 비교적 욕구, 인지적 욕구, 표출된 욕구 등 각종 욕구조사의 방법에 따라 어떻게 추출할 수 있는지를 실례를 통해 제시함.

③ 전략 선택과 목표 수립(selecting a strategy and establishing objectives): 프로그램 가설을 수립하여 결과를 예측하는 단계, 프로그램 목표는 기관

의 사명 헌장으로부터 논리적으로 유추되어야 하며 목표는 세부목표로 분화되고 그 기준은 성과와 목표 달성의 여부를 결정하는 측정기준이 됨.

④ 프로그램 설계(program design): 개입계획을 수립해 세부목표달성을 위한 프로그램 구성요소를 체계적 관점에서 투입, 전환, 산출, 성과로 나누어 작성하도록 요구함.

⑤ 정보관리체계(information management system): 투입, 전환, 산출, 성과로 나누어 클라이언트와 프로그램 목표 달성에 관한 유용한 정보를 관리하고 활용함.

⑥ 예산수립(budgeting): 프로그램 예산과 항목별 예산을 작성하고 비용과 수입을 추계하고 관리하는 구체적 방법을 제시

⑦ 프로그램 평가(program evaluation): 효율성, 효과성, 과정, 영향 등 각종 프로그램 평가방법에 따라 과학적이고 체계적인 평가의 방법의 실례를 제시하여 프로그램 수행과 성과측정을 관리

5. 프로포절(proposal) 작성의 실제1)

1) 프로포절(proposal) 작성원칙

프로포절을 어떻게 작성하는가에 따라서 프로그램의 예산 확보에 크게 영향을 미치며, 추후 프로그램의 평가에도 근거 자료로서 활용된다. 프로포절은 표지, 문제분석, 대상자 선정, 목표 설정, 활동 내용, 예산, 평가계획 등으로 구성된다. 사업계획서(proposal)는 프로그램 수행을 위한 세부 실천 내용 및 운영 계획(지침)을 담은 문서를 의미하며, 대·내외적으로 인증(authenticate)받기 위한 근거자료이다. 사업계획서는 프로그램의 지향점과 수행 근거를 논리적, 객관적으로 제시하여야 한다.

---

1) 각 항목에 대한 작성방법의 실제 사례는 뒤에 첨부된 6. 프로그램 사례를 참조 바람.

• 사업계획서(proposal) 작성 시 주의할 점

① 설득력 있는 사업계획서를 작성

② 성과와 평가방법을 분명하게 제시

③ 시점과 대상에 따른 구분을 분명히 하기

④ 차별성과 강점이 분명해야 함

(1) 표지 작성법

대부분 기금을 지원하는 단체에는 각 기관이 만들어 놓은 정해진 양식이 제공된다. 대부분 사업개요로서 전형적인 한 장의 기획서이다. 즉 기금은 지원하는 기관에서 표지 한 장에 함축된 사업개요를 보고 프로그램의 중요성과 지원 여부를 결정하게 되기 때문에 프로그램의 확정과 결정에 매우 중요한 역할을 한다(Riley, 2002).

• 기관에 관한 부분: 법인의 특성, 연혁, 조직표 등으로 구성되어 있다. 이미 정해져 있는 내용이기 때문에 프로포절 작성자들이 소홀하기 쉬운 부분이나 경쟁력 있는 프로포절은 남들이 소홀히 하는 부분에서도 차별화된 무엇인가를 제시할 수 있어야 한다. 프로그램과 기관의 특성을 잘 부각하고 이미 프로그램 관련실적이 있어서 전문성을 부각할 수 있다면 프로그램과 관련된 실적을 강조해서 제시하면 좋다.

(2) 사업명 작성

사업명을 보았을 때 누구를 대상으로 어떤 프로그램을 어떻게 하겠다는 것이 사업명에 명확하게 나타나도록 작성하여야 한다. 즉 프로그램의 대상, 목적, 방법이 제시되어야 한다. 사업명을 통해 서비스의 필요성이 강조되어야 하며, 방법에는 프로그램의 적절성과 전문성이 드러나도록 작성되어야 한다(예: 녹거 어르신들의 건강증진을 위한 영양식프로그램).

(3) 문제 분석

문제 분석에서는 인간의 이상적인 삶의 질에 기준하여 대상자들의 문제가 얼마나 심각한지를 객관적인 자료와 함께 제시하여야 하며, 이는 논리적으로 전개되어야 한다. 또한 대상자들이 다른 지역 혹은 다른 집단에 비해 상대적으로 얼마나 박탈되어 있는지를 제시할 수 있다면, 제출하는 프로포절의 지원 필요성은 더욱 높아지게 된다.

문제의 원인과 실태는 제대로 파악되어야만 다음 단계인 프로그램의 목표와 대상이 구체화 될 수 있다. 문제 분석과 함께 프로그램의 효과성과 관련된 내용을 제시할 수 있어야 하며 이 프로포절이 지원되었을 때 대상자와 지역사회에 어떠한 변화가 일어날 것이고, 프로그램이 클라이언트와 지역사회에 미치는 기대효과 또는 프로그램의 사회적 비용효과는 얼마나 될 것인지를 제시해야 한다.

(4) 대상자 선정

프로그램 실시의 근거가 될 수 있는 문제가 규명되면, 문제의 규모나 대상자 수를 정확하게 선정하여야 한다. 프로그램의 대상은 일반대상(general population)으로부터 위기대상(at-risk population), 표적대상(target population), 클라이언트의 순으로 좁혀가는 위계적인 특성을 갖고 있다.

① 일반 집단

일반적으로 대상집단이 속한 모집단은 시설이 서비스를 제공하는 행정 관할 구역 내의 일반 사람들이 일반대상이다.

② 위기집단

일반집단 중에서 문제에 노출되었거나 문제를 겪은 경험이 있는 사람들 혹은 어떤 욕구를 가지고 있거나 이러한 욕구가 잠재된 사람들로 구성되어야 한다. 국민기초생활보장 수급권자나 장애인 수 혹은 노인 수처럼 보건복지통계연보 등 각종 자료에 정확하게 포함된 경우가 있으나, 노숙인, 결식아동, 가출청소년

등과 같이 비공식 자료 혹은 불분명한 자료로 인하여 인원을 추정해야 하는 경우도 있다. 추정을 통하여 위기집단을 선정하는 경우에는 인원 추정방식을 구체적으로 제시해 주어야 한다(예: ○○구청 노숙인 쉼터 거주자를 중심으로 위기집단을 추정함).

③ 표적대상

프로그램 제공을 통해 문제해결 대상으로 삼는 인구집단을 의미한다. 시설에서 반드시 서비스를 제공해 주어야 하는 대상이거나, 프로그램을 실시할 경우 직접적으로 프로그램에 참여할 자격을 가진 대상이다. 위기집단으로부터 표적집단을 추출할 때는 기준을 정하여 문제의 심각성이 높은 집단을 먼저 선정하되, 기관이 접근할 수 있는 지리적 경계 내에 있는 사람들로 한정하여야 한다.

④ 클라이언트 수

표적집단 중 프로그램에 참여하기로 동의한 사람 수를 말한다. 일반대상에서 위기대상을 표집하고 위기대상에서 표적대상을, 표적대상에서 클라이언트 수를 표집하는 방식으로 클라이언트 수를 정한다.

(5) 사업의 목적 및 목표 설정

프로그램의 대상이 명료화된 후의 다음 단계는 목적, 목표, 세부목표를 설정하여야 한다.

프로그램의 목적(purpose)이란 프로그램을 통해 궁극적으로 달성하고자 하는 포괄적이고 추상적인 지향점을 말하는데 프로포절을 쓸 때 무엇을 위해 이 사업을 수행해야 하는가를 3~4줄 정도로 제시한다. 목표(goal)는 목적을 보다 구체화하여 방향성을 제시하는 것이지만 여전히 추상적인 용어로 표현된다. 프로포절에서 가장 중요한 것은 세부목표(objectives)이다. 세부목표는 프로그램을 통해 달성하고자 하는 구체적인 목표로 효과성 평가의 기준이 되며, 실현되어야 할 내용과 구체적인 방법, 달성될 계량화된 목표 수치 등을 포함해야 한다.

프로그램의 목적은 프로그램 활동이 궁극적으로 추구하고자 하는 가치와 프로그램의 결과로 나타나는 바람직한 미래의 상태를 말한다. 모든 사회복지 프로그램은 목적을 가지고 있고, 목적에 따라 구체적인 목표로 분화되며, 이러한 목표를 달성하기 위한 활동들로 이어진다.

(6) 활동 내용

프로그램의 구조, 담당 인력, 일정표 등으로 구성된다. 프로그램의 구조를 만들고 설정된 목표를 달성하기 위한 프로그램의 수행방법을 설명한 것이다. 세부목표를 중심으로 프로그램의 내용과 수행을 위한 방법 및 매개물, 스태프와 클라이언트의 역할을 구체적으로 명시하고 담당 인력, 슈퍼바이저, 스태프, 자원봉사자 등을 모두 포함시키고 실명으로 기재하는 것이 원칙이다.

(7) 예산 수립

예산은 프로그램을 운영하는 데 드는 비용을 말한다 예산계획은 신청 프로그램의 총예산을 인건비 관리비, 기자재 및 집기 구입비, 수용비, 사업비 등의 항목으로 나누어 각 항목의 산출근거를 구체적으로 제시해야 한다. 따라서 프로포절 안에는 반드시 항목별 예상비용이 체계적으로 포함된 구조화된 예산계획을 세워서 신청하여야 한다.

(8) 평가 계획

프로그램 일정표에 설정된 진행 과업이 시기별로 효과성, 효율성을 담보하여 진행되었는지를 평가하기 때문에 평가지표, 측정도구, 평가방법 등이 구체적으로 제시되어야 한다. 전문적인 프로그램에 대한 지원을 하는 기금일수록 보다 구체적인 평가계획안을 요구한다.

사회복지공동모금회의 경우 기관평가와 사업평가로 나뉘어 평가를 하며 기관평가의 경우 기관의 신뢰성 사업수행능력을 주요평가요소로 보고 있으며 사업평가는 사업내용 및 추진전략의 적절성, 예산편성의 합리성, 사업의 필요성, 목표 및 평가의 타당성, 사업종료 후 지향점의 적정성, 사업의 일관성 및 체계성을 중심으로 평가하여 선정한다.

사회복지기관이 재단이나 개인에게 재정적인 지원을 받기 위해서는 프로포절(Proposal)을 통해 참신하고 창의적인 결정적인 자료를 포함할 수 있어야 한다. 기획서는 사회복지사가 지원을 받고자 하는 대상자로부터 특정한 프로그램에 대한 실행과정을 수행하도록 인적·물적 자원을 제공 받기 위해 작성하는 것이다. 단지 사업표지를 통한 요약이 아니라 그것을 읽는 심사·평가위원들이 결정을 내리는 데 필요한 모든 정보를 전달할 때 강력한 설득력을 가질 수 있다.

6. 프로그램 개발 사례[2)]

〈사례 1〉 이웃이 이웃을 돕는 나눔공동체 문화 확산을 위한 의·식·주 UP! 프로젝트 "OO마을 윗(WITH) 공동체"

배분신청서 작성 예시

〈배분신청서〉

1) 기 관 명	열매종합사회복지관			2) 고유번호 (사업자등록번호)	100-82-1000
3) 사 업 명	저소득층 방임아동의 보호·학습지원을 위한 야간보호사업 "꿈나무 교실"				
4) 사업 기본 정보	연차	___①1년차 ___②2년차 ___③3년차 ___④기타( )			
	대상 지역	서울시 중구		사업수행 인력	2명
	사업 기간	20XX년 1월 1일 ~ 20XX년 12월 31일 (총 12개월)			
5) 사업 참여자	참여자 구분	___①아동/청소년 ___②노인 ___③장애인 ___④여성/다문화 ___⑤위기가정 ___⑥지역사회 ___⑦북한/해외/기타			
	핵심 참여자	저녁 10시까지 보호자가 없는 초등학생		인원수	20명

6) 사업구분	모금회 지속가능발전목표(C-SDGs)
☐ 기초생계 지원	☐ 경제적 빈곤 퇴치 ☐ 영양 및 급식지원/기아종식
☑ 교육/자립 지원	☑ 교육 및 자립역량 강화 ☐ 양질의 일자리 만들기 ☐ 적정기술과 정보기술격차 해소 지원
☐ 주거/환경 개선	☐ 모두를 위한 깨끗한 에너지 ☐ 지속가능한 지역사회 인프라 구축 ☐ 지속가능한 생산과 소비 ☐ 기후변화와 대응 ☐ 해양생태계 보존 ☐ 육상생태계 보호
☐ 보건/의료 지원	☐ 신체·정서적 건강과 회복 ☐ 깨끗한 물과 위생
☐ 심리/정서 지원	☐ 신체·정서적 건강과 회복
☐ 사회적 돌봄 강화	☐ 사회적 배제 감소와 불평등 완화
☐ 소통과 참여 확대	☐ 성평등 ☐ 지속가능한 지역사회 인프라 구축 ☐ 사회적 약자의 권리증진
☐ 문화 격차 해소	☐ 사회적 배제 감소와 불평등 완화

7) 성과목표	① 보호 아동의 야간 안전사고율 감소 ② 기초 학습능력 향상 ③ 보호 아동의 가족 유대감 증대

8) 주요 사업 내용	세부 사업명	주요 내용
	야간아동 보호	복지관 방과후교실 운영, 아동보호자 귀가 시간 따라 귀가일정 조정, 보호자가 동행귀가를 하지 못하는 경우 복지관 차량을 통한 귀가 서비스 제공
	기초학습 지도	자체 자원봉사대학생을 활용한 기초학습(국어, 영어, 수학) 지도, 자체 자원봉사대학생을 활용한 숙제지도, 매일 숙제 알림장 점검
	가족관계 개선 프로그램	가족관계개선프로그램시행 (가족음식 만들기, 가족나들이, 가족체육대회, 영화보기 등)

9) 사 업 비	총 사업비	20,000,000원		신청금액	17,000,000원		
10) 신청금액 세부내역	사업비	11,300,000원	인건비	4,800,000원	관리 운영비	900,000원
		66.5%		28.2%		5.3%
11) 담 당 자	성명	김열매	직통전화	02-123-4567	E-mail	fruit03@fruit.or.kr
	직위	대리	휴대폰	010-1234-5678	FAX	02-123-4568

위와 같이 2022년도 사업을 신청합니다.

2021년 7월 30일

기관대표자 : 이 사 랑 (인)

사회복지공동모금회장 귀하

2) 사회복지공동모금회 2022년 배분사업 안내

프로그램 _ 성과중심형 사업계획서 작성 예시

※ 배분신청서, 기관현황을 포함하여 총 20매 이내로 작성하여 주십시오.
※ 사업계획서 작성 예시는 온라인배분신청사이트(http://proposal.chest.or.kr)-자료관 참고

<성과중심형> 사업계획서

1. 사업명 : 이웃이 이웃을 돕는 나눔문화공동체 문화 확산을 위한 의·식·주 UP! 프로젝트 '00 마을 윗(With·이웃) 공동체'[4]

2. 사업 내용 및 추진전략

1) 사업 참여자 모집전략

(1) 참여 대상 및 인원

핵심 참여자	▪ **의(衣)복 공동체** - 옷 수선·업사이클링과 공동체 활동에 관심 있는 00동 **지역주민 6명** ▪ **식(食)사 공동체** - 요리와 공동체 활동에 관심 있는 00동 **지역주민 8명** ▪ **주(住)거 공동체** - 집 정리·수납과 공동체 활동에 관심 있는 00동 **지역주민 10명**
주변 참여자	▪ 네트워크 유관 기관 - 00마을만들기지원센터, 00센터

(2) 참여자 선정 기준

※ 공통사항 : 00동에 거주하는 지역주민 중

▪ **의(衣)복 공동체**
- 바느질 또는 업사이클링에 관심이 있는 주민 중 이웃들과 공동체 활동을 할 수 있는 주민

▪ **식(食)사 공동체**
- 식사하는 모임을 통해 이웃들과 소통하고 싶은 주민 중 이웃들과 공동체 활동을 할 수 있는 주민

▪ **주(住)거 공동체**
- 주거환경 및 마을환경 개선에 관심이 있는 주민 중 이웃들과 공동체 활동을 할 수 있는 주민

4) 본 예시는 2020년 신청사업-달서구학산종합사회복지관 사업계획서 일부를 발췌·요약하여 작성되었으며, 전체 사업계획서의 내용은 http://proposal.chest.or.kr 에서 확인할 수 있음.

(3) 참여자 모집 방안

홍보전략	■ 온·오프라인 홍보 - 온라인 : 홈페이지 및 SNS 홍보 - 오프라인 : 홍보지 배포(아파트 게시판, 관내 게시판, 주변 상가, 마을신문 발간, 1층 TV 및 전광판 상영 ■ 기존 조직 및 단체 연계 - 의·식·주와 관련된 기존 조직 및 단체 대상 활동 안내
상담 및 선정	■ 참여자 상담을 통한 참여의지 확인 및 선정 - 프로그램에 대한 이해, 프로그램 참여의지 확인 - 의·식·주 중 관심 있는 공동체 확인 및 선정

2) 사업내용(사업수행일정 포함) 및 사업집행전략

		모임/배움		활동/관계		나눔/공유
의복 공동체 지역주민 6명	⇒	■ 새활용 교육(월2회) - 수선·업사이클링 교육	⇒	■ 정기 모임(월2회) - 수선·업사이클링 연습 ■ 마을 수선소(연5회) - 주민대상 의복 수거 후 무료 수선 활동	⇒	■ 새활용 나누기(연4회) - 업사이클링 주민교육 ■ 새활용 프리마켓(연2회) - 업사이클링 나눔·판매
식사 공동체 지역주민 8명	⇒	■ 집밥 교육(월2회) - 식생활·위생 교육 - 요리 수업	⇒	■ 집밥 모임(월1회) - 각 모임별 집밥 모임 - 집밥 캠핑 ■ 텃밭 가꾸기(월1회) - 작물 재배 및 수확	⇒	■ 집밥 나누기(연3회) - 저소득층 집밥 나눔 - 집밥 배달 및 식사나눔 - 말벗 및 식생활 교육
주거 공동체 지역주민 10명	⇒	■ 정리·수납 교육(주1회) - 정리·수납 교육 - 세대방문 현장실습	⇒	■ 정기 회의(월1회) - 저장강박세대 발굴 - 마을청소구역 조사 ■ 마을 만들기(연3회) - 정리수납 팜플렛 제작 - 마을 및 아파트 청소	⇒	■ 정리·수납 컨설팅 (연3회) - 저장강박세대 정리·수납 및 컨설팅 ■ 주민 교육(연1회) - 정리·수납 주민 특강

○ 사업 내용

(1) 의·식·주 공동체 조직 및 역량 강화 : 모임 / 배움

1세부 사업명	활동(수행방법)			
	P/G명	일정	회기	내 용
의복 공동체	새활용 교육	4~10월	14회기 (월2회)	▪ 대　상 : 의복 공동체 모임 6명 ▪ 수행인력 : 00연대, 00업사이클센터, 담당자 - 00연대 : 수선 교육 진행 - 00업사이클센터 : 업사이클링 교육 진행 ▪ 수행방법 - 바느질 및 업사이클링 교육 진행 ▪ 진행내용 : 수선에 대한 이해, 자원선순환/업사이클링 이해하기, 업사이클링 기본과정(천, 옷 등), 업사이클링 심화과정
식사 공동체	집밥 교육	4~11월	14회기 (월2회)	▪ 대　상 : 식사 공동체 모임 8명 ▪ 수행인력 : 외부강사, 담당자 ▪ 수행방법 - 요리교육 전 필수 이론교육 진행 - 집밥 배우기 교육(회기당 2H / 국, 찌개, 반찬, 등) ▪ 진행내용 : 식생활 교육, 위생·영양 교육, 요리수업 및 실습 (기본/심화)
주거 공동체	정리·수납 교육	4~6월	12회기 (주1회)	▪ 대　상 : 주거 공동체 모임 10명 ▪ 수행인력 : 외부강사, 담당자 ▪ 수행방법 - 정리·수납 전문가 양성교육 진행 - 세대 방문을 통한 현장실습 활동 진행 ▪ 진행내용 : 수납의 이해, 주방 정리·수납, 침구·의류 정리·수납, 현장실습Ⅰ, 냉장고 정리·수납, 재활용품 DIY, 거실, 서재, 아이방, 현관, 신발장, 욕실, 베란다, 세대 방문 현장실습Ⅱ, 과제물 발표 및 수료

(2) 이웃과의 교류 및 유대감 증진 : 활동 / 관계

<table>
<tr><th rowspan="2">세부 사업명</th><th colspan="4">활동(수행방법)</th></tr>
<tr><th>P/G명</th><th>일정</th><th>회기</th><th>내 용</th></tr>
<tr><td rowspan="2">의복
공동체</td><td>정기
모임</td><td>4~11월</td><td>14회기
(월2회)</td><td>■ 대 상 : 의복 공동체 모임 6명
■ 수행방법
- 모임활동에 대한 의견 수렴 및 조율(퍼실리테이션)
- 새활용 교육 내용 연습 및 복습
■ 진행내용 : 수선 활동, 체험활동 계획, 새활용 교육 복습</td></tr>
<tr><td>마을
수선소</td><td>6~11월</td><td>5회기
(월1회)</td><td>■ 대 상 : 수선을 희망하는 지역주민 누구나
■ 수행인력 : 의복 공동체 모임 6명
■ 수행방법
- 복지관 온·오프라인을 활용한 홍보 진행
- 복지관 1층 P·G실을 활용한 의복 수거 및 수선
■ 진행내용
- 수거DAY : 수거기간 안내, 부스 설치 및 의류 수거 진행, 수선가능 여부 확인 및 개별 접수 명단 작성
- 수선DAY : 수거된 의류 수선 진행, 수선 완료 안내</td></tr>
<tr><td rowspan="2">식사 공동체</td><td>집밥
모임</td><td>4~11월</td><td>8회기
(월1회)</td><td>■ 대 상 : 식사 공동체 모임 8명 (1모임당 4명)
■ 수행인력 : 1모임·2모임 각 1명씩
■ 수행방법
- 각 모임이 돌아가면서 자기 집에 조원들을 초대해 함께하는 식사 모임 진행 (2조가 각각 따로 진행)
- 두 모임이 함께 도시락을 싸서 떠나는 집밥 캠핑</td></tr>
<tr><td>텃밭
가꿈</td><td>4~11월</td><td>8회기
(월1회)</td><td>■ 대 상 : 식사 공동체 모임 8명 (1모임당 4명)
■ 수행방법
- 각 모임별 텃밭 배분, 작물 재배 및 수확, 텃밭 관리
- 수확한 작물을 집밥 모임 또는 간식나눔에 활용
■ 진행내용 : 작물 심기, 작물 재배 및 수확</td></tr>
<tr><td rowspan="2">주거
공동체</td><td>정기
회의</td><td>4~11월</td><td>7회기
(월1회)</td><td>■ 대 상 : 주거 공동체 모임 10명
■ 수행방법
- 사례관리팀과의 연계를 통한 지역 내 저장강박세대 발굴 및 마을 청소 필요구역 확인
- 주민교육 진행을 위한 교육자료 및 교안 제작</td></tr>
<tr><td>마을
청소</td><td>7, 9,
11월</td><td>3회기</td><td>■ 대 상 : 정리·수납에 관심 있는 지역주민 누구나
■ 수행인력 : 주거 공동체 모임 10명
■ 수행방법
- 정리·수납 방법이 수록된 팜플렛 제작
- 팜플렛 배포 및 마을정화 활동을 통한 지역주민 인식 개선 캠페인 실시
■ 진행내용 : 정리·수납 팜플렛 제작/배포, 마을청소 캠페인 실시, 마을 청소</td></tr>
</table>

(3) 나눔문화 확산 및 공동체 의식 함양 : 나눔 / 공유

<table>
<tr><th rowspan="2">세부 사업명</th><th colspan="4">활동(수행방법)</th></tr>
<tr><th>P/G명</th><th>일정</th><th>회기</th><th>내 용</th></tr>
<tr><td>의복
공동체</td><td>새활용
나눔교육</td><td>11~12월</td><td>4회기</td><td>▪ 대 상 : 새활용에 관심 있는 지역주민 6명
▪ 수행인력 : 의복 공동체 모임 6명
▪ 수행방법
- 복지관 온·오프라인을 활용한 홍보 및 참여자 모집
- 의복 공동체 주민이 직접 지역주민을 대상으로 수선·업사이클링 교육 진행(교육내용도 직접 계획)
▪ 진행내용 : 수선, 업사이클링에 대한 기본 이해, 수선, 업사이클링 활동하기</td></tr>
<tr><td>의복
공동체</td><td>새활용
프리마켓</td><td>6월,
10월</td><td>2회기</td><td>▪ 대 상 : 지역주민
▪ 수행인력 : 의복 공동체 모임 6명
▪ 수행방법
- 모임활동을 통하여 만든 업사이클링 제품 판매활동
- 발생된 수익금의 경우 지역사회 기부 예정
▪ 진행내용 : 업사이클링 제품 판매 및 전시활동</td></tr>
<tr><td>식사 공동체</td><td>집밥
나눔</td><td>5, 9, 11월</td><td>3회기</td><td>▪ 대 상 : 지역 내 소외된 이웃 12명
▪ 수행인력 : 식사 공동체 모임 8명 (1모임당 4명)
▪ 수행방법
- 각 모임별로 집밥(밑반찬)을 직접 조리
- 2명의 이웃을 찾아가 한 끼 함께 나눔(말벗)</td></tr>
<tr><td rowspan="2">주거
공동체</td><td>정리·수납
컨설팅</td><td>7, 9,
11월</td><td>3회기</td><td>▪ 대 상 : 저장강박세대 3가구
▪ 수행인력 : 주거 공동체 모임 10명
▪ 수행방법
- 직집 세대 빌굴 및 사례관리팀 추전을 통한 저장강박세대 3가구 선정
- 세대 방문을 통한 정리·수납 계획 수립
- 정리·수납 기술을 활용한 컨설팅 진행</td></tr>
<tr><td>주민
교육</td><td>8월</td><td>1회기</td><td>▪ 대 상 : 지역 내 주민 50명
▪ 수행인력 : 주거 공동체 모임 10명
▪ 수행방법 : 실생활에 필요한 정리·수납 기술 교육 진행</td></tr>
</table>

○ 사업 진행 일정

내용		1월	2월	3월	4월	5월	6월	7월	8월	9월	10월	11월	12월
의복 공동체	새활용 교육					전시회 관람							
	정기모임												
	마을 수선소												
	새활용 나눔교육												
	플리마켓 참여												
식사 공동체	집밥 교육				선진지 견학								
	집밥 모임						집밥 캠핑						
	텃밭 가꿈												
	집밥 나눔												
주거 공동체	정리·수납 교육												
	정기회의												
	마을청소							자료집 발간					
	정리·수납 컨설팅												
	주민교육												

3) 기관 연계협력 전략

협력 기관명	세부 사업명	협력 계획	비고
00마을공동체 만들기지원센터	공동체 교육	■ 본 기관 - 마을공동체 교육 진행 전문가 요청 - 사업 자문 및 협조 요청 ■ 협력기관 - 마을공동체 교육 진행 - 사업 자문 및 정보 제공	의·식·주 공동체
00업사이클센터	새활용 교육, 새활용 프리마켓	■ 본 기관 - 프리마켓 행사 및 전시회 참가 요청 ■ 협력기관 - 프리마켓 행사 및 전시회 초청	의복 공동체
00연대	수선 교육	■ 본 기관 - 수선 교육 진행 전문가 요청 ■ 협력기관 - 수선 교육 진행	의복 공동체

3. 예산 편성

(단위 : 원)

목	세목	세세목		계	산출근거	예산조달 계획				
						신청금액	비율(%)	자부담	비율(%)	자부담 재원
		총 계		40,922,000	-	26,270,000	100	14,652,000	100	
인건비	전담인력	급여		21,600,000	1,800,000원 × 12개월 × 1명	10,800,000		10,800,000		
인건비	전담인력	사회보험		2,052,000	171,000월 × 12개월 × 1명			2,052,000		자체 예산
인건비	전담인력	퇴직적립금		1,800,000	150,000× 12개월 × 1명			1,800,000		자체 예산
		소계		25,452,000		10,800,000	41.1	14,652,000	100	
사업비	모임/배움	의복 공동체	새활용 교육	3,290,000	• 강사료(3급, 2시간) 200,000×14회=2,800,000 • 재료비 100,000×4회=400,000	3,290,000				
사업비	모임/배움	식사 공동체	집밥 교육	3,900,000	• 강사료(3급, 2시간) 200,000×13회=2,600,000 • 식재료비 100,000×13회=1,300,000	3,900,000				
사업비	모임/배움	주거 공동체	정리·수납 교육	2,910,000	• 강사료(3급, 2시간) 200,000×14회=2,800,000 • 교재구입비 11,000×10개=110,000	2,910,000				
사업비	활동/관계	의복 공동체	정기 모임	210,000	• 다과비 5,000×6명×7회=210,000	210,000				
사업비	활동/관계	의복 공동체	마을 수선소	890,000	• 재봉틀, 다리미 300,000×2개=600,000 • 다리미 구입비 70,000×2개=140,000 • 재료비(실, 천 등) 50,000×3회=150,000	890,000				
사업비	활동/관계	식사 공동체	집밥 모임	715,000	• 식재료비 50,000×7회×2모임=700,000 • 여행자보험(캠핑) 15,000×1회=15,000	715,000				
사업비	활동/관계	식사 공동체	텃밭 가꿈	150,000	• 모종 구입비 50,000×2회=100,000 • 물품 구입비(비료 등) 50,000×1회=50,000	150,000				
사업비	활동/관계	주거 공동체	정기 회의	350,000	• 다과비 5,000×10명×7회=350,000	350,000				
사업비	활동/관계	주거 공동체	마을 청소	1,550,000	• 팜플렛 제작비 1,500,000×1회=1,500,000 • 물품 구입비(청소도구 등) 50,000×1회=50,000	1,550,000				
사업비	나눔/공유	의복 공동체	새활용 나눔교육	320,000	• 재료비 50,000×4회=200,000 • 다과비 5,000×6명×4회=120,000	320,000				
사업비	나눔/공유	의복 공동체	새활용 프리마켓	120,000	• 식사비 15,000×6명×2회=120,000	120,000				
사업비	나눔/공유	식사 공동체	집밥 나눔	400,000	• 도시락 구입비 25,000×4개=100,000 • 식재료비 50,000×3회×2모임=300,000	400,000				
사업비	나눔/공유	주거 공동체	정리·수납 컨설팅	125,000	• 다과비 5,000×5명×3회=75,000 • 물품구입비 50,000×1회=50,000	125,000				
사업비	나눔/공유	주거 공동체	주민 교육	180,000	• 다과비 3,000×50명=150,000 • 엑스베너 제작비 30,000×1회=30,000	180,000				
		소 계		15,110,000	-	15,110,000	57.5			
관리운영비	관리운영비	교통비		360,000	30,000 × 12개월 × 1명	360,000				
		소계		360,000		360,000	1.4			

4. 문제의식(사업 필요성)

1) 사업 계획 배경

(1) 이웃과의 관계 단절로 인한 지역공동체 의식 부재

오늘날 '이웃사촌'이라는 말의 의미가 점점 옅어지고 있다. 한 조사결과에 따르면 전국 만 19세~59세 성인남녀 1,000명을 대상으로 실시한 2019 '이웃과의 교류' 관련 인식 평가 설문조사 결과에 따르면, 이웃사촌이라는 개념이 확연하게 옅어졌으며 이웃들과 별다른 교류 없이 지내는 경우가 태반인 것으로 나타났다. (시장조사전문기업 트렌드모니터(trendmonitor.or.kr)) 성인남녀 10명 중 4명(39.8%)은 현재 옆집에 누가 사는지도 모르고 있는 것으로 나타났으며 특히 1~2인 가구(1인 가구 67.3%, 2인 가구 44.9%, 3인 가구 32. 6%, 4인 가구 35.6%)에게서 이웃과의 단절된 모습이 높게 나타나 '관계의 단절' 현상의 가속화가 우려되고 있다.

이렇게 이웃이 낯선 존재가 되어 버린 요즘, 고민거리를 나누거나 위급한 상황이 생겼을 때 선뜻 이웃의 도움을 청하는 것도 어려워지고 있다. 시간이 지날수록 이웃에게 고민거리를 나누거나 위급 상황 시 이웃의 도움제공에 대한 기대감이 점차 감소되고 있는 것을 알 수 있다. 이러한 '관계의 단절' 현상이 지속화된다면 위급한 상황이 생겼을 때 도움을 받을 수 있는 일이 없어지며 서로를 배려하는 지역공동체 의식이 사라지게 된다. 이는 자연스럽게 현재 살고 있는 동네에 무관심을 야기시키며, 지역공동의 이익을 위한 헌신보다는 개인의 목적과 이익만을 우선시하는 현상이 나타난다.

본 기관이 위치하고 있는 00동에 살고있는 주민과의 인터뷰를 진행한 사례를 보면 '지역공동체 의식의 부재'는 이웃간의 다양한 사회문제를 야기시킨다. 하지만 이러한 문제들은 단순한 민원제기나 법적인 조치로 쉽게 해결되지 않는다. 주민들이 개인주의에서 벗어나 지역공동의 이익을 위한 지역공동체 의식을 갖는 것이 중요하다. 그러기 위해서는 이웃 간의 관계 개선과 교류가 활발히 이루어져야 하며, 이웃이 이웃을 돕는 '이웃사촌', '이웃 공동체'의 필요성을 인식하고 지역공동체 의식을 확산시키는 활동이 우선되어야 한다.

(2) 마을 공동체 형성을 통한 저소득층의 기본권(의·식·주) 존중

본 기관의 관할구역인 00동에는 8,468가구가 살고 있는데 이 중 기초생활수급자는 2,538가구로 전체 가구의 30%를 차지한다. 이는 00동에 살고 있는 주민 3~4명 중 1명이 기초생활수급자인 것을 의미한다. 또한 00구 전체 기초생활수급자 15,113가구 중 2,538가구(16.8%)가 00동에 거주하고 있어 00구 22개동 중 수급자 최다 밀집지역에 속한다.

본 기관이 위치한 00단지 아파트는 영구임대아파트이며 2,364세대의 저소득 가구가 살고 있다. 수급자가 많이 거주하고 있기 때문에 의·식·주를 포함한 일반적인 생활이 어렵거나 경제적인 상황이 어려운 주민들이 많다. 특히 의·식·주는 인간으로서 마땅히 누려야할 기본권이기 때문에 복지관에서는 주민들의 의·식·주(=인권)를 보장하기 위한 책무성을 지녀야한다. 하지만 본 기관에서는 의(衣)와 관련된 서비스는 별도로 제공되고 있지 않으며, 식(食)과 주(住)와 관련된 서비스를 제공하고는 있지만 외식서비스나 방역서비스와 같이 단순 지원 또는 1회성 지원에 국한되어 있다. 이마저도 서비스 대상이 한정적이기 때문에 모든 주민들이 서비스를 제공받지 못하고 있는 실정이다.

본 사업은 복지관에서 의·식·주와 관련된 단순 서비스를 추가로 더 제공하자는 것이 아니라 마을 공동체 활동에 관심 있는 주민들을 의·식·주 각 모임에 구성하여 지역조직화 활동을 통해 마을 내 모든 주민들의 기본권이 존중받을 수 있는 구조적·환경적인 체계를 마련하고자 한다.

2) 기존 유사사업과의 차별성

(1) 이웃이 이웃을 돕는 나눔공동체 문화 확산

지역 공동체를 만들기 위해서는 마을의 주인인 주민들의 역할이 무엇보다 중요하다. 자발성을 토대로 자신의 삶과 터를 변화시켜 나갈 주민들의 노력 없이는 사실상 불가능하기 때문이다. 주민의 참여를 이끌어내기 위해서는 지역사회에서의 공동체적 역량을 높이고 구성원들 간의 관계 형성과 역량강화 등이 필요하다. 하지만 00동에 속한 기존의 조직과 단체들의 경우 구성원들 간의 만남이 이루어지곤 있지만 지역문제를 스스로 해결하기 위한 역량 개발과 활동의 지속적인 참여가 이루어지지 않고 있다. 본 기관은 이러한 조직과 단체들을 재조직화해 지역공동체의 정체성을 확립하고 지속적인 참여를 확대하고자 한다. 여기서 중요한 것은 구성원들이 만나서 서로 소통하고 배우는 것에서만 그치는 것이 아니라 지역사회 나눔을 통해 마을주민 모두가 함께 교류하고 화합할 수 있는 나눔공동체 문화를 확산시키는 것이다.

(2) 자기결정권을 통한 지속적 참여 유도

주민들의 적극적이고 지속적인 참여를 유도하기 위해서는 주민들의 흥미를 유발하는 것이 중요하다. 기존의 조직과 단체들을 보면 활동에 대한 체계적인 계획이나 정체성이 없어 단기적·1회성 참여에 그치거나 단순모임으로 이어지는 경우가 많았다. 그렇기 때문에 주민들 스스로가 원하는 활동을 직접 선택해 공동체에 속한다면 소속감과 흥미를 갖고 공동체 활동의 지속적 참여가 가능할 것이다.

3) 신청기관의 강점

(1) 공동체 활동이 가능한 다양한 인적 자원 보유

마을공동체를 형성하기 위해서는 마을에서 활동할 의지가 있거나 활동을 하고 있는 많은 주민들이 필요하다. 하지만 본 기관은 오랫동안 지역조직사업을 진행해오면서 이미 주민활동가로 활동할 수 있는 다양한 인적 자원들을 보유하고 있다. 앞서 언급했듯이 주부 새활용 모임 '00자원순환공동체'를 통해 '의복 공동체' 활동 참여를 유도할 수 있고, 00단지 입주민 모임 '살기좋은동네만들기 추진위원회'를 통해 '주거 공동체' 활동 참여를 유도할 수 있다. 또한 식사공동체의 경우 복지관 P/G을 이용하는 주민들이나 수강생을 대상으로 활동 참여를 유도할 수 있다. 그 외에도 00단지 통우회, 행복지킴이, 부녀회의 경우 주민들과 밀접한 관계를 맺고 있기 때문에 의·식·주 공동체에 관심 있는 주민 발굴에 도움이 될 수 있다.

(2) 정기적인 모임·활동이 가능한 공간 확보

각 공동체가 모임을 갖고 정기적인 활동을 진행하기 위해서는 물리적인 공간이 필요하지만 사회교육이나 문화강좌 수업으로 인해 상시적으로 사용할 수 있는 공간이 많지는 않다. 하지만 본 사업을 위해 각 공동체가 상시적으로 모임을 갖거나 활동준비를 위해 상주할 수 있는 공간 3곳을 마련할 수 있었다. 이를 통해 의복 공동체는 업사이클링 연습과 마을수선소를 진행할 수 있으며, 식사 공동체는 집밥교육과 집밥 나눔 시 조리를 할 수 있으며, 주거 공동체는 정기회의와 주민특강 준비 등을 진행할 수 있다.

5. 목표 및 평가

1) 산출목표

세부 사업명	산출목표	모니터링 방법
모임 / 배움	• 새활용 교육 : 의복 공동체 모임 6명, 월2회/총14회 실시 • 집밥 교육 : 식사 공동체 모임 8명, 월2회/총14회 실시 • 정리·수납 교육 : 주거 공동체 모임 10명, 주1회/총12회 실시, 정리·수납 자격증 취득 50% 이상	• 출석부 • 실시·결과보고 • P·G 활동일지 • 정리·수납 자격증
활동 / 관계	• 정기 모임 : 의복 공동체 모임 6명, 월2회/총14회 실시 • 마을 수선소 : 수거/수선 의류 개수 총 15개 이상 • 집밥 모임 : 식사 공동체 모임 8명, 월1회/총8회 실시 • 텃밭 가꿈 : 월1회/총8회 실시 • 정기 회의 : 주거 공동체 모임 10명, 월1회/총7회 실시, 저장강박세대 7세대 발굴 • 마을 청소 : 주거 공동체 모임 10명, 연3회 실시	• 출석부 • 실시·결과보고 • P·G 활동일지 • 평가회의록 • 수선 의류 목록표
나눔 / 공유	• 공동체 나눔 : 의·식·주 공동체 모임 24명, 연1회 실시/마을축제 체험부스/프리마켓 모임별 1개씩 운영 • 새활용 나눔교육 : 월1회/총5회 실시 • 새활용 프리마켓 : 연2회 실시 • 집밥 나눔 : 지역 내 소외된 이웃 12명 대상, 연3회 실시 • 정리·수납 컨설팅 : 저장강박세대 3가구 대상, 연3회 실시 • 주민 특강 : 지역주민 50명 대상, 연1회 실시	• 출석부 • 실시·결과보고 • P·G 활동일지

2) 성과목표 및 평가 방법

구 분	성과목표	평가 도구 및 방법	측정 시기
모임/배움	의·식·주 공동체 조직 및 역량 강화	• 성과지표 : 사전·사후 마을만들기 참여 점수 8점 이상 향상 • 평가도구 : 마을만들기 참여 척도 (60점 만점) • 평가방법 : 참여자 대상 사전·사후 척도검사	사전(3월), 사후(12월)
활동/관계	이웃과의 교류 및 유대감 증진	• 성과지표 : 사전·사후 동네응집력 점수 10점 이상 향상 • 평가도구 : 동네응집력 척도 (72점 만점) • 평가방법 : 참여자 대상 사전·사후 척도검사	사전(3월), 사후(12월)
나눔/공유	나눔문화 확산 및 공동체 의식 함양	• 성과지표 : 사전·사후 공동체 의식 점수 10점 이상 향상 • 평가도구 : 공동체 의식 척도 (80점 만점) • 평가방법 : 참여자 대상 사전·사후 척도검사	사전(3월), 사후(12월)

6. 사업종료 후 지향점

1) 사업 수행으로 인한 기대 효과

(1) 참여자 개인의 긍정적인 변화

구 분	변화내용	비 고
의(衣)	• 수선 및 업사이클링 전문기술 습득 • 재능나눔을 통한 사회적 자존감 형성	-
식(食)	• 올바른 식습관 형성 및 안정된 영양 섭취 • 요리실력 및 식생활 해결능력 향상	-
주(住)	• 체계적·표준화된 정리·수납 기술 습득 • 마을문제 해결을 위한 능동적 태도 향상	정리·수납 자격증 취득

(2) 지역사회의 긍정적인 변화

구 분	변화내용	비 고
의(衣)	• 자원선순환에 대한 긍정적 인식 형성 • 재능나눔을 통한 나눔문화 확산	-
식(食)	• 소외계층의 안부확인 및 결식문제 해결 • 지역주민과의 긍정적 유대감 형성	-
주(住)	• 저장강박세대 발굴 및 주거환경 개선 • 마을정화활동을 통한 지역주민 인식개선	정리·수납 팜플렛 제작

2) 사업 결과의 활용 계획

- ○ 공동체 모임별 참여자 증원 및 소통 강화 : 지역사회에 사업의 효과성을 알린 후 각 공동체별로 활동에 관심 있는 주민들을 추가로 모집해 공동체를 확장시키고 활동의 범위를 증대할 계획이며 구성원 간 관심사항을 함께 공유하고 논의하여 함께 활동을 계획하고 진행하고자 함.
- ○ 연계사업 활성화 도모 : 공동체별로 나눔·공유 활동을 강화하여 지역사회 공헌 및 나눔문화 확산을 위해 노력할 계획임. 그러기 위해서는 다양한 기관 및 단체와의 연계를 통해 지역사회의 한정된 자원을 효율적으로 활용해 지역사회에 더 큰 시너지효과를 가져올 수 있도록 하겠음.

〈사례 2〉 프로그램명: 사별노인의 우울감 해소를 위한 음악활동 프로그램, 하나가 우리가 되어 만드는 실버앙상블 '우리두리 소리나리'

사별노인의 우울감 해소를 위한 음악활동 프로그램, 하나가 우리가 되어 만드는 실버앙상블 우리두리 소리나리

[제천시 노인종합복지관]

프로그램 개요

요약

사별노인으로 구성된 '실버앙상블단'을 창단하여 '음악'을 매개로 한 다양한 음악활동(음악치료, 공연나눔활동, 문화활동)을 통해 사별노인의 우울감 해소와 활력소를 제공하고, 나아가 노년기 사회참여 기회 확대를 통해 행복한 노년의 삶을 지지한다.

필요성(문제 및 원인 포함)

보건복지부 연구 자료에 의하면 2035년 사별노인을 포함한 독거노인 수는 343만명, 전체 노인 중 23.3%를 차지할 전망이다. 손의성(2008)의 연구에서는 조사대상인 사별노인 415명의 우울 전체 평균이 7.28(15점 만점)[1]점으로 중등도 이상의 우울로 나타났으며, 김승연 외의 연구(2007)에서도 조사대상인 배우자 사별노인의 59.7%가 우울 성향(6점 이상)이 있는 것으로 나타났다. 특히 이 가운데 33.7%가 15점 만점에 10점 이상으로 나타나 배우자 사별노인이 심각한 우울증상을 갖고 있는 것으로 조사되었다.
그 동안 국내에서 진행된 배우자 사별노인에 관한 연구들은 노년기 배우자 사별이 하나의 스트레스원으로 작용하면서 노인들의 심리 · 정서적 측면에 있어서 우울과 같은 적지 않은 부정적 결과를 가져온다는 점에 주목하고, 이를 극복할 수 있는 방안을 노인 개인의 다양한 대처 방식이나 사회적 지지를 포함한 노인을 둘러싸고 있는 사회체계 등으로부터 찾고자 하였다.[2]
하지만, 여전히 노인을 둘러싸고 있는 사회체계에서는 실질적으로 그에 대한 지지망이 턱없이 부족하다. 이와 같은 현실은 본 사업의 서비스 제공 지역이 될 제천시도 다를 바가 없다. 사별노인들의 배우자 상실 후 적응을 도모하기 위해서 사별에 따른 어려움이나 문제 등에 대해 구체적이고 실제적인 지지가 적절한 시기에 제공될 필요가 높으나, 제천시 60세 이상의 노인 27,697명 중

9,300명(34%)[3]이나 차지하고 있는 사별노인을 위한 예방 및 치료프로그램 등의 사회적 지지망이 현저히 부족하다. 따라서, '우리두리 소리나리' 프로그램을 통해 배우자 사별노인의 우울감을 해소 및 삶의 활력소를 제공하고, 노년기 사회참여 기회 확대를 통해 행복한 노년의 삶을 지지하고자 한다.

1) 노인 우울을 측정하기 위해서 통상적으로 사용하는 척도는 국내외를 막론하고 GDS와 CESD 등 두가지 척도가 가장 많이 사용되는데 대부분 단축형 척도를 많이 사용한다. 본 연구에서는 GDS 단축형 척도를 사용하였으며 이 경우 15점 만점으로 평가되며, 0-5점은 정상으로, 6-9점은 중등도 우울증상으로, 그리고 10점 이상은 우울증으로 판단한다(김승연 외, 2007: 579).

2) 배우자 사별노인의 우울과 적응 유연성 : 사회적 지지의 매개효과 검증 - 김신열, 김순규, 서효정 보건사회연구 제31권 제3회(2011년 9월)

3) 통계청 「인구주택총조사」2010

목적 및 목표

목 적	산출목표	성과목표
1. 음악활동을 통한 사별노인의 우울감 감소	1-1. 사별노인 중 실버앙상블단 참여 희망자 24명 선발 1-2. 실버앙상블단 창단 1-3. 음악단 활동 30회 이상 실시 1-4. 음악치료활동 10회 이상 실시 1-5. 자조모임 5회 이상 실시	사별노인의 우울감 감소 및 삶의 만족도 향상
2. 문화활동을 통한 삶의 활력소 제공	2-1. 연 1회 음악영화 감상 2-2. 연 1회 음악공연 관람	단합 및 친목도모를 통한 관계형성 및 사회성 향상
3. 공연활동을 통한 노년기 사회 참여 기회 확대	3-1. 연 5회 이상 유관기관 및 노인병원, 노인요양원 공연 재능나눔활동 실시 3-2. 연 3회 이상 지역자원을 활용하여 공연 및 복지관 자체 발표회 실시	노년기 사회참여 기회확대를 통한 자아존중감 향상

대상

대상구분	서비스대상자 산출근거	단위수(명)
① 일반대상	제천시 60세 이상의 노인인구	34,190
② 위기대상	제천시 60세 이상의 사별노인	9,300
③ 표적대상	위기대상 중 제천시노인종합복지관 회원으로 등록되어 있는 독거노인	1,018
④ 클라이언트 수	표적대상 중 사별노인 및 프로그램 희망자 선발	25

프로그램 수행현황

프로그램 수행기간

2017년 1월 ~ 2017년 12월 (12개월)

프로그램 수행내용

성과목표	프로그램	활동(수행방법)	사업실적(인원/회수)	시행시기	투입 인력
사별노인의 우울감 감소 및 삶의 만족도 향상	실버 앙상블단 오리엔테이션	◦ 연간계획 및 각 악기에 대한 세부 설명회 ◦ 강사소개 및 자기소개 ◦ 성과지표 측정 검사 실시	25명/1회	2월	사회복지사 2명 강사 1명
	음악활동	**음악단활동** ◦ A반(주 1회 / 1.5h) · 음악치료사의 지도하에 악기 연주 방법(리듬, 코드) 습득 및 합주 연습 · 단원들 간의 창작곡 만들기, 노래부르기, 악기 즉흥연주 ◦ B반(주 1회 / 1.5h) · 음악치료사의 지도하에 악기 연주 방법(리듬, 코드) 습득 및 합주 연습 · 단원들과 창작곡 만들기, 노래부르기, 악기 즉흥연주 ◦ 전체합주 연습(주 1회 / 1.5h) · 음악치료사의 지도하에 전체 합주 연습실시	25명/ 123회	2월~11월	사회복지사 2명 강사 2명
		음악치료활동 ◦ 자기소개 노래 만들기 · 제시된 자기소개 가사 악보의 빈칸을 채워 자기소개 노래 완성과 함께 단원들과 함께 교류 활동 ◦ 즉흥연주 · 다양한 악기를 활용하여 즉흥연주를 실시하며 스트레스와 울분을 해소하는 활동. ◦ 노래가사 만들기(회상) · 노래 감상 뒤 주어진 주제로 빈칸 가사를 채워 단원들과 교류 ◦ 신체활동 · 순서대로 음악에 맞추어 동작을 표현하고 단원들 간의 동작을 모방 · 제공된 리본 및 체조 봉 등 물품을 활용하여 동작을 표현 ◦ 나의 특별한 음악소개(회상) · 각 음악을 감상하며 각자 음악에 대한 소개 진행 및 단원들과 교류	25명/ 123회	3월~11월	사회복지사 2명 강사 1명
		자조모임 ◦ 자조모임을 통한 자립적인 합주 연습 및 단원들과 교류 실시	25명/6회	7월~11월	사회복지사 2명
	수료식	◦ 제천시노인종합복지관 소속 실버앙상블단 수료식 진행 · 활동내용 UCC 감상 및 소감 교류 · 수료증 수여	25명/1회	12월	사회복지사 3명 강사 2명

성과목표	프로그램	활동(수행방법)	사업실적 (인원/회수)	시행시기	투입 인력
단합 및 친목도모를 통한 관계형성 및 사회성 향상	문화활동	**공연관람** ◦ 지역 내 · 외 관련 공연관람을 통해 음악활동에 대한 동기 부여	25명/1회	5월	사회복지사 2명 강사 2명
		음악영화 관람 ◦ 지역 내 자원을 통한 음악영화 관람 실시	25명/1회	8월	사회복지사 2명 강사 2명
	사업 평가회	◦ 연 2회의 의견교류의 장을 마련하여 프로그램 발전방향 모색	25명/2회	8월~12월	사회복지사 2명 강사 2명
노년기 사회참여 기회확대를 통한 자아존중감 향상	공연나눔 활동	**공연 재능나눔활동** ◦ 지역 내 유관기관 및 노인요양병원, 노인요양시설과 연계하여 공연 및 공연 봉사활동 실시	25명/6회	5월~11월	사회복지사 2명 강사 1명
		공연활동 ◦ 지역 내 자원을 활용한 즉석공연 ◦ 노인 음악대회 관련 참가 ◦ 제천시노인종합복지관 '제 15회 어르신 작품전시회 및 발표회' 공연 참가		5월~11월	사회복지사 2명 강사 1명

프로그램 성과 및 향후 과제

프로그램 성과

1) 프로그램 전체 평가

성과목표	성과지표	평가결과
사별노인의 우울감 감소 및 삶의 만족도 향상	**평가지표 :** 우울감 20% 감소 **평가도구 :** 노인우울척도(GDS-K)	**노인우울증 검사 결과** 비교분석 결과 설문조사에 참여한 참여자 25명 중 12명(48%)이 우울이 감소되었다는 검사 결과가 나타났으며 20% 이상 감소 목표를 달성함
단합 및 친목도모를 통한 관계형성 및 사회성 향상	**평가지표 :** 대인관계척도 30% 향상 **평가도구 :** 대인관계변화척도지(RCS)	**대인관계변화척도 검사 결과** 비교분석 결과 설문조사에 참여한 참여자 25명 중 9명(36%)이 대인관계가 향상되었다는 분석결과가 나타나 대인관계척도 30% 향상 목표를 달성함
노년기 사회참여 기회확대를 통한 자아존중감 향상	**평가지표 :** 자아존중감 20% 향상 **평가도구 :** 자아존중감 척도지	**자아존중감척도 검사 결과** 비교분석 결과 설문조사에 참여한 참여자 25명 중 10명(40%)이 자긍심(자아존중감)이 향상되었다는 결과가 나타나 자아존중감 20% 향상 목표를 달성함

2) 대상자에게 미친 영향 또는 변화

본 프로그램에 참여하셨던 강○○ 어르신은 프로그램 시작 전 대상자를 모집할 시기에 지역신문에 게재된 대상자 모집 홍보물을 접하고 복지관에 직접 찾아와 가입을 하고 신청을 하셨던 어르신이다.

활발하게 프로그램에 참여하던 중 본 프로그램에 대해 KBS1 라디오 생방송 '충청은 지금' 으로부터 인터뷰 요청에 응하여 프로그램을 통해 "남편을 잃고 아주 그냥 방안에 꽁꽁 묶여 숨어 사는 그런 기분이어서 사람도 만나지 않았고, 활동하던 지역에 다시 올라가려고 하니까 거기서는 도저히 견딜 수 가 없을 것 같았고... 그래서 그냥 제천에서 살게 됐거든요.

동료들이랑 같이 음악활동하면서 외로움을 잊어 보려고 참석하게 됐어요. 참여해보니 사별노인치유 목적이라서 더 마음에 와 닿았어요. 음악 감상을 하다보면 마음이 잔잔해지면서 평온함을 찾을 수 있었고, 말할 수 없는 아픔을 막 토해내고 싶을 때에 드럼을 치니까 치유되는 느낌을 받을 수 있어서 저에게 큰 도움이 되고 있어요." 라며 자신이 긍정적으로 변화하고 있음을 털어 놓았다.

위 어르신은 프로그램 사전 · 사후 심리 척도검사 결과 우울증, 삶의 만족도, 대인관계변화, 자아존중감의 모든 영역에서 긍정적으로 변화되어 본사업을 통해 긍정적으로 변화되어 가고 있는 사례이다.

대부분의 참여자들은 3년 연속 프로그램에 참여하고 있으며, 지속적인 음악치료활동을 통해 '나'에 대한 개방이 이루어지고 상대방의 이야기에 공감을 하는 시간이 늘어나 친밀감이 매우 높아졌다. 더불어 각 반별로 자조모임 프로그램이 신설되어 정기적인 자조모임을 통해 이야기를 나누고 음악합주 연습을 하는 시간이 늘어나 사회성 또한 향상되었다고 사료된다.

참여 어르신들은 사별노인으로 대부분 1인 가구이다. 프로그램 외에 시간에도 정기적으로 모임을 가져 서로의 집을 오가며 안부를 확인하고 있다고 전했다.

참여 어르신 중 한 분은 "복지관에서 노래교실과 건강교실 등 다른 프로그램을 듣고 있었지만 수업만 듣고 집에 오기 바빴다. 하지만 실버앙상블 프로그램은 끝나고 항상 모여서 담소를 나누고 합주연습에 대해 이야기를 나눈다"며 친밀감을 자랑했다.

이 같은 사례는 프로그램 사후 대인관계 척도에서 36%가 대인관계가 향상되었다는 결과와 함께 본 프로그램에 대한 효과성을 확인할 수 있다.

3) 대상자 만족도 수준

지역 내 사별노인으로 구성된 실버앙상블단은 15년 첫 창단이래로 지역 사회 내 뜨거운 감자였다. 전문적으로 악기를 다루던 음악인들이 아닌 악기에 '악'자도 모르고 살았던 어르신들이 모여 음악단 활동을 이끌어 나가는 것만으로도 많은 이들의 걱정과 우려가 있었다.

하지만, 해가 거듭될수록 전문 음악단과 비교할만큼의 월등한 실력은 아니더라도 스스로 박자를 맞추어 가며 음악이 완성되는 과정은 보는 이들로 하여금 감동을 이끌어 냈다.

프로그램 3차년인 2017년도에는 음악치료활동 뿐만 아니라 지역 내 요양병원과 유관기관과 연계하여 지역 주민들을 대상으로 한 음악공연을 펼쳤다. 더불어 상반기에 진행된 '제천시 문화예술동아리 경연대회'와 하반기에 진행된 '충북노인문화예술제 2017'에 참가하여 각각 금상과 기악부문 대상을 수상하였다. 지역 뿐만 아니라 충청북도 내에서 진행되는 음악대회를 참가함으로써 활동영역을 넓혀 많은 이들의 관심을 받았다.

무엇보다 참여 사별노인들은 악기 연주뿐만 아니라 다양한 음악치료활동 및 공연 재능나눔 활동을 통해 성과지표인 우울감, 대인관계척도, 자아존중감 척도 검사결과에서 모두 향상된 긍정적인 결과가 나와 사업에 대한 효과성이 입증되었고, 이는 프로그램의 참여자의 높은 만족도를 이끌어 내었다.

프로그램 제한점(목표달성 저해요인 및 개선방안)

프로그램 기획 당시, 악기를 다룰 줄 아는 사별노인들을 선별하여 모집한 것이 아니기 때문에 음악단 활동을 할 수 있을지 많은 우려가 있었다. 단기간에 성과를 내야하는 사업 특성상 프로그램 활동 횟수를 늘리는 방법 외에는 다른 묘안이 떠오르지 않았기에 주 3회라는 강도 높은 프로그램 활동을 실시하였다.

더불어 지도강사 1명에 많은 참여자들이 함께 모여 음악치료 및 음악단 활동을 수행하기에 한계가 있어 2반으로 나누어 수업을 실시하였고, 보다 세심하게 참여자들을 살필 수 있었다.

이러한 진행사항에 대해 지속적으로 어르신들과 강사님과 함께 사업의 개선방향에 대해 의견을 나눔으로써 원활히 사업을 진행할 수 있었다.

프로그램 향후 전망 및 제언

2017년 3차년 프로그램에서는 1차년과 2차년에서 쌓아올린 음악단 실력으로 소외된 이웃을 위한 재능나눔활동 뿐만 아니라 2회의 음악대회에 참가를 통해 각각 대상, 금상을 수상하여 활동 범위를 넓혔다. 더불어 자조모임 운영을 통해 단원들 간 합주 연습과 친목도모 시간을 가져 실버앙상블단의 홀로서기를 도모하였다. 3년 연속으로 모든 목표에 대한 성과지표를 달성하여 본 사업에 대한 효과성이 입증된 만큼 단원들 간 지속적인 자조모임을 통해 활발한 교류의 장을 펼치고자 한다.

기관소개

'모든 어르신이 마음 놓고 즐길 수 있는 복지관', '최고의 사회복지인들이 활동하는 복지관', '지역사회와 함께하는 복지관'의 비전을 갖고 노인복지를 위한 다양한 사업을 진행 중인 제천시 노인복지시설의 최고의 요람입니다.

주소 : 충청북도 제천시 독순로 65, 제천시노인종합복지관

전화번호 : 043-652-3457 **팩스** : 043-652-3459 **홈페이지** : http://www.jcsilver.or.kr/

〈사례 3〉 프로그램명: 학대피해아동 가정의 재학대 예방을 위한 가족통합 힐링 프로그램 “디어 마이 패밀리(Dear My Family)”

학대피해아동가정의 재학대 예방을 위한 가족통합 힐링 프로그램

디어 마이 패밀리(Dear My Family)

[전북동부아동보호전문기관]

프로그램 개요

요약

- 남원시에 거주하고 있는 학대피해아동 및 피해아동의 부모를 대상으로 진행한 프로그램으로 아동과 부모를 동시에 개입하여 통합적인 서비스를 제공함.
- 피해아동에게는 아동개별심리치료(놀이, 미술, 음악, 기타)와 부모에게는 부모개별, 집단프로그램 서비스가 제공되며 가족을 대상으로 가정에 가정방문지도사를 파견하여 멘토링 및 재학대 여부 모니터링을 진행함.

필요성(문제 및 원인 포함)

- 2000년 아동복지법 개정에 따라 전국에 아동보호전문기관이 설립되었으며, 2001년부터 2016년까지 아동학대 신고접수건수는 꾸준히 증가하고 있는 추세임. 중앙아동보호전문기관에서 발표된 '2016 아동학대현황 속보치'에 따르면 최근 5년 사이 아동학대 신고건수가 3배 가까이 급증했고, 전체 아동인구 중 27.5%가 월 1회 이상 상습적인 학대에 시달리고 있다는 조사결과가 발표되었음.
- 학대피해아동 발견율이 아동 인구 1천명당 2.15명이라는 것은 만 7세 미만의 아동은 자기보호능력이 부족하고 신고 능력이 없기 때문에 주변인의 신고 없이는 발견이 어렵다는 한계를 유추할 수 있음. 또한 학대행위자와 피해아동이 함께 동거하는 사례는 1만 4,701건으로 전체의 78.6%에 해당했으며, 이를 통해 학대발생 위험 요인 감소를 위한 원가정 내의 안전체계를 마

련하는 것이 시급한 것을 알 수 있음. 또한 2015년 재학대 발견율은 1,215건 으로 전국 신규신고건수 19,214건 대비 재신고 6%이며, '전북동부아동보호전문기관'은 신규 신고건수 259건 중 재신고건수가 44건으로 17%에 해당됨. 이는 전국 재신고율 6%보다 높은 수치임.

◦ 위 통계를 통해 알 수 있듯이 '전북동부아동보호전문기관' 내 신고건수가 매년 증가하고 있고, 아동학대 발견율과 재학대 발생률이 꾸준히 증가하고 있는 추세이다. 따라서, 지역 내 아동학대 재발을 막기 위한 노력과 사건처리까지 가지 않도록 사전에 지원하는 프로그램이 절실하게 필요함.

목적 및 목표

목 적	산출목표	성과목표
1. 피해아동의 학대후유증 감소를 통한 건강한 성장 도모	1-1. 피해아동 10명에 대한 개별 심리치료 1인당 18회기 참여	1-1. 자아존중감 향상 1-2. 외상증상 완화
2. 피해아동 부모의 올바른 양육태도 정립 및 양육스트레스 극복	2-1. 피해아동의 부모 5명에 대한 개별상담 · 교육 총 10회기 참여	2-1. 양육태도 개선 및 부모 역할 재정립 2-2. 양육 스트레스 완화
	2-2. 피해아동의 부모 5명에 대한 집단프로그램 총 10회기 참여	
3. 아동에 대한 정서적 지지와 부모의 올바른 양육태도 확립을 통한 가족기능강화	3-1. 피해아동의 8가정에 대한 방문지도사 가정방문 실시(아동-17회기, 부모-17회기 진행)	3-1. 정서적지지, 올바른 양육태도 확립을 통한 가족기능강화

대상

대상구분	서비스대상자 산출근거	단위수(명)
① 일반대상	남원시 전체 아동(만 18세 미만)과 그 부 또는 모 수	51,579
② 위기대상	남원시 아동 중 아동학대 신고된 아동과 그 부 또는 모 수	250
③ 표적대상	남원시 아동 중 아동학대 판정을 받은 아동과 그 부 또는 모 수	248
④ 클라이언트 수	표적대상 중 서비스 이용에 동의한 아동과 그 부 또는 모 수	36

프로그램 수행현황

프로그램 수행기간

2017년 1월 ~ 2017년 12월 (12개월)

프로그램 수행내용

성과목표	프로그램	활동(수행방법)	사업실적 (인원/회수)	시행시기	투입 인력
1-1. 자아 존중감 향상 1-2. 외상 증상 완화	아동개별 심리치료 (도담도담)	◦ 아동 개별심리치료 - 18회기 · 피해아동 10명을 대상으로 심리치료를 주 1회기씩 총 18회 진행하고자 함 · 아동의 특성에 따라 미술치료, 놀이치료, 기타치료로 세분화하여 진행함	10명/ 18회기	3~11월	심리치료사 3명
2-1. 양육태도 개선 및 부모 역할 재정립 2-2. 양육 스트레스 완화	부모개별, 집단 프로그램 (맘스터치)	◦ 부모 개별 상담 및 교육 - 10회기 · 피해아동의 부모 5명을 대상으로 개별 상담 및 교육을 주 1회기씩 총 10회 진행하고자 함	5명/ 10회기	3~11월	심리치료사 2명
		◦ 부모집단프로그램 ◦ 오리엔테이션 - 1회기 [라포형성 및 긴장이완] · 사전검사, 그림검사를 통한 이야기 나누기 ◦ 심리정서프로그램 - 4회기 [흥미유발, 자기표현, 자기탐색, 자기인식] · 잡지콜라주를 통한 자기소개 · 감정카드를 활용한 감정탐색 · 청자토를 이용한 감정표출 ◦ 양육태도개선프로그램 - 4회기 [관계망 알기, 가족역동파악, 양육유형파악, 부모역할정립] · 콜라주를 통해 내 삶에 긍정적, 부정적 영향을 미친 사건 탐색 · 석고가루를 이용한 부모님과 나와의 관계 탐색 · 양육유형을 통한 학대의 대물림 인식 · 투명우산 꾸미기를 통해 가족 내 자신의 역동 파악 · 컬러링 도구를 활용하여 가족관계 내에서 자리 및 역할 찾기 ◦ 마무리 - 1회기 [가족관계 재인식] · 사후검사 및 버킷리스트 작성을 통한 가족관계 재인식, 새로운 나 인식 (피해아동 부모 5명을 대상으로 1개의 집단을 구성하여 주 1회기씩 총 10회 진행)	5명/10회 (20시간)	4월~7월	심리치료사 1명, 전북동부아동보호 전문기관 상담원1명
3-1. 정서적 지지, 올바른 양육태도 확립을 통한 가족기능 강화	가정방문 지도(희망 나눔er)	◦ 희망나눔er · 방문지도사가 월 4회, 피해아동가정에 방문하여 아동을 대상으로 정서적 지원을 위한 프로그램 및 교육을 총 17회 진행, 부모를 대상으로 상담 및 교육을 총 17회 진행하고 재학대 여부를 모니터링 하고자 함	8명/34회기 (아동-17회기, 부모-17회기)	5월~11월	방문지도사 8명

프로그램 성과 및 향후 과제

프로그램 성과

1) 프로그램 전체 평가

성과목표	성과지표	평가결과
1-1. 자아존중감 향상 1-2. 외상증상 완화	자아존중감척도 (SEI)	◦ 사전평균 : 38점/50점 ◦ 사후평균 : 46점/50점 · 자아존중감은 사전검사 대비 8점이 증가하여 자아존중감 향상에 대한 프로그램의 효과성을 확인함
	아동용외상증상검사 (TSCC)	◦ 사전평균 : 45점/171점 ◦ 사후평균 : 22점/171점 · 불안, 우울, 분노, 외상 후 스트레스 증상, 해리, 성문제로 이루어진 6개의 임상척도가 포함되어 있는 아동용 외상증상검사를 실시한 결과, 사전검사 대비 23점이 감소하여 외상증상 완화에 대한 프로그램의 효과성을 확인함
2-1. 양육태도 개선 및 부모 역할 재정립 2-2. 양육 스트레스 완화	부모양육태도검사 (PAT)	◦ 사전/사후검사 평균 백분위(%) · 지지(59/62), 합리적 설명(80/45) · 성취압력(72/67), 간섭(31/43), 처벌(47/41), 감독(58/73), 과잉기대(55/44), 비일관성(37.5/39.4) · 지지표현, 간섭, 감독, 비일관성 부분에 있어서 백분위가 증가하여 긍정적인 양육태도의 변화가 있었으며, 그 외에 성취압력, 처벌, 감독, 과잉기대는 백분위가 감소하여 양육방식의 개선이 있었음을 확인함
3-1. 정서적지지, 올바른 양육태도 확립을 통한 가족기능강화	양육스트레스검사	◦ 사전평균 : 90/180점 ◦ 사후평균 : 87/180점 부모-자녀관계에서는 양육스트레스는 사전 대비 3점이 감소하여 양육스트레스 완화에 기여함을 확인함

2) 대상자에게 미친 영향 또는 변화

- 아동개별심리치료를 통해 치료자의 지지 및 격려, 긍정적인 상호작용, 자기표현을 함으로써 사전검사에 비해 자아존중감 향상, 아동학대로 인한 후유증이 감소(한계에 대처하는 방어능력 향상)하는 등 긍정적인 변화를 가져옴.
- 부모집단 프로그램은 집단구성원의 지지를 통해 양육스트레스를 해소하고 프로그램을 통해 자신의 학대행위의 잘못됨을 인지하고 개선하고자 하는 모습을 보였으며 결과적으로 부모양육태도 검사 결과, 긍정적인 양육태도의 변화가 있었음.
- 가정방문지도를 통해 학대피해아동의 가정을 직접 가정방문지도사가 방문하여 학대피해아동과 부모를 대상으로 동시에 서비스를 제공함. 아동에게는 멘토링과 상담을 진행하고, 부모에 대해서는 잘못된 양육태도와 기술에 대한 상담교육을 진행하여 부모가 올바른 양육태도를 확립할 수 있도록 하였음.

3) 대상자 만족도 수준

- 아동 : 아동의 특성에 따라 놀이, 미술, 음악, 기타 치료 등 다양한 전문상담치료사를 통한 치료방법을 통해 아동들의 참여도나 만족도가 높았으며 다른 치료방법으로 재심리치료를 받겠다고 하는 아동도 있었으나 중복치료는 불가능하여 진행하는 못한 사례도 있었음.
- 부모 : 개별 및 집단프로그램을 진행하는데 있어 각 사례 담당 직원이 프로그램 참여를 독려하며 신속하고 다양한 활동을 지원하여 대상자의 참여도와 만족도가 높았음. 2018년 사업에는 가족중심프로그램으로 진행될 계획임.

프로그램 제한점(목표달성 저해요인 및 개선방안)

- 아동보호전문기관의 업무 특성상 학대 행위자가 신고된 후, 사례관리 중에 진행되는 프로그램으로써 행위자들의 아동보호전문기관에 대한 거부적인 태도로 프로그램의 적극성과 참여도가 떨어져 프로그램 진행에 어려움이 많았음. 이에 대해 행위자들의 욕구에 부합하는 프로그램으로 보완하여 프로그램을 구성한 후 참여도가 높은 프로그램을 진행하고자 함.
- 사업진행 중 학대피해아동들의 불참이나 행위자의 프로그램참여 거부로 중간에 프로그램이 중단되어 공백이 발생하는 부분에 대해 신속한 재매칭으로 지속적인 사업을 진행하고자 함.

프로그램 향후 전망 및 제언

- 2017년 사회복지공동모금회 지원 사업은 '피해아동 개별심리치료', '부모개별상담 및 교육', '부모 집단프로그램', '가정방문지도'를 통한 아동-부모 상담 및 교육을 진행하였으며 1년간 본 사업을 진행해 온 결과, 아동개별심리치료, 부모집단프로그램, 관계개선프로그램은 각각 대상자들에게 긍정적인 변화를 가져온 것으로 보임.
- 2017년 사회복지공동모금회 지원 사업은 아동과 부모에 대해 개별적으로 프로그램을 접근하여 학대위험요인을 감소시키기 위해 진행되었다면, 향후 2018년 사업은 '가족치료, 가족관계개선 프로그램', 가정방문을 통한 아동 및 부모 상담 및 교육'을 통해 아동과 부모 더 나아가 가족들이 함께 참여하여 가족중심으로 서로를 이해할 수 있는 기회제공 및 갈등상황을 완화시키는 효과가 있을 것으로 보임.
- 아동학대 신고가 증가하는 현재, 본 사업이 필요한 대상자가 많으나 예산의 한계가 있음. 본 사회복지공동모금회 사업을 통해 예산을 지원받아 학대피해아동, 보호자, 가족에 대한 양적·질적 서비스를 제공하며 기관의 심리정서사업에 실질적인 도움이 될 것으로 판단됨.
- 2014년 전국 아동학대 현황보고서에서 재학대사례의 학대행위자 특성을 살펴보면, 양육태도 및 방법 부족이 1,262건(33.2%)로 가장 높은 비율을 차지한 것으로 보아 학대피해아동 뿐만 아니라 행위자 부모에 대한 개입도 중요한 것을 알 수 있음.
- 본 기관뿐만 아니라 다른 아동보호전문기관 사업장에서도 학대요인을 감소시키고 재학대를 예방하기 위해 아동, 부모, 가족에 대한 개입이 필요하기 때문에, 본 사업을 접목할 수 있을 것으로 사료됨.

기관소개

굿네이버스 전북동부아동보호전문기관은 아동복지법 제 45조에 의거, 2006년 전라북도 남원시에 개소하여 2018년 현재까지 전라북도 동부권역(남원시, 장수군, 임실군, 순창군, 무주구)내 모든 아동을 대상으로 아동보호 및 아동학대예방 업무를 수행하고 있습니다.

또한 학대피해아동에게 심리치료(놀이, 미술, 음악 등) 및 멘토링 서비스, 일상생활 지원을 제공하고 있으며 학대행위자 및 가족구성원에게는 아동복지법과 아동학대특례법에 의거하여 보호처분과 상담교육위탁을 통해 양육기술프로그램, 분노조절프로그램 서비스를 제공하고 있습니다.

주소 : 전라북도 남원시 시청로 41(향교동) 2층
전화번호 : 063-635-1391 **팩스** : 063 635 1395 **홈페이지** : http://namwon.goodneighbors.kr/

CHAPTER 13

사회복지시설 설치 및 운영[1]

1절 사회복지시설 설치 및 운영

1. 사회복지시설 설치

사회복지시설은 국가 및 지방자치단체 사회복지법인 또는 비영리법인, 개인 등 결격사유가 없는 한 누구나 사회복지시설을 설치·운영할 수 있다.[2]

1) 사회복지시설 신고제도

(1) 국가 또는 지방자치단체 외의 자가 시설을 설치·운영하고자 하는 때에는 시장·군수·구청장에게 신고하여야 한다(법 제34조 참고)

(2) 개별법령에 허가 및 지정 등을 요구하는 경우 개별법령이 우선 적용된다.

---

1) 보건복지부 '2022년 사회복지시설 관리 안내'에서 요약 및 인용

2) 결격사항 및 자격요건 등은 사회복지사업법 및 개별법령 관련 규정 등을 통해 구체적으로 확인 가능(결격사유의 예: 사회복지사업법 제34조의 규정에 의해 폐쇄 명령을 받고 3년이 경과 되지 아니한 자)

2) 사회복지시설 고유번호증 또는 사업자등록증 발급

사회복지시설을 설치·운영하거나 국·공립 사회복지시설을 위탁 받아 운영할 경우 「부가가치세법」, 「법인세법」 등 관련 법령에 따라 각 시설 별로 별도의 고유번호증 또는 사업자등록증을 발급받아야 한다.[3] 고유번호증 또는 사업자등록증 신청 및 발급 절차에 대해서는 국세청(☎ 126) 또는 관할 세무서에 문의하면 된다.

3) 신고접수 시 구비서류(사회복지사업법 시행규칙 제20조 참조)[4]

신고접수 시 일반적인 구비서류는 다음과 같다

(1) 법인의 정관 1부(법인에 한함)

(2) 시설운영에 필요한 재산목록

(3) 사업계획서 1부

(4) 예산서 1부: 수입과 지출에 관한 세부내역을 기록하여야 하며 「사회복지법인 및 사회복지시설 재무·회계규칙」 제10조 제3항의 별표 1~별표 10을 참고하여 작성한다.

(5) 시설의 평면도 및 건물의 배치도.

(6) 증명서(법인인 경우만 해당)·건물 등기부 등본 및 토지등기부 등본 확인.

4) 사회복지시설 민간위탁(사회복지사업법 시행규칙 제21조, 제21조의2 참조)

위탁대상시설은 국가 또는 지방자치단체가 설치한 시설을 민간에 위탁한다. 국가·지자체 외의 자(법인·개인 등)가 설치한 시설은 위·수탁할 수 없다. 수탁

3) 법인이 설치·운영(수탁 포함)하는 시설의 경우 "법인명(단체명)"에 법인명칭을 기재하거나 법인명칭과 시설명칭을 병기하는 형태 등으로 고유번호증(사업자등록증) 발급을 세무관서에 신청할 수 있음(권고사항)

4) 개별법령에 구비서류에 관하여 규정되어 있을 경우 해당 법령이 우선하기 때문에 해당 개별법령의 구비서류를 준비하여야 한다.

을 받을 수 있는 자격은 사회복지법인 또는 비영리법인이며 시설운영의 안정성, 영속성, 공공성 등 차원에서 사회복지법인 또는 비영리법인에 그 자격을 제한하고 있으나, 개별법령에 기타 단체 및 개인에게 위탁할 수 있는 근거 규정이 있을 경우[5]에는 그에 따른다.

(1) 위탁방법 및 선정기준

① 위탁방법: 법령상 특별한 규정이 있는 경우를 제외하고는 반드시 공개모집에 의해 수탁자를 선정한다. 공개모집 관련 일반 사항은 「지방자치단체의 계약에 관한 법률」 준용이 가능하다.

② 선정기준의 설정: 수탁자 선정심의 및 배점 기준은 조례 또는 공고문을 통해 선정 전에 공개하여야 한다.

- 선정기준에 포함되어야 할 사항
  - 필수사항: 수탁자의 재정 능력, 공신력, 사업수행능력, 지역 간 균형분포, 시설에 대한 평가 결과(평가한 경우에 한함), 법인의 정관(수탁하고자 하는 시설과 관련된 사업내용이 포함되어 있는지 여부) 등

2. 사회복지시설 운영

사회복지시설의 시설장 및 종사자의 자격은 개별 법령에서 결격사유 등을 별도로 정하는 경우를 제외하고는 「사회복지사업법」에 따른다.

5) 예: 「영유아보육법」 제24조 등 개별법령에 법인이외 개인도 위탁이 가능한 경우 등 시설별 특성이 있으므로 위탁 시 해당 개별법령에 따른다.

1) 시설장[6](사회복지사업법 제35조 관련)

사회복지시설의 장은 「사회복지사업법」 및 개별법령 등에 명시된 시설의 장의 결격사유에 해당되지 않아야 하고, 각 시설유형이 요구하는 자격기준을 갖춘 자여야 한다.

더불어 시설장은 상근의무가 있으며 시설장의 상근의무는 공무원에 준하며. 다만, 지자체가 별도의 구체적인 기준을 정하여 관리할 수 있다. 일반적으로 사회복지전공자, 사회복지사 자격증 유무, 관련기관의 근무경력 및 전문자격증소지자 등을 고려하여 자격기준을 정한다.

2) 종사자(사회복지사업법 제35조의2 관련)

「사회복지사업법」 및 개별법령 등에 명시된 종사자의 결격사유에 해당 하지 않아야 하며, 유형별 시설에서 요구하는 자격요건 등을 갖추어야 한다.

일반적으로 사회복지전공자, 사회복지사 자격증 유무, 관련 기관의 근무경력 및 전문자격증 소지자 등을 고려하여 자격기준을 정한다.

3) 사회복지시설 운영위원회(법 제36조)를 설치 운영

사회복지시설 운영의 민주성·투명성 제고 및 시설이용 · 생활자이 권이 향상 등을 위해 사회복지 시설 운영위원회(이하 시설운영위원회)를 설치 · 운영하여야 한다.

---

6) 시설장 자격요건은 사회복지기관이나 시설의 영역 및 분야, 법인의 성격이나 기준 등에 따라 달리 적용하는 경우가 있음으로 시설장 자격요건이 각각 다를 수 있음.

2절 사회복지법인 및 사회복지시설 재무·회계 규칙

1. 예산

1) 예산의 편성

(1) 예산수립

예산은 일정한 기간 동안의 수입과 지출에 대한 예정적인 계산을 의미하며, 예산의 편성은 예산총계주의 원칙에 따라 일반적으로 1년간 조직 전체에서 발생되는 사업에 대한 금전적인 표시로서 1년 동안의 재정 활동을 모니터링 하는 장치를 제공한다. 1회계 연도의 모든 수입은 세입으로 하고 모든 지출은 세출로 하되, 세입과 세출은 모두 예산에 계상하여야 한다.

(2) 예산집행

예산집행은 승인된 예산계획을 기준으로 예산회계법, 법인 재무 · 회계규칙 등을 준수하며, 수입과 지출의 관리와 회계의 통제, 프로그램 관리, 인사관리의 통제, 산출의 통제, 관리행위의 통제가 이루어진다.

2) 예산 첨부 서류

예산에 첨부할 서류는 ① 예산총칙, ② 세입 · 세출명세서, ③ 추정재무상태표, ④ 추정수지계산서, ⑤ 임직원 보수 일람표, ⑥ 예산을 의결한 이사회 회의록 또는 예산을 보고받은 시설운영위원회 회의록을 첨부하여야 한다. 다만, 단식부기인 경우 ①, ②, ⑤, ⑥만 첨부할 수 있고, 소규모시설(국가·지자체·법인 이외의 자가 설치·운영하는 시설 중 거주자 정원이나 일평균 이용자가 20인 이하인 시설)인 경우 ②, ⑥만 첨부할 수 있다. 이밖에도 소규모시설인 노인장기요양기관은 ②, ⑤, ⑥만 첨부할 수 있다(2020.1.7.시행), 어린이집은 보육사업안내에서 정하는 바에 따른다.

2. 결산

1) 결산의 보고

법인회계와 시설 회계의 세입·세출 결산보고서 작성하여 확정된 결산보고서를 소재지 관할 시장·군수·구청장에 제출한다. 결산보고 절차는 [그림 13-1]과 같다 결산보고가 완료되면 시설의 장은 법인과 시설의 세입·세출 결산서를 시·군·구, 법인, 시설의 게시판과 인터넷 홈페이지에 20일 이상 공고한다. 「사회복지사업법」 제6조의2 제2항에 따른 정보시스템에 게재하거나 「영유아보육법」관련 기관의 경우 제49조의2제2항에 따른 공시로 갈음 가능하다.

2) 결산보고서에 첨부하여야 할 서류

세입·세출 결산서, 과목 전용조서, 예비비 사용 조서, 재무상태표, 수지계산서, 현금 및 예금명세서, 사업수입명세서, 정부보조금 명세서, 후원금 수입명세 및 사용결과 보고서(전산파일을 포함한다), 후원금 전용계좌의 입출금내역, 인건비명세서, 사업비명세서, 그 밖의 비용명세서(인건비 및 사업비를 제외한 비용) 등 결산 관련 서류는 빠짐없이 결산보고서에 첨부하여야 한다.

주요내용	주체	일정
법인회계와 시설회계의 세입·세출 결산보조서 작성	법인 대표이사 및 시설의 장	출납 완료시
↓		
결산보고서의 시설 운영위원회 보고 ※ 법인이 설치·운영하는 시설의 경우에도 시설회계는 법인 이사회 의결 전 시설 운영위원회에 보고 필요	시설의 장	결산보고서 작성 후
↓		
결산보고서의 법인 이사회 의결 ※ 법인이 설치·운영하는 시설의 시설회계도 포함 ※ 법인이 아닌 경우에는 시설 운영위원회 보고로 결산 보고서	법인 대표이사	결산보고서 작성 후
↓		
확정된 결산보고서를 시장·군수·구청장에 제출 ※ 법인은 법인회계, 시설회계, 수익사업회계 결산을 법인 소재지를 관할하는 시장·군수·구청장에 제출하고, 시설의 장(법인이 운영하는 시설도 포함)은 해당 시설의 시설회계 결산을 시설 소재지 관할 시장·군수·구청장에 제출	법인 대표이사 및 시설의 장	다음 연도 3월 31일까지
↓		
법인과 시설의 세입·세출 결산서를 시·군·구, 법인, 시설의 게시판과 인터넷 홈페이지에 20일 이상 공고 ※ 「사회복지사업법」 제5조의제2항에 따른 정보시스템에 게재하거나 「영유아보육법」 제29조의2제2항에 따른 공시로 갈음 가능	시장 · 군수 · 구청장, 법인 대표이사, 시설의 장	결산보고서 제출 20일 이내

[그림 13-1] 결산보고절차

출처: 보건복지부 2022년 사회복지시설관리안내.

3. 재무 및 회계

재무 및 회계는 조직의 목표 달성을 위해 필요한 재정자원을 합리적으로, 계획적으로 동원・배분하여 효율적으로 사용하고, 관리하는 과정이다. 이러한 재정관리의 절차는 예산을 수리받고, 예산상의 수입과 지출 활동을 관리하고, 재정자원의 수입과 지출에 관한 사항을 기록・정리하고, 재정관리의 전반적인 과정을 평가하는 절차로 이루어진다.

회계는 조직의 재정적 거래, 즉 수입과 지출에 관한 결과를 기록, 분류, 요약하고 해석하는 기술이다. 이에 회계는 정확하고 표준화된 재정보고서의 준비가

회계와 사회복지서비스를 연결해 주는 핵심이 된다. 재무회계는 내부 및 외부 정보 이용자의 경제적 의사결정을 유용하도록 일정 기간 동안 수입과 지출 사항을 측정하여 보고하는 것이며, 관리회계는 행정책임자가 행정적 의사결정을 하는 데 필요하도록 재정 관련 자료를 정리하는 것으로 예산 단위의 비용을 계산하여 예산의 실행성과를 분석하는 것을 주요 내용으로 한다.

1) 회계 총칙

수입 및 지출사무 관리 주체는 법인의 대표이사 및 시설의 장이며 법인대표이사 및 시설장은 해당 사무를 소속 직원에게 각각 위임 가능하다. 그리고 법인과 시설에는 수입과 지출의 현금 출납업무를 담당하기 위하여 각각 수입원과 지출원을 두되, 법인 또는 시설의 규모가 소규모인 경우에는 수입원과 지출원을 동일인으로 할 수 있다. 수입원과 지출원은 법인의 대표이사와 시설장이 임면한다, 회계의 방법은 단식부기로 하되, 필요한 경우에는 복식부기에 의한다, 또한 법인 및 시설에는 현금출납부, 총계정원장, 재산대장, 비품관리대장 회계장부를 비치하여야 한다

2) 수입

(1) 모든 수입금의 수납은 이를 금융기관에 취급시키는 경우를 제외하고는 수입원이 아니면 수납하지 못한다.
(2) 수입원이 수납한 수입금은 그 다음날까지 금융기관에 예입하여야 한다.
(3) 수입금에 대한 금융기관의 거래통장은 회계별로 구분될 수 있도록 보관·관리하여야 한다.

3) 지출

(1) 지출원칙

① 지출은 지출사무를 관리하는 자 및 그 위임을 받아 지출명령이 있는 것에 한하여 지출원이 행한다.

② 지출명령은 예산의 범위 안에서 하여야 한다.

(2) 지출 방법

① 지출은 상용의 경비 또는 소액의 경비지출을 제외하고는 예금통장에 의하거나 「전자문서 및 전자거래 기본법」 제2조제5호에 따른 전자거래로 행하여야 한다. 다만, 시설에 지원되는 국가 또는 지방자치단체의 보조금 지출은 보조금 결제 전용카드나 전용계좌를 이용하여야 한다.

② 제1항에도 불구하고 지출원은 상용의 경비 또는 소액의 경비를 지출할 수 있으며, 이를 위하여 100만 원 이하의 현금을 보관할 수 있다.

③ 제1항 및 제2항에 따른 상용의 경비 또는 소액의 경비지출의 범위는 시·도지사가 정할 수 있다.

4) 물품

① 법인의 대표이사와 시설의 장은 그 소관에 속하는 물품(현금 및 유가증권을 제외한 동산을 말한다. 이하 같다)을 관리하며 물품관리에 관한 사무를 소속직원에게 위임할 수 있다.

② 법인의 대표이사와 시설의 장은 물품의 출납 보관을 위하여 소속직원 중에서 물품출납원을 지정하여야 한다.

③ 물품관리자 및 물품출납원은 선량한 관리자로서 사무에 종사하여야 한다.

5) 후원금 관리

(1) 법인의 대표이사와 시설의 장은 후원금을 받은 때에는 「소득세법 시행규칙」 제101조제 20호의2에 따른 기부금영수증 서식 또는 「법인세법 시행규칙」 제82조 제7항 제3호의3에 따른 기부금영수증 서식에 따라 후원금 영수증을 발급하여야 하며, 영수증 발급목록을 별도의 장부로 작성·비치하여야 한다.

(2) 법인의 대표이사와 시설의 장은 금융기관 또는 체신관서의 계좌입금을 통하여 후원금을 받은 때에는 법인명의의 후원금 전용계좌나 시설의 명칭이 부기된 시설장 명의의 계좌(이하 "후원금전용계좌등"이라 한다)를 사용하여야 한다. 이 경우 후원자가 영수증 발급을 원하는 경우를 제외하고는 제1항에 따른 영수증의 발급을 생략할 수 있다.

(3) 모든 후원금의 수입 및 지출은 후원금전용계좌 등을 통하여 처리하여야 한다. 다만, 물품형태의 후원금은 그러하지 아니하다.

(4) 후원금의 수입 및 사용내용통보: 법인의 대표이사와 시설의 장은 연 1회 이상 해당 후원금의 수입 및 사용 내용을 후원금을 낸 법인·단체 또는 개인에게 통보하여야 한다. 이 경우 법인이 발행하는 정기간행물 또는 홍보지등을 이용하여 일괄 통보할 수 있다.

(5) 후원금의 수입·사용결과 보고 및 공개: 법인의 대표이사와 시설의 장은 결산보고서를 제출할 때에 후원금수입 및 사용결과보고서(전산파일을 포함한다)를 관할 시장·군수·구청장에게 제출하여야 한다.

- 시장·군수·구청장은 제1항에 따라 제출받은 후원금수입 및 사용결과보고서를 제출받은 날부터 20일 이내에 인터넷 등을 통하여 3개월 동안 공개하여야 하며, 법인의 대표이사 및 시설의 장은 해당 법인 및 시설의 게시판과 인터넷 홈페이지에 같은 기간 동안 공개하여야 한다. 다만, 후원자의 성명(법인 등의 경우는 그 명칭)은 공개하지 않을 수 있다.
- 제2항에 따른 공개는 「사회복지사업법」 제6조의2제2항에 따른 정보시스템에 게시하는 것으로 갈음할 수 있다.

(6) 후원금의 용도외 사용금지: 법인의 대표이사와 시설의 장은 후원금을 후원자가 지정한 사용용도외의 용도로 사용하지 못한다. 후원금의 수입 및 지출은 제10조의 규정에 의한 예산의 편성 및 확정절차에 따라 세입·세출 예산에 편성하여 사용하여야 한다.

6) 감사의 실시

회계감사는 조직의 수입과 지출에 관한 사실을 확인하고 검증하여 이를 보고하기 위하여 장부 및 기타 기록을 체계적으로 검사하는 것이다.

회계감사는 여러 가지로 분류할 수 있다.

첫째, 회계의 목적에 따른 분류로서 기관이 적절한 절차에 따라 재정운영을 준수했는지를 감사하는 규정준수 회계감사와 예산과 관련하여 조직목표를 달성하는 데 있어서 효과성과 효율성 등의 문제에 관심을 가지는 운영 회계감사로 나눈다.

둘째, 주체에 따른 분류로서는 조직 내부의 관리자가 감사하는 내부감사가 있고, 정부의 감독관 또는 공인회계사 등의 외부인사에 의한 외부감사가 있다.

셋째, 대상조직에서 따른 분류로서는 정부 기관에 대한 감사, 법인에 대한 감사, 사회복지조직에 대한 감사가 있다.

(1) 법인의 감사는 당해법인과 시설에 대하여 매년 1회 이상 감사를 실시하여야 한다.

(2) 법인의 대표이사는 시설의 장과 수입원 및 지출원이 사망하거나 경질된 때에는 그 관장에 속하는 수입, 지출, 재산, 물품 및 현금등의 관리상황을 감사로 하여금 감사하게 하여야 한다.

(3) 감사를 한 때는 감사보고서를 작성하여 당해 법인의 이사회에 보고하여야 하며, 재산상황 또는 업무집행에 관하여 부정 또는 불비한 점이 발견된 때에는 시장·군수·구청장에게 보고 하여야 한다.

3절 행정처분 및 시설평가

1. 사회복지 시설 행정처분과 시설평가

사회복지시설은 시설의 설립 및 운영, 회계부정, 기타 시설운영과 관련된 부당행위가 발생했을 때 보건복지부장관, 시, 도지사, 시장·군수·구청장으로부터 행정처분을 받을 수 있다. 따라서 시설을 운영할 때 행정처분 등을 당하지 않도록 법규를 준수하고 시설운영에 위반행위가 없도록 하여야 한다.

1) 행정처분의 주체 및 종류

행정처분의 주체는 보건복지부장관, 시·도지사, 시장·군수·구청장으로서 상기 행정처분의 요건에 해당할 경우 시설의 개선, 사업의 정지, 시설의 장의 교체를 명하거나, 시설의 폐쇄를 명할 수 있다.

2) 행정처분의 기준(시행규칙 제26조의2 [별표 4])

(1) 일반기준

가. 위반행위의 횟수에 따른 행정처분의 기준은 최근 3년간(개별기준 제9호의 위반행위의 경우에는 5년간) 같은 위반행위로 행정처분을 받은 경우에 적용한다. 이 경우 기간의 계산은 위반행위에 대하여 행정처분을 받은 날과 그 처분 후 다시 같은 위반행위를 하여 적발된 날을 기준으로 한다.

나. 가목에 따라 가중된 행정처분을 하는 경우 가중처분의 적용 차수는 그 위반행위 전 행정처분 차수(가목에 따른 기간 내에 행정처분이 둘 이상 있었던 경우에는 높은 차수를 말한다)의 다음 차수로 한다.

다. 동시에 2종 이상의 위반행위가 있는 경우에는 가장 중한 위반행위에 대한 처분기준을 적용한다.

라. 위반행위가 4종 이상 또는 시설거주자에 대한 학대·성폭력 등 중대한 불법행위로 인하여 시설의 정상적인 운영이 불가능하다고 인정되는 때에는 제2호의 개별 기준에 불구하고 1차 위반 시에 시설의 폐쇄를 명할 수 있다.

마. 위반행위가 "2. 개별기준"에 의한 시설장 교체 또는 시설폐쇄 명령의 사유에 해당된다 하더라도 그 위반의 정도가 경미하거나 기타 상당한 사유가 있다고 인정되는 경우에는 각각 1회에 한하여 시설장 교체에 갈음하여 개선명령을, 시설폐쇄에 갈음하여 시설장 교체명령을 발할 수 있다. 이 경우 해당 처분은 차수의 산정에 산입하지 아니한다.

(2) 행정처분의 요건 및 개별기준

행정처분에 대한 개별기준은 〈표 13-1〉과 같다.

〈표 13-1〉 행정처분 개별기준

위반 행위	근거법령	행정처분기준		
		1차 위반	2차 위반	3차 위반 이상
1. 사회복지시설이 설치기준에 미달하게 된 때	법 제40조 제1항제1호	개선명령	시설장 교체	시설폐쇄
2. 사회복지법인 또는 비영리법인이 설치·운영하는 시설의 경우 그 사회복지법인 또는 비영리법인의 설립허가가 취소된 때	법 제40조 제1항제2호	시설폐쇄	-	
3. 설치목적의 달성 기타의 사유로 계속하여 운영될 필요가 없다고 인정할 때	법 제40조 제1항제3호	시설폐쇄	-	--
4. 회계부정이나 불법행위 또는 그 밖의 부당행위 등이 발견된 때				
가. 국가나 지방자치단체의 보조금 또는 후원금을 사용용도 외의 용도로 사용한 때	법 제40조 제1항제4호	개선명령	시설장 교체	시설장 교체
나. 회계장부를 기재하지 아니하거나 허위로 기재한 때	법 제40조 제1항제4호	개선명령	시설장 교체	시설장 교체
다. 기타 회계 및 시설운영과 관련한 부당행위가 발생된 때	법 제40조 제1항제4호	개선명령	개선명령	시설장 교체
라. 시설 거주자에 대한 부당한 체벌, 폭행, 학대 등 인권침해가 발생한 경우	법 제40조 제1항제4호	개선명령	시설장 교체	시설폐쇄
마. 사회복지법인의 대표자·임직원 또는 사회복지 시설의 장·종사자가 법 제6조의2제2항에 따른 정보시스템을 통하여 처리되는 정보에 대하여 「사회보장급여의 이용·제공 및 수급	법 제40조 제1항제4호	개선명령	시설장 교체	시설장 교체

권자 발굴에 관한 법률」 제31조 또는 「개인정보 보호법」 제59조를 위반한 경우				
5. 법 제34조제2항에 따른 신고를 하지 아니하고 시설을 설치·운영한 때	법 제40조 제1항제5호	개선명령	시설폐쇄	–
6. 법 제36조제1항에 따른 운영위원회를 설치하지 아니하거나 운영하지 아니하였을 때	법 제40조 제1항제6호	개선명령	시설장 교체	시설장 교체
7. 정당한 이유없이 법 제51조제1항에 따른 보고 또는 자료 제출을 하지 아니하거나 거짓으로 하였을 때	법 제40조 제1항제7호	개선명령	시설장 교체	시설장 교체
8. 정당한 이유없이 법 제51조제1항 및 제2항에 따른 검사·질문·회계감사를 거부·방해하거나 기피했을 때	법 제40조 제1항제8호	개선명령	시설장 교체	시설장 교체
9. 시설에서 「성폭력범죄의 처벌 등에 관한 특례법」 제2조제1항제3호부터 제5호까지의 성폭력범죄, 「아동·청소년의 성보호에 관한 법률」 제2조제3호의 아동·청소년 대상 성폭력범죄, 「아동복지법」 제3조제7호의2의 아동학대관련범죄 및 「노인복지법」 제1조의2제5호의 노인학대관련범죄(이하 "범죄"라 한다)가 발생한 경우로서 다음 각 목의 어느 하나에 해당하는 경우	법 제40조 제1항제9호			
가. 시설의 장 또는 종사자에 의하여 시설 거주자·이용자에 대한 범죄가 발생한 경우로서 이 호 나목 및 다목에 해당하는 경우를 제외한 경우		시설폐쇄		
나. 시설의 장에 의하여 시설 거주자·이용자에 대한 범죄가 발생한 경우로서 「형법」 제300조 또는 「성폭력범죄의 처벌 등에 관한 특례법」 제11조부터 제15조까지(제15조의 경우 같은 법 제14조에 관련된 부분만 해당한다)의 범죄가 발생한 경우		시설장 교체	시설폐쇄	
다. 종사자에 의하여 시설 거주자·이용자에 대한 범죄가 발생한 경우로서 「형법」 제300조 또는 「성폭력범죄의 처벌 등에 관한 특례법」 제11조부터 제15조까지(제15조의 경우 같은 법 제14조에 관련된 부분만 해당한다)의 범죄가 발생한 경우		개선명령	시설장 교체	시설폐쇄
라. 시설 거주자·이용자 간의 성폭력 범죄가 발생한 경우		개선명령	시설장 교체	시설폐쇄
10. 1년 이상 시설이 휴지상태에 있어 시장·군수·구청장이 재개를 권고하였음에도 불구하고 재개하지 아니한 경우	법 제40조 제1항제10호	개선명령 (6개월 내 재개)	시설폐쇄	

출처: 보건복지부(2022). 2022 사회복지시설 관리안내.

(3) 행정처분결과의 공표(법 제51조제6항)

「사회복지사업법」 제51조에 따라 보건복지부장관 또는 시·도지사 및 시장·군수·구청장이 지도·감독을 실시하고 제40조에 따른 행정처분 등을 한 경우 해당 관청은 처분 대상인 시설의 명칭, 처분사유, 처분내용 등 처분과 관련된 정보를 공표할 수 있다.

① 공표 사항

- 사회복지법인 또는 사회복지시설에 대한 행정처분 결과의 공표라는 내용의 표제
- 사회복지법인 또는 사회복지시설의 명칭, 소재지
- 처분의 사유와 근거법령
- 처분의 내용, 처분일

② 공표 방법

해당 관청의 인터넷 홈페이지(6개월 이내), 신문(필요한 경우)

2. 사회복지시설 평가[7)]

「사회복지사업법」 제43조의2 제1항 및 동법 시행규칙 제27조의2 제1항의 규정에 따라 사회복지시설은 3년마다 1회 이상 사회복지시설 평가 의무화하고 있다. 2004년 사회복지법시행령 개정으로 사회복지시설 평가를 전문기관에 위탁할 수 있는 법적 근거 마련되었으며 평가결과에 따라 우수시설에 대해서는 인센티브를 지급하고 운영개선이 필요한 시설에 대해서는 서비스 품질관리 지원 등 평가결과를 토대로 시설의 사후관리 및 경쟁력확보를 위해 지원하고 있다.

---

7) 「사회복지사업법 시행규칙」 제27조의2 제4항의 규정에 따라 평가의 방법 기타 평가에 관하여 필요한 사항을 정하기 위함. 어린이집, 노인요양시설, 지역아동센터 등은 개별법이나 지침에 따름.

1) 평가대상시설

평가대상 시설은 〈표 13-2〉와 같이 사회복지사업법 제2조 제1호에서 정의된 사회복지사업을 하는 시설 중 11개 유형(노인복지관 노인 양로시설, 아동복지시설, 사회복지관, 장애인복지관, 장애인 거주시설, 장애인 직업재활시설, 정신 요양시설, 한부모가족시설, 노숙인복지시설, 사회복지시설)의 시설을 대상으로 매년 500~1900여 개 시설이 평가대상이 되고 있다.

〈표 13-2〉 연도별 평가대상시설

평가년도	평가대상시설
2021	사회복지관, 노인복지관, 양로시설, 한부모가족복지시설 [소규모 유형] 한부모공동생활가정
2022	아동생활시설, 장애인거주시설, 장애인직업재활시설 [소규모 유형] 장애인단기거주시설
2023	장애인복지관, 정신요양시설, 정신재활시설, 노숙인생활시설 [소규모 유형] 아동·장애인·정신재활 공동생활가정

※ 연도별 평가대상 시설은 변경될 수 있음.

출처: 보건복지부(2022). 2022 사회복지시설 관리안내.

2) 평가항목

평가항목은 아래 [그림 13-2]와 같이 6개 영역 40개 내외 평가지표로 구성하여 평가하고 있다.

- 6개 영역 40개 내외 평가지표로 구성

A영역	B영역	C영역	D영역	E영역	F영역
시설 및 환경	재정 및 조직운영	프로그램 및 서비스	이용자의 권리	지역사회 관계	시설운영 전반

- 소규모시설(공동생활가정 등)은 4개영역 20개 내외 평가지표로 구성

A영역	B영역	C영역	D영역
시설 환경 및 운영	이용자의 권리	프로그램 및 서비스	시설운영 전반

-평가절차

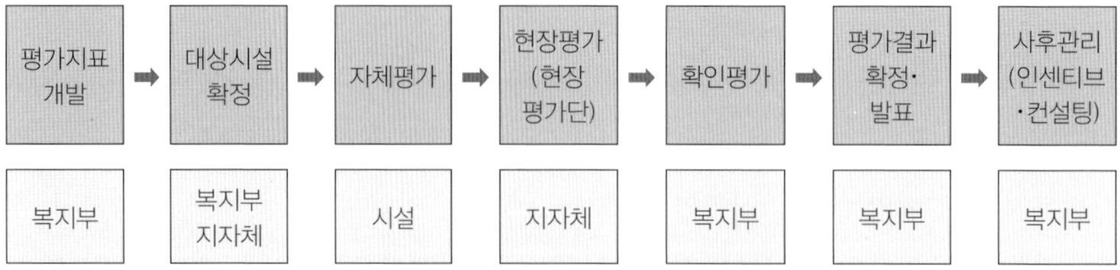

※ 사회복지시설 평가는 자체평가에서 평가결과 통보까지 사회복지시설정보시스템을 통해 진행

[그림 13-2] 평가영역 및 평가지표

출처: 보건복지부(2022). 2022 사회복지시설 관리안내.

3) 평가결과 및 공개

평가가 끝나면 평가항목 영역별로 환산점수에 따라 등급을 부여하고 등급을 부여하고, 이를 종합하여 최종 등급 부여한다.

4) 평가결과 사후관리

평가결과에 따라 우수시설에 인센티브를 지원하여 동기를 부여하고, 운영개선이 필요한 미흡시설에 대하여 컨설팅 지원 등 사후관리를 통해 시설의 품질수준을 제고할 수 있도록 지원('09년부터 실시 중)하고 있다.

5) 대상시설 및 지원 내용

각 지자체는 평가결과를 〈표 13-3〉과 같이 시설 지도·관리 등에 반영하여 업무를 추진하고, 미흡시설(D, F등급)에 대한 조치결과를 복지부 소관부서(시설 담당과)에 보고한다. 또한 지자체 관할 지역의 서비스품질관리 대상시설에 대한 방문 컨설팅 시 참여 연속하여 시설의 서비스품질관리를 감독하며 미흡시설의 경우 개선계획 수립 및 복지부 소관부서(시설 담당과)에 이행여부를 결과보고 한다. 「사회복지사업법」 및 개별법에 따라 행정처분을 받은 경우는 인센티브를 받을 수 없다.

〈표 13-3〉 대상시설 및 지원 내용

<table>
<tr><td rowspan="5">평가우수시설 및 개선시설</td><td colspan="3">• 금전적 인센티브 제공</td></tr>
<tr><td>구분</td><td>우수시설</td><td>개선시설</td></tr>
<tr><td>대상</td><td>총점기준 상위 10% 이내</td><td>이전 평가대비 개선점수 기준 상위 5% 이내</td></tr>
<tr><td>지원내용</td><td>시설당 7,000천 원</td><td>시설당 3,500천 원</td></tr>
<tr><td colspan="3">* 공동생활가정 등 소규모시설은 규모를 고려하여 금액 차등적용
• 비금전적 인센티브: ‘사회복지의 날’ 포상 추천</td></tr>
<tr><td>평가미흡시설</td><td colspan="3">• 영역별 C등급 이하 시설 대상 역량강화교육 제공
• 운영개선이 필요한 품질관리 대상(전체등급 D, F시설)인 경우 취약요인을 분석하여 맞춤형 컨설팅 제공
• 평가우수시설 방문 기회 제공 및 품질관리 지원
* 컨설팅참여인력: 우수평가시설 관계자, 관련학계전문가 등</td></tr>
</table>

출처: 보건복지부(2022). 2022 사회복지시설 관리안내.

3. 사회복지시설 업무의 전자화 시책

1) 사회복지시설업무의 전자화

(1) 사회복지시설업무의 전자화 목적

사회복지시설의 회계, 인사, 후원금, 서비스 이력 관리 등 정보화 기반 지원으로 시설의 업무처리 지원 및 회계 투명성 제고하기 위해 사회보장정보시스템(행복e음) 구축과 함께 온라인 보고 등 사회복지시설 업무를 전자적으로 수행할 수 있도록 업무처리 절차를 제시하기 위해서 2010년 1월 4일부터 전자화가 시작되있다. 이에 따라 시설 담당 공무원이 사회복지시설의 신고·변동관리, 온라인 보고정보의 시설보조금, 각종 복지급여 지급에 대해서 전자화를 통해 업무를 진행하여야 한다.

(2) 적용대상 시설

노인, 장애인, 지역자활센터, 노숙인 등, 아동, 사회복지관 등 복지부 소관 사회복지시설이 적용대상 시설이다.

2) 사회복지시설정보시스템의 활용

(1) 추진배경 및 목적

사회복지시설정보시스템은 사회복지 정보화를 위해 전자정부 로드맵 추진 과제의 일환으로 보건복지부에서 구축하여 사회복지시설 정보화 기반 조성, 회계의 투명성 제고, 시설관리 업무의 간소화 및 표준화, 사회복지정책 기초 자료 확보 등을 목적으로 하고 있다.

(2) 주요기능

① 통합회계관리

사회보장정보시스템의 통합회계관리는 [그림 13-3]과 같이 사회복지시설의 회계관리, 예산관리, 세무관리, 인사관리, 급여관리, 자산(비품, 소모품)관리, 세무관리를 담당한다.

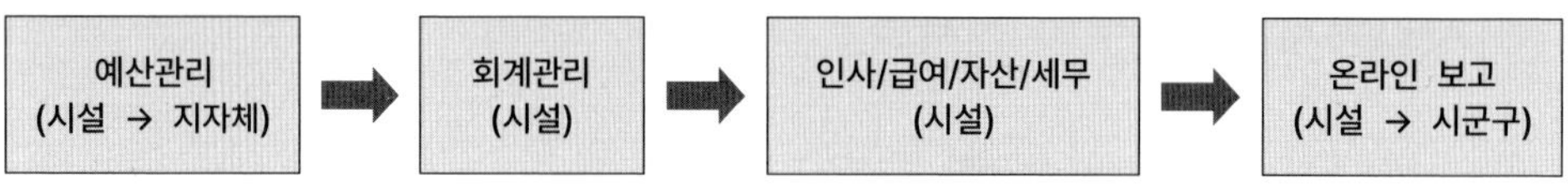

[그림 13-3] 통합회계관리도

② 통합고객관리

사회보장정보시스템의 통합고객관리는 후원자와 후원금 관리, 후원약속사항(기탁서) 등록, 수입사용 내역 관리 및 공시이다. 시설의 후원금품 처리내역은 사회복지시설정보시스템 홈페이지, 스마트서비스를 통해 개인별·시설별로 조회가 가능하도록 [그림 13-4]와 같이 제공하고 있다.

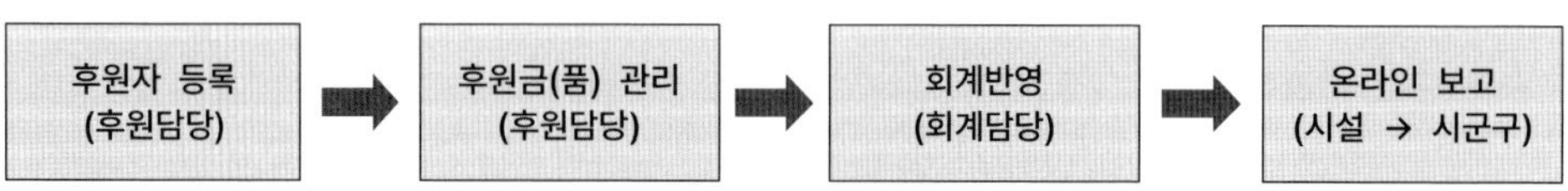

[그림 13-4] 통합고객관리도

③ 온라인 보고

사회보장정보시스템의 온라인보고는 행복e음으로 시설 수급자 생계급여, 운영비 등 보조금 신청·정산, 입소자·종사자, 예·결산, 후원금 등을 보고 및 신청을 관리한다. 더불어 지자체 공지사항, 질의응답 등 지역사회 내의 의사소통정보를 연계한다.

④ 시설 유형별 사회복지서비스 이력관리(11종)

사회보장정보시스템의 이력관리는 생활인 및 이용인 관리, 수혜서비스 관리, 사례 관리, 각종 일지 관리 등이다, 이력관리는 〈표 13-4〉와 같이 노인생활·재가, 아동생활/지역아동센터, 장애생활/직재활, 지역자활, 한부모가족, 노숙인 등, 노인/사회복지관, 정신보건(11종)이 구축되어 있다.

〈표 13-4〉 시설유형별 사회복지서비스 이력관리

구 분	노인 생활/재가	노인 복지관	아동 생활	지역 아동	장애인 생활	장애인 직업 재활	사회 복지관	지역 자활	한부모 가족	노숙인	정신 보건
대상자관리	O	O	O	O	O	O	O	O	O	O	O
사업관리	O	O	O	O	O	O	O	O	X	O	O
서비스/프로그램 관리	O	O	O	O	O	O	O	O	O	O	O
상담 및 사례관리	O	O	O	O	O	O	O	O	O	O	O
일지 및 회의관리	O	O	O	O	O	O	O	O	O	O	O
현황 및 통계	O	O	O	O	O	O	O	O	O	O	O
급식관리	O	O	O	O	O	O	O	X	X	O	O

출처: 보건복지부(2022). 2022 사회복지시설 관리안내.

⑤ 사회복지시설 보조금 전용카드 사용내역 모니터링

사회복지시설의 보조금 전용카드 사용내역은 광역자치단체별 보조금 전용카드제 도입, 보조금 전용카드 사용내역 연계 등 사회복지시설 보조금 전용카드 지출결의 내역 열람 및 모니터링 체계가 구축되어 있다.

⑥ 중앙부처 및 지자체 시설 관리업무 지원

사회복지시설정보시스템 수집 정보를 기반으로 보건복지부, 지자체 담당 공무원에게 시설, 입소자, 종사자 현황 등에 대한 통계자료를 통해 정책 기초자료를 제공하고 있다.

⑦ 유관기관(단체) 정보연계

유관기관들과는 복지시설 요금감면(통신요금, 가스요금 등) 절차 간소화를 위한 자격정보와 지자체 복지시설 관리(시설 생계급여, 보조사업, 종사자 등)를 위한 사회보장정보시스템을 연계하여 활용하고 있다.

- 국고보조사업 관리를 위한 e나라도움 연계
- 실종자의 조기발견 및 복귀를 위한 무연고 입소자에 대한 경찰청 연계
- 복지시설 요금감면(통신요금, 가스요금 등) 절차 간소화를 위한 자격정보 연계
- 지자체 복지행정시스템과 연계

⑧ 시설 이용(희망)자 대상 정보제공

사회복지시설 기본정보(유형, 소재지, 연락처 등)와 평가, 제공서비스 등 정보를 제공한다.

4. 사회복지시설 온라인 보고

1) 추진배경 및 목적

사회복지시설 온라인 보고는 '08년부터 사회복지시설 업무의 효율화 및 시설회계의 투명성 제고를 위해 새올복지행정시스템(시·군·구용)과 사회복지시설정보시스템(사회복지시설용) 간 연계시스템이 구축되어 보조금 신청 및 보고 등을 온라인으로 수행하였다. 이후 2010년 1월 행복e음이 구축됨에 따라, 사회복지시설은 사회복지시설정보시스템은 행복e음으로 보조금 신청 및 보고를 하고 지

자체 공무원은 이 정보를 기준으로 보조금 신청 교부 등 각종 업무를 처리하고 있다.

2) 온라인 보고 범위 및 절차

(1) 주요보고 서식

적용대상별 제출 서류유형, 보고대상 문서 및 보고주기는 아래 〈표 13-5〉와 같다.

〈표 13-5〉 주요보고서식

<table>
<tr><th>적용 대상</th><th colspan="2">제출서 유형</th><th>보 고 대 상 문 서</th><th>보고주기</th></tr>
<tr><td rowspan="13">시회
복지
시설
공통</td><td rowspan="5">보조금
보고</td><td rowspan="2">보조금
교부신청</td><td>운영비
- 보조금교부신청서, 보조금교부청구서, 예산신청내역서, 인건비 산출내역서, 개인별시간외근무내역서, 이용아동 명부 (지역아동센터의 경우)</td><td>월/분기/
반기/년</td></tr>
<tr><td>생계비
- 생계급여산출명단
※ 시설생계급여 신청시 교부신청서류 중 금액이 표기된 보조금 교부신청서, 보조금교부청구서, 예산신청내역서, 생계급여산출 내역서를 제외하고 생계급여산출명단만 제출</td><td>월</td></tr>
<tr><td>보조금
정산보고</td><td>보조금정산보고서, 보조금정산내역서(명부 포함), 총계정 원장</td><td>월/분기/
반기/년</td></tr>
<tr><td>기능보강
보조금 교부신청</td><td>기능보강사업 보조금교부신청서, 기능보강사업보조금교부 청구서, 기능보강사업 예산신청내역서</td><td>월/분기/
반기/년</td></tr>
<tr><td>기능보강 보조금
정산보고</td><td>기능보강사업 정산보고서, 기능보강사업정산내역서, 구입 장비세부 목록</td><td>월/분기/
반기/년</td></tr>
<tr><td rowspan="3">입소자
보고</td><td>입소자입퇴소
발생보고</td><td>입소자입퇴소발생보고, 입소자사망발생보고</td><td>발생즉시</td></tr>
<tr><td>입소자등록정보
변경보고</td><td>입소자등록정보변경보고</td><td>발생즉시</td></tr>
<tr><td>병원입퇴원보고</td><td>병원입퇴원보고</td><td>발생즉시</td></tr>
<tr><td rowspan="3">종사자
보고</td><td>종사자입퇴사
발생보고</td><td>종사자입퇴사발생보고, 자격증보고</td><td>발생즉시</td></tr>
<tr><td>종사자 등록정보
변경보고</td><td>종사자 등록정보 변경보고</td><td>발생즉시</td></tr>
<tr><td>종사자 수당
신청</td><td>종사자 수당 신청</td><td>월</td></tr>
<tr><td colspan="2">복지시설 변경보고</td><td>복지시설 변경보고(명칭, 소재지 등)</td><td>발생즉시</td></tr>
<tr><td colspan="2">예산서</td><td>예산총괄표, 예산서내역, 사업계획서(파일첨부)</td><td>년</td></tr>
</table>

	추경 예산서	추경예산총괄표, 추경예산서내역, 수정사업계획서(파일첨부)	년
	세입·세출 결산 보고	결산총괄표, 세입결산서, 세출결산서, 사업수입명세서, 정부보조금 명세서, 후원금품 수입사용내역서 등	년
	비정형 업무보고	비정형 업무보고(파일첨부)	수시
지역아동 센터	이용자 보고	이용자 이용/종결 발생보고	발생즉시
장기요양	장기요양 인력변경 보고	변경신고서, 인력변경현황	발생 즉시
노숙인	노숙인 이용종료 보고	이용종료보고	발생 즉시

출처: 보건복지부(2022). 2022 사회복지시설 관리안내.

(2) 온라인 보고 범위

〈표 13-6〉과 같이 온라인 보고 범위는 보조금, 종사자, 입소자, 후원금, 예·결산 관련 문서는 온라인으로 보고하여야 한다.

〈표 13-6〉 온라인 보고범위 문서

시설유형	보고문서 범위				
	보조금 신청/정산	종사자	입소자	후원금	예/결산
보조금 지급시설	○	○	○	○	○
보조금 미지급시설	×	○	○	○	○
지자체 설치시설(위탁운영)	○	○	○	○	○

출처: 보건복지부(2022). 2022 사회복지시설 관리안내.

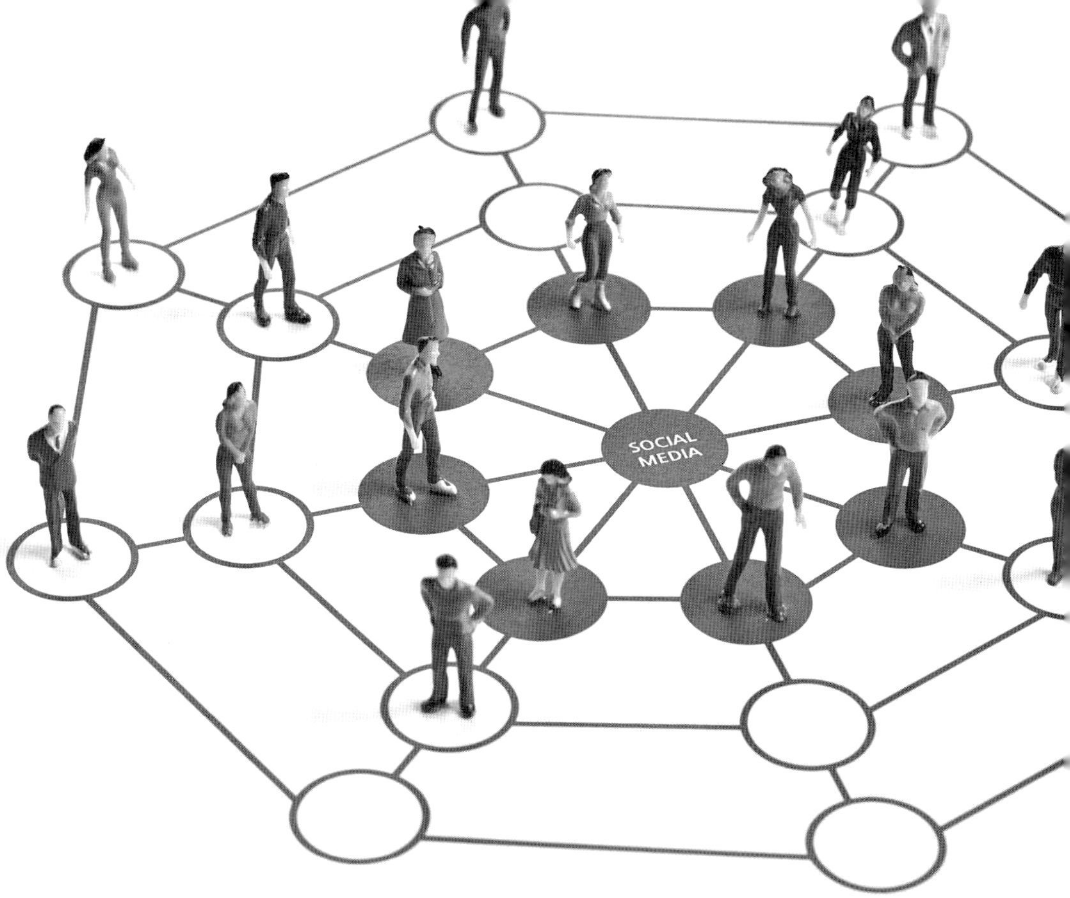

SOCIAL WELFARE FIELD PRACTICUM

부록

1. 사회복지현장실습 관련 서식 - 교육기관용
2. 사회복지현장실습 관련 서식 - 실습기관용
3. 사회복지현장실습 관련 서식 - 실습생용
4. 등급별 사회복지사 자격증 신청서
5. 프로그램 성과중심형 사업계획서 표준 양식

1. 사회복지현장실습 관련 서식 - 교육기관용

[교육기관 1] 실습의뢰서

○○○대학교(원) ○○대학 사회복지학과장

수신자
(참 조)
제 목 **사회복지현장실습 의뢰**

1. 항상 사회복지현장실습 교육을 위해 애써 주시는 귀 기관에 감사드립니다.
2. 사회복지현장실습을 수강하는 본교 사회복지학과 학생의 실습교육을 의뢰하오니 아래를 참조하시어 협조하여 주시기 바랍니다.

\- 아 래 -

가. 학생명 : (학생연락처:)
나. 실습기간 :
다. 실습지도교수 :
라. 실습담당조교 :
(연락처: 사회복지학과 ☎)

별첨 : 실습신청서 1부. 끝.

○○○대학교(원) ○○대학 사회복지학과장(직인)

시행 처리과 - 일련번호(시행일자) 접수 처리과명 - 일련번호(접수일자)
우 주소 /홈페이지 주소
전화( ) 전송( ) /기안자의 공식 전자우편주소 / 공개구분

※ 교육기관의 상황에 따라 변경하여 사용할 수 있음

[교육기관 2] 실습신청서

실 습 신 청 서

ㅇ 실습기관명:

1. 실습생 인적사항

이름		생년월일			
학교		학과/ 전공		학년/ 학기	
현주소					
전화번호					
E-Mail					

2. 실습 의뢰내용

실습 기관 주소			
전화번호		FAX	
실습 지도자		E-Mail	
실습 분야			
실습기간	년 월 일 ~ 년 월 일(총 일 시간) 1일 ____시간		

* 상기 내용으로 귀 기관에 실습신청을 의뢰하며 실습생 프로파일을 동봉합니다.

신청인(학생명) : ________________ 인

실습지도교수 : ________________ 인

학과장/대학원장 : ________________ 인

[교육기관 3] 실습생 프로파일

실습생 프로파일

1. 인적사항

(사진)	실습생명		성 별		생년월일	
	소속	대학교(원) 전공 학년(학기)				
	주소					
	전화번호	집: 핸드폰:				
	E-mail					

2. 이수 전공과목

교과목명	이수 완료	현재 이수	교과목명	이수 완료	현재 이수	교과목명	이수 완료	현재 이수
사회복지학개론			인간행동과사회환경			사회복지실천론		
사회복지실천기술론			지역사회복지론			사회복지정책론		
사회복지행정론			사회복지법제와 실천			사회복지조사론		
과목 중 필수 4개 과목, 선택 2개 과목 이상 성적취득 후 수강신청 및 실습 진행 가능								
사회복지자료분석론			프로그램 개발과평가			가족복지론		
아동복지론			청소년복지론			노인복지론		
여성복지론			장애인복지론			정신건강론		
정신보건사회복지론			의료사회복지론			학교사회복지론		
산업복지론			자원봉사론			사회문제론		
사회복지역사			사회보장론			교정복지론		
사회복지윤리와철학			사회복지지도감독론			사회복지현장실습		

3. 경력

구분 (취업, 실습, 봉사)	기관	기간	내용

4. 사회복지를 전공하게 된 동기

5. 실습 기관 선택 이유

6. 실습을 통해서 성취하고자 하는 목표

7. 실습을 마친 후 목표달성 정도를 파악할 수 있는 기준

8. 사회복지를 실천하는데 있어 자신의 강점과 약점

1) 사회복지 지식 및 기술의 측면	2) 개인적인 특성 측면

9. 취미 및 특기

10. 실습기관, 실습지도자 및 실습지도교수에게 바라는 점

위 사항이 틀림없음을 확인합니다

20 년 월 일

작성자: (서명 또는 인)

[교육기관 4] 사회복지현장실습생의 자세

사회복지현장실습생의 자세

우리는 사회복지 실습생으로서 사회복지사 윤리강령과 다음 사항을 준수한다.

1. 실습의 목적과 중요성을 충분히 이해하고 실습계약 사항을 이행하기 위하여 최선의 자세로 실습에 임한다.
2. 실습은 대학에서 학습된 이론을 구체적으로 적용하는 과정임을 인식하여 이에 최선을 다한다.
3. 실습교육기관의 구성원이라는 생각으로 타 구성원과 협력하며 친화적인 태도를 취한다.
4. 기관의 정책을 이해하고 수용하며 실습과정에서 준수하도록 한다.
5. 근무시간은 기관의 규정에 준하며 직원과 동일한 자세로 근무시간에 임하도록 한다.
6. 실습시작 최소 10분전에 출근하여 출근을 확인하며, 업무에 관계된 사항을 사전에 준비하도록 한다.
7. 결근, 조퇴, 지각 등 근태와 관련된 사항은 반드시 실습지도자에게 사전에 보고하여 허락을 받도록 한다.
8. 실습지도자의 지시뿐 아니라 타직원의 지도를 잘 이행하므로 실습효과를 최대화 하도록 한다.
9. 직무에 강한 책임감과 열의를 갖고 적극적으로 임하며 타인에게 책임을 전가하거나 태만하게 행동하지 않는다.
10. 실습으로 인하여 알게 된 클라이언트의 사적인 정보를 교육적 목적(대학실습지도 등) 이외에는 절대 발설하지 않으며, 교육적 목적이라 하더라도 가명을 사용하여 개인의 비밀이 침해되지 않도록 한다. 실습종료 후, 실습관련 내용을 학회지 등에 게재하고자 할 때는 반드시 실습지도자와 상의하여 허락을 받아야 한다.
11. 실습지도자의 지도 혹은 타실습생의 실습을 견학, 관찰할 경우 배우는 자세로 진지한 태도를 취한다.
12. 기관의 직원, 클라이언트 등에 대해 예의를 지킨다.
13. 복장, 소지품은 실습 기관의 특성과 상황에 맞게 취하되 가능한 화려한 것을 피하고 검소하며 단정한 것으로 착용하도록 한다.
14. 안전사고에 만반을 기하도록 하며 안전사고와 관련된 기관의 규정을 사전에 숙지하여 그에 준해 처리하도록 한다.
15. 실습일지를 비롯한 각종 실습기록은 사실에 근거하여 정확하고 구체적으로 정리하여 실습시 실습지도자와 실습지도교수의 강평을 받는다.
16. 과제에 관하여 연구하고 그 결과물에 대해 실습지도자의 강평을 받는다.
17. 실습과정 중 어떤 경우라도 사례금 등의 금품을 절대 주거나 받지 않는다.
18. 과제물은 정해진 기일에 제출하고 출근 전에 작성을 마친다.
19. 기관의 명칭을 사적으로 활용하지 않으며 실습생의 신분을 지킨다.
20. 기관을 대표한다는 자세로 실습교육기관의 직원들과 동일한 업무 태도와 자세를 취한다.

2. 사회복지현장실습 관련 서식 - 실습기관용

[실습기관 1] 실습신청의뢰서

실 습 기 관 명

수신자
(참 조)
제 목 **사회복지현장실습 신청의뢰서**

---

1. 사회복지교육 및 연구활동을 통해 사회복지발전에 전력을 다하시는 귀하와 귀교의 무궁한 발전을 기원합니다.

2. 아래와 같이 사회복지현장실습 교육이 가능하오니 관심 있는 학생들이 참여할 수 있도록 협조를 부탁드립니다.

- 아 래 -

1. 실습부서/분야:
2. 실습지도자:
3. 대학별 배정가능 실습생수:
4. 실습담당직원: (연락처: ☎)
5. 실습비 :

별첨1 : 실습지도계획서
별첨2 : 실습지도자 프로파일

실습기관장(직인)

시행 처리과 - 일련번호(시행일자) 접수 처리과명 - 일련번호(접수일자)
우 주소 /홈페이지 주소
전화( ) 전송( ) /기안자의 공식 전자우편주소 / 공개구분

[실습기관 2] 실습지도계획서

실습지도계획서

ㅇ 실습지도자 :

1. 실습목적 :
2. 실습목표 :
3. 실습분야 :
4. 실습기간 :
5. 실습대상 :
6. 교육계획

단위시간	내용	담당	비고

7. 실습지도방법
 - 개별실습지도 계획 :
 - 집단실습지도 계획 :
 - 기타 계획 :

8. 실습일정

주	월/일	시간	실습내용	담당	과제물

9. 실습생의 책임과 과제

10. 참고도서

[실습기관 3] 실습지도자 프로파일

실습지도자 프로파일

1. 인적사항

성 명		성 별	
기관명/부서		직 책	
담당 업무		전 화	
이 메 일		팩 스	
최종학력		최종학력의 전공	
사회복지사 자격번호		사회복지 총 실무경험기간	년 개월

2. 실습지도 및 실습분야 관련 주요 교육배경

교육명	주관단체	기간	수료/자격여부

3. 사회복지분야 근무경력

기관명	기간	직책	담당업무

4. 본인의 전공분야 (현재 자신의 관심분야, 실천모델, 실천기술과 기법)

5. 실습지도자로서의 자신의 특성(강·약점)

6. 실습생에게 바라는 점

[실습기관 4] 실습의뢰에 대한 회신

실습의뢰에 대한 회신

귀 대학의 실습생의 실습의뢰를 수락합니다.

<table>
<tr><td>실습생명</td><td></td><td>소속대학</td><td></td></tr>
<tr><td>기관명</td><td colspan="3"></td></tr>
<tr><td>기관주소</td><td></td><td>전화번호</td><td></td></tr>
<tr><td rowspan="2">실습지도자</td><td rowspan="2">직위:
부서:
성명:</td><td>연락처</td><td>전화 :
팩스 :</td></tr>
<tr><td>E-mail</td><td></td></tr>
</table>

실습기간	년 월 일 – 년 월 일 (오리엔테이션 일정 : 년 월 일 시)
필요서류	다음 서류를 실습개시일 ( )일전까지 우송바랍니다. – 실습생 프로파일 1부 – 실습비 (원) (실습개시일 납부요망) – 기타 필요한 서류 ( )
실습을 위한 기타 준비사항	– 참고문헌 – 사선 과세물
대학에 대한 의견	

실습지도자 (인)

기 관 장 (인)

[실습기관 5] 실습생 출근부

실습생 출근부

□ 성명 :   긴급연락처 :   전자우편 :

월 일	출근시간	퇴근시간	실습생확인	실습 지도자확인	지각, 조퇴, 결근여부	사유

* 기입요령: 출근시간, 퇴근시간 표시, 퇴근 시 실습생 및 실습지도자가 확인하며, 지각, 조퇴, 결근 시 그 사유를 함께 기록함

[실습기관 6] 실습지도 기록서

실습지도 기록서

○ 실습지도자 :

○ 실 습 생 :

일시	실습지도 내용	비고

[실습기관 7] 실습평가서(교육기관 발송용)

실습평가서 (교육기관 발송용)

기관명		실습지도자	
실습부서		실습지도교수	
실습기간			
실습생		평 가 일 시	

* **출석상황**

□ 무단결석 없음 □ 무단결석 1회 □ 무단결석 2회 □ 무단결석 3회 이상

* 다음은 실습생에 관한 평가입니다. 실습생이 실습지도 기간 동안 보여주었던 태도와 행동을 기준으로 아래 항목에 솔직하게 평가해주기 바랍니다.

실습내용에 포함되어 있는 사항에 관해서만 평가하여주시고, 평균에는 평가항목 총점을 평가항목 개수로 나눈 점수를 기입하면 됩니다.

(1점: 매우 그렇지 못하다.~5점: 매우 그렇다.)

항목	내용	1	2	3	4	5
실습 지도에 대한 태도	1. 실습지도 시간을 엄수한다.					
	2. 적극적이고 긍정적인 자세로 실습지도에 참여한다.					
	3. 실습지도에서 지적된 내용을 수용한다.					
	4. 배우는 입장에서 진지하게 노력하고 발전하려는 태도를 갖는다.					
	5. 실습지도자와 실습생으로서 공식적 관계를 형성한다.					
기관 이해 및 관계 유지	6. 동료실습생과 긍정적이고 원만한 협력 관계를 유지한다.					
	7. 기관의 목적, 정책, 규칙, 사업내용을 이해한다.					
	8. 기관 내에서 실습생으로서의 권한과 한계를 알고 일한다.					
	9. 기관 내 타직원과 협조적인 대인관계를 형성, 유지하여 업무를 처리한다.					
기본적 태도와 자질	10. 일의 우선순위를 결정하는 능력이 있다.					
	11. 할당된 시간 안에 일을 계획하고 수행한다.					
	12. 자신의 장점과 단점을 잘 인식하고 대응한다.					
	13. 사회복지실천 지식을 실습내용에 적용한다.					

	14. 사회복지실천의 가치와 윤리를 갖고 임한다.					
	15. 전문가로서의 편견, 선입견, 고정관념을 인식하고 객관성을 유지한다.					
	16. 실습지도 내용을 실행에 옮긴다.					
	17. 실습과정을 책임감 있게 수행한다.					
기 록	18. 기록, 보고서 등을 정해진 일시에 제출한다.					
	19. 실습내용을 사실에 근거하여 정확하게 기록한다.					
	20. 실습내용을 체계적이고 구체적으로 기록한다.					
	21. 클라이언트와의 상호작용 및 실습생의 사고와 감정을 기록한다.					
	22. 실습지도를 통해 지적된 사항 및 배운 것을 정확히 기록한다.					
전문적 태도와 관계 형성	23. 클라이언트와 전문적 관계를 형성하고 활용한다.					
	24. 전문적 관계형성에서 동정과 감정이입을 구별하여 적용한다.					
	25. 주변의 자원을 파악하고 그것을 활용하려고 노력한다.					
	26. 비심판적이며 경청과 수용의 태도를 갖는다.					
	27. 클라이언트의 능력과 동기의 한계를 수용한다.					
	28. 실습지도자가 지시한 것을 잘 파악하여 실행에 옮긴다.					
개인에 대한 개입	29. 클라이언트가 표현한 의사소통과 암시적인 의사소통을 이해한다.					
	30. 실습생이 의도한 바를 클라이언트에게 명확하게 전달한다.					
	31. 클라이언트의 문제와 상황에 관련된 정확한 자료를 수집한다.					
	32. 수집된 자료를 체계적으로 종합하고 이론에 기초하여 사정한다.					
	33. 클라이언트 가족 등 주변의 지지자원을 활용한다.					
	34. 클라이언트와 환경의 상호역동성의 이해아래 개입목표와 전략을 수립한다.					
	35. 개입목표에 따라 클라이언트의 긍정적인 변화를 유도한다.					
가족에 대한 개입	36. 가족의 역동성을 파악하고 가족상황에 관련된 정확한 자료를 수집한다.					
	37. 가족의 구조를 명확히 이해하여 필요한 가족개입의 기술을 활용한다.					
	38. 가족의 상호역동성의 이해아래 개입목표와 전략을 수립한다.					
	39. 가족 구성원을 개별화하고 성원들이 긍정적으로 변화하도록 유도한다.					
집단에 대한 개입	40. 집단 역동을 파악하여 의미 있는 개입으로 집단을 지도한다.					
	41. 집단에서 주 진행자와 보조진행자의 의미와 역할을 알고 실천한다.					
	42. 집단의 구조를 명확히 하고 필요한 집단지도의 기술을 활용한다.					
	43. 집단 성원을 개별화하고 성원간 의미 있는 관계를 형성하도록 한다.					
	44. 집단의 목적에 대해 정확히 사정한다.					
	45. 정확한 사정에 입각하여 적절한 프로그램을 계획하고 실행한다.					
	46. 집단의 상호작용이 목적 지향적이고 성원들이 긍정적으로 변화하도록 한다.					
지역 사회에 대한 개입	47. 지역주민들이 지역사회의 요구와 문제를 파악하도록 돕는다.					
	48. 파악된 지역사회욕구를 사회행동으로 계획하고 실행한다.					
	49. 지역사회구조와 권력에 대해 이해하고 그 지역사회 상황을 정확히 파악한다.					
	50. 지역사회자원을 정확히 파악하고 접근한다.					
정책 및 행정 분야	51. 정책형성 및 개선과 관련된 이해집단들의 문제 상황 및 요구와 정책발의자들 및 집행자들의 이해관계를 정확하고 객관적으로 이해한다.					
	52. 정책형성 및 개선과 관련된 이해집단과 건설적이고 전문적인 관계를 맺는다.					

	53. 문제 상황에 적합한 정책대안을 개발하는데 적극적으로 참여한다.					
	54. 기본정보를 정확히 사용하며 실증적인 자료 분석의 지식을 갖고 문제를 분석한다.					
	55. 사회복지행정체계 및 전달체계에 대해 정확하게 이해한다.					
기관 고유 항목*	56.					
	57.					
	58.					
	59.					
	60.					

* 기관 고유 항목에는 기관의 특성과 실습상황에 맞는 평가항목을 실습지도자가 추가적으로 직접 기입하고 평가할 수 있습니다.

<table>
<tr><td>총 평</td><td colspan="5">(※ 실습생의 실천가로서의 장단점 및 대학에 대한 건의)</td></tr>
<tr><td>평가문항 개수</td><td colspan="2"></td><td colspan="2">총점</td><td></td></tr>
<tr><td>평균
(총점 ÷ 평가문항개수)</td><td colspan="5">(※ 기록 후 테이프 부착 후 실습지도자 서명 요망)</td></tr>
<tr><td rowspan="4">평점부여</td><td colspan="5">※ 여기에 부여하는 평점은 실습생이 받게 되는 성적표상의 최종 평점은 아닙니다. 교육기관 실습지도 점수와 함께 사회복지현장실습 평점 부여 시 주요 고려사항이 됩니다.</td></tr>
<tr><td>☐ A+</td><td>☐ B+</td><td>☐ C+</td><td>☐ D+</td><td rowspan="3">☐ F</td></tr>
<tr><td>☐ A0</td><td>☐ B0</td><td>☐ C0</td><td>☐ D0</td></tr>
<tr><td>☐ A−</td><td>☐ B−</td><td>☐ C−</td><td>☐ D−</td></tr>
</table>

실습지도자 : ____________________ 인

기 관 장 : ____________________ 인

☞Tip- 점수 기준: 평가항목 중 해당되는 항목을 평가하여 평가한 문항으로 나누면 5점 만점 중 학생의 점수 평점이 됨. 5점~4.5점 사이는 A대의 점수 부여, 4.4~4.0점 사이는 B점수 대, 3.9~3.5사이는 C점수 대, 3.4~3사이는 D점수 대 2.9 이하는 F./ 각 점수 대의 +, 0, −는 점수범위의 분포에 따라 적절히 부여할 수 있음

[실습기관 8] 사회복지현장실습 교육 수료증

사회복지현장실습 교육 수료증

수료번호: ○○○○(연도)-○○(번호)

○○대학(원) 성명 : ○○○ (학번)

상기 학생은 아래의 과정을 수료하였으므로 사회복지현장실습 교육 수료증을 발급합니다.

- 아 래 -

1. 실 습 지 도 자 :
2. 실습교육기관 :
3. 실 습 기 간 :
4. 실 습 분 야 :

년 월 일

○○기관장 (직인)

[실습기관 9] 실습기관 등록증

NO. 2013-L0000001

사회복지현장실습기관 등록증

등록번호	○○○○(연도)-○○○○○(번호)		
등록일자			
기 관 명		대표자	
주 소			
실습지도자		실습시간	

상기 기관은 한국사회복지사협회에서 주관하는 사회복지현장실습 등록제에 의한 실습기관으로 등록되었기에 사회복지현장실습 기관 등록증을 발급합니다.

년 월 일

한국사회복지사협회장

* 본 증명서는 인터넷으로 발급되었으며, 발급일로부터 1개월까지 유효합니다.

3. 사회복지현장실습 관련 서식 - 실습생용

[실습생 1] 실습생 서약서

실 습 생 서 약 서

본인은 ○○ 기관의 실습생으로서 다음의 사항을 준수할 것을 서약합니다.

1. 사회복지사 윤리강령
2. 클라이언트와 기관에 대한 비밀 유지
3. 실습교육기관 및 실습지도자의 요구사항

년 월 일

실습생 : (인)

○○ 기관 귀중

[실습생 2] 실습 계약서

실습 계약서

실습생명		소속 대학	
기관명		주소 / 전화번호	
실습지도자		실습지도교수	

1. 일반적 사항
   (1) 실습기간 : _______년 ______월 ______일부터
   _______년 ______월 ______일 까지 총 ______일
   (2) 업무시간 : 주 ____일 근무, _______시 부터 _______시 까지
   (3) 대학 실습세미나 시간 : _____요일, _____시 부터 ______시 까지
   (4) 결석에 대한 조치

2. 실습의 목적과 목표
   (1) 목적
   (2) 목표

3. 실습생의 의무와 책임

4. 실습지도자의 의무와 책임

5. 실습지도교수의 의무와 책임

상기 사항을 성실하게 이행하여 실습을 진행하도록 하겠습니다.

년 월 일

실 습 생 ____________ 인

실습지도자 ____________ 인

실습지도교수 ____________ 인

*학교나 기관마다 실습일지 양식이 다를 수 있음.

[실습생 3] 실습일지-서식1

실 습 일 지

1. 실습생명 :
2. 실 습 일 :
3. 오늘의 목표 :

4. 진행내용 (시간, 내용 등을 중심으로 기록)

5. 실습생 의견 (배운 점, 의문사항, 건의 등 포함)

6. 실습지도자 의견

*학교나 기관마다 실습일지 양식이 다를 수 있음.

[실습생 3] 실습일지-서식2

실 습 일 지

실 습 일	년 월 일	실습생	(인)	실습지도자	(인)
실습목표					
실습일정	시 간	진 행 내 용			
	: ~ :				
	: ~ :				
	: ~ :				
	: ~ :				
	: ~ :				
	: ~ :				
	: ~ :				
	: ~ :				
	: ~ :				
실습소감 및 의견 (건의사항등)					
실습 지도자 의견 (수퍼비전)					

[실습생 4] 실습기관 분석 보고서

실습기관 분석 보고서

실습생명		기관명	
기관주소	(전화:)		
기관소개자	(부서: 직책:)		

1. 기관의 역사
   (1) 기관 설립동기 및 설립목적
   (2) 기관 사업의 역사적 변천
   (3) 기관 역사에 대한 실습생의 평가

2. 기관의 목적

3. 기관의 주요사업 및 프로그램
   (1) 클라이언트 및 대상 지역
   (2) 주요사업
   (3) 서비스 전달체계
   (4) 기관의 대상층 및 주요사업에 대한 실습생의 평가

4. 기관의 행정사항
   (1) 기관의 조직구조
   (2) 예산, 후원 및 지원 사항
   (3) 기관의 행정구조와 예산 사용 및 후원에 대한 실습생의 평가

5. 기관이 속한 지역사회, 물리적 환경의 특징
   (1) 지역사회
   (2) 물리적 환경(시설, 공간 등)

6. 사회복지기관으로서 지역 내 타 기관들과의 연계
   (1) 관계유형 및 내용
   (2) 기관의 타 기관과의 관계유지에 대한 실습생의 평가

7. 기관의 특별한 면이나 전반적인 사항에 대한 인상이나 느낌

[실습생 5] 사례관리 계획서

사례관리 계획서

실습생명:

클라이언트명		성 별		조사일	
주 소		전화번호		작성일	
직 업		학력		연령	
의뢰경위		경제상태	□ 일반 □ 저소득 □ 수급자		

1. 일반적인 사항
   - 가족상황, 경제상황, 건강 상황, 일상생활 및 주거상황, 사회심리적 상황, 자원활용 상황

2. 클라이언트에 관한 사항
   - 신체, 인지, 정서, 행동기능면 / 클라이언트의 강·약점

3. 욕구진술

4. 개입계획

욕구	결과목표	세부목표	표적체계	개입전략 및 수행방법	비고 (역할분담 등)

5. 서비스 일정표

날짜	담당	서비스 목표	서비스 내용	준비물	비고

[실습생 6] 사례관리 진행일지

사례관리 진행일지(　　회)

클라이언트명		실습생명	
일　시		장　소	

1. 목표 및 내용

결과목표	하위목표	서비스목표	서비스내용

2. 과정기록

3. 평가

1) 목표달성 및 서비스 평가

2) 클라이언트에 대한 평가

3) 사례개입에 대한 자신의 역할 평가

4. 계획

[실습생 7] 사례관리 종결기록서

사례관리 종결 기록서

클라이언트명	
실습생명	
서비스제공기간	

1. 제공된 서비스

2. 사례관리 목표 달성정도

3. 사후지도 계획

[실습생 8] 집단지도 계획서(소집단용)

집단지도 계획서(소집단용)

집 단 명		집단지도자(실습생)명	
대 상		성원 수	
기 간		장 소	

1. 실시 배경

2. 목적

3. 목표

결과목표 1		결과목표 2	
하위목표 1-1		하위목표 2-1	
하위목표 1-2		하위목표 2-2	

4. 목표관련 지도 내용 및 구체적 수행방법

결과목표	하위목표	지도 내용	수행방법	비 고

5. 평가계획

평가지표	
평가도구	
평가방법	

6. 회기별 일정표

횟수	일시	목표	내용	준비물

7. 예산

[실습생 9] 집단과정 일지(소집단용)

집단과정 일지(소집단용)

집단지도자(실습생)명		집단명	
집단진행 날짜		집단 활동 장소	
참석자(　명)명단			
결석자(　명)명단			

1. 목표 및 세부목표

1. 목표: 2. 세부목표: 2-1. 2-2.

2. 집단진행요약

시간	프로그램 내용	사회복지사의 역할

3. 과정 기록
    1) 모임 전 단계(자리 위치 표시)
    2) 모임 단계
    3) 모임 후 단계

4. 평가
    1) 목표 달성 및 프로그램 평가
    2) 집단의 역동성(성원-성원, 성원-지도자)
    3) 성원의 개별 평가(개인의 변화, 참여도, 지도자·타 회원과의 관계)
    4) 지도자 자신에 대한 평가(역할 및 의도적 개입)

5. 다음 집단모임 계획

[실습생 10] 집단의 개별회원 분석표(소집단용)[1)]

집단의 개별회원 분석표(소집단용)

회원명		집단명	
회원 수		집단지도자(실습생)	

집단의 목표	
개인의 목표	

회기	날짜	참석여부 /참석인원	개인의 변화정도 및 내용	참여도	지도자와의 관계	타 회원과의 관계
1		/				
2		/				
3		/				
4		/				
5		/				
6		/				
7		/				

〈 종합평가 〉

1) 모든 집단지도 상황에서 활용되어야 하는 것은 아니며, 집단과정에서 개인의 변화를 민감하게 기록할 필요가 있을 경우에 활용할 수 있음

[실습생 11] 집단 종결 기록서(소집단용)

집단 종결 기록서(소집단용)

집단명		집단지도자(실습생)명	
집단진행 날짜		집단 활동 장소	
전체진행 회기 수		출석률	
주요 진행사항			

1. 회원의 평가
   1) 운영면
      (1) 프로그램 진행평가
      (2) 집단 참여 태도
   2) 프로그램 내용
   3) 목표달성
   4) 다음 프로그램에 대한 의견
   5) 지도자에 대한 평가

2. 지도자(실습생)의 평가
   1) 집단의 특징
   2) 회원의 참여도
   3) 집단성원에 대한 개별화의 정도
   4) 집단역동의 활용정도
   5) 집단에 대한 발달단계분석

구분	초기	중기	말기
참여도			
개인의 변화			
지도자와의 관계			
타 회원과의 관계			
기타(　　　　)			
기타(　　　　)			

[실습생 12] 프로그램 계획서(대집단 및 지역사회복지)

프로그램 계획서(대집단 및 지역사회복지)

프로그램명		지도자(실습생)명	
대 상		참여자 수	
기 간		장 소	

1. 프로그램 실시 배경

2. 프로그램 목적

3. 프로그램 목표

결과목표 1		결과목표 2	
하위목표 1-1		하위목표 2-1	
하위목표 1-2		하위목표 2-2	

4. 목표관련 지도 내용 및 구체적 수행방법

결과목표	하위목표	지도 내용	수행방법	비 고

5. 평가계획

평가지표	
평가도구	
평가방법	

6. 회기별 일정표

횟수	일시	목표	내용	준비물

7. 예산

[실습생 13] 프로그램 평가서(대집단 및 지역사회복지)

프로그램 평가서

프로그램명		지도자(실습생)명	
대 상		참여자 수	
기 간		장 소	

1. 프로그램 목적 및 목표달성 평가

결과목표	하위목표	달성 정도	평가 근거	의의

2. 프로그램 과정 평가

1) 준비과정

2) 진행과정

3) 종결 및 정리과정

3. 프로그램 만족도 평가

4. 예산평가

5. 추후 프로그램을 위한 제언

[실습생 14] 사회복지정책 분석 보고서(정책개발 및 평가)

사회복지정책 분석 보고서

ㅇ 분석자(실습생)명 :

정 책 명	
관련법규/지침	
주무부서	

1. 문제제기 및 분석목적

2. 분석한 정책의 주요 내용

3. 자료수집 및 분석방법

4. 분석결과 논의
   - 4.1 정책목표분석
   - 4.2 정책이 추구하는 가치 분석
   - 4.3 급여대상 분석
   - 4.4 급여의 적절성 분석
   - 4.5 급여의 전달체계 분석
   - 4.6 재정 분석

5. 관련정책과 관련한 주요 이해당사자의 입장 분석

6. 분석한 정책의 개선방향 및 전망

7. 총평

[실습생 15] 사회행동, 옹호활동 보고서(사회행동)

사회행동, 옹호활동 보고서

○ 분석자(실습생)명:

구분	요약 제시
사회행동명	
활동 목적	
참여자	
대상 집단	
옹호 대상	

1. 문제제기 및 활동목적

2. 참여자의 특성

3. 대상 집단의 특성

4. 옹호집단의 특성

5. 주요활동경과

6. 활동전략분석

6.1 대상 집단을 이기기 위한 힘을 얻기 위한 전략

6.2 합법성을 확보하기 위한 전략 (법적행동 포함)

6.3 타조직과 협력하는 전략

6.4 전술을 연결시키는 전략

6.5 협상을 전개하는 전략

6.6 홍보 및 언론활용 전략

7. 향후 행동 전략 제안

[실습생 16] 홍보기획서

사회복지기관(사업) 홍보 기획서

○ 기획자(실습생)명 :

1. 상품(홍보하려는 기관이나 사업)의 특성 분석
   (상품의 내용, 경쟁기관이나 사업의 존재여부 등)

2. 유치하려는 소비자 집단의 특성별 구분

3. 대상별 소비자에게 호소하기 위한 전략
   (담당, 장소, 방법 등을 일목요연하고 자세히 제시)

4. 홍보일징

5. 홍보예산

7. 첨부 (보도 자료, 광고전단, 안내지 자료, 홈페이지 자료 등)

[실습생 17] 개별면접 일지

개별면접 일지

실습생명		면접날짜와 시간	
클라이언트		면접 장소	

1. 면접 준비과정

2. 면접목표

1) 2)

3. 과정기록 및 분석

면접내용	실습생 분석	실습지도 내용

* 주요한 면접장면에 대해서는 대화체의 기록을 직접 인용하는 것이 권장됨.
* 면접자의 의도적인 개입, 언어적·비언어적 의사소통 모두에 주의하여 기록할 것.
* 상기 내용이 포함된다면, 기관 상황과 면접 상황에 맞추어 별도 양식 활용 가능.

4. 면접목표 달성에 대한 평가

5. 실습생 의견

6. 다음 면접 계획

[실습생 18] 가족상담 기록서

가족상담 기록서

클라이언트 (IP)		성별		연령	
날짜		장소		총 회수/시간	
실습생명				실습지도자	

1. 의뢰과정

2. 문제 상황에 대한 가족의 정의

3. 가계도

4. 가족생태도 : 가족의 하위체계간 관계 등 기록

5. 가족의 사회자원망

6. 가족생활주기

7. 가족사정 및 이론적 근거

8. 개입 목표와 개입 전략

9. 개입 내용 정리

회기	내용	주요 질문과 내담자의 반응

10. 평가 및 사후관리계획

[실습생 19] 사회조사 계획서

사회조사 계획서

조 사 주 제	
조사/분석일	
조사자(실습생)명	

1. 문제제기 및 조사문제의 제시

 1.1. 문제의 기술

 2.2. 검토될 조사문제에 대한 진술

 2.3. 문제의 중요성과 조사 필요성 제시

2. 조사와 관련한 문헌자료 검토

 2.1. 이론적 역사적 관점

 2.2. 문헌에서 파악된 차이점들 검토

3. 조사방법 제시

 3.1. 조사 설계와 자료수집절차

 3.2. 표집설계

 3.3. 대상에 대한 기술

 3.4. 측정방법 기술

 3.5. 자료 분석 절차

4. 예산

5. 기타 필요한 사항

6. 부록 (관련 참고문헌, 설문지 등 필요한 자료를 첨부할 수 있음)

[실습생 20] 사회조사 진행일지

사회조사 진행일지

조 사 주 제	
진 행 일	
조사자(실습생)명	

1. 조사 진행 단계 기록

2. 조사과정에서 보완되어야 할 사항 기록

3. 추후 조사 진행 계획

[실습생 21] 사회조사 분석평가서

사회조사 분석 평가서

조 사 주 제	
진 행 일	
조사자(실습생)명	

1. 문제제기 및 조사문제의 제시
   1.1. 문제의 기술
   2.2. 검토될 조사문제에 대한 진술
   2.3. 문제의 중요성과 조사 필요성 제시

2. 조사와 관련한 문헌자료 검토
   2.1. 이론적 역사적 관점
   2.2. 문헌에서 파악된 차이점들 검토

3. 조사방법 제시
   3.1. 조사 설계와 자료수집절차
   3.2. 표집설계
   3.3. 대상에 대한 기술
   3.4. 측정방법 기술
   3.5. 자료 분석 절차

4. 조사결과 제시
   4.1. 기술적 분석
   4.2. 인과적 분석

5. 논의점
   5.1. 밝혀진 사항에 대한 설명
   5.2. 실천에의 함의
   5.3. 평가의 한계와 약점

6. 참고문헌

7. 부록 (설문지 외 조사와 관련된 주요자료 첨부)

[실습생 22] 기관방문분석 보고서

기관방문분석 보고서

* 특정 분야나 내용에 관심을 가지고 방문을 추진한 경우에는 별도의 양식을 활용하거나, 특정 내용만 선택하여 기록할 수 있습니다.

실습생명		방문기관명	
기관소재지	(전화:)		
기관소개자	(부서: 직책:)		

1. 기관방문 목적
2. 기관방문을 위한 질의사항 및 응답 정리
3. 기관방문을 통해 알게 된 지식

<검토할 사항 예시>
1. 기관의 역사 (1) 기관 설립동기 및 설립목적 (2) 기관 사업의 역사적 변천 (3) 기관 역사에 대한 실습생의 평가 2. 기관의 목적 3. 기관의 주요사업 및 프로그램 (1) 클라이언트 및 대상 지역 (2) 주요사업 (3) 서비스 전달체계 (4) 기관의 대상층 및 주요사업에 대한 실습생의 평가 4. 기관의 행정사항 (1) 기관의 조직구조 (2) 예산, 후원 및 지원 사항 (3) 기관의 행정구조와 예산 사용 및 후원에 대한 실습생의 평가 5. 기관이 속한 지역사회, 물리적 환경의 특징 (1) 지역사회 (2) 물리적 환경(시설, 공간 등) 6. 사회복지기관으로서 지역 내 타 기관들과의 연계 (1) 관계유형 및 내용 (2) 기관의 타 기관과의 관계유지에 대한 실습생의 평가 7. 기관의 특별한 면이나 전반적인 사항에 대한 인상이나 느낌

[실습생 23] 지역탐방 보고서

지역탐방보고서

ㅇ 조사자(실습생)명 : 　　　　　　　　　　ㅇ 지역소개자 :

1. 탐방지역

2. 지역의 주요 사회지표 제시

3. 지역의 인구사회학적 특성

4. 지역의 사회경제학적 특성

5. 지역의 사회복지기관 및 자원 탐색

6. 필요하거나 보완되어야 할 사회복지서비스 제안

7. 결론

8. 첨부 (관련 지도를 비롯한 탐방보고서 작성에 참조한 자료를 첨부할 수 있음)

[실습생 24] 실습 중간평가서

실습중간평가서

* 본 평가서는 사회복지현장실습 지침서를 참고하여 실습생 본인이 작성하며, 서술양식으로 작성한 뒤 실습 실습지도자와 평가회를 갖는 것을 추천함.

실습생명		기관명	
실습기간		실습지도자	
실습평가일		실습지도교수	

1. 실습목표와 관련된 실습내용 및 역할에 대한 평가
   1.1. 수행한 실습내용 및 역할의 요약
   1.2. 평가
   1.3. 앞으로의 계획

2. 실습에 임한 자세 및 노력

3. 실습을 통해 배운 점

4. 앞으로 더 필요한 지식과 기술

5. 실습에서 어려웠던 점

6. 기관 및 실습지도자에게 건의할 점

[실습생 25] 실습평가서

실습평가서

* 본 평가서는 사회복지현장실습 지침서를 참고하여 종결평가 내용을 실습생 본인이 작성하며, 서술양식으로 작성한 뒤 실습지도자와 평가회를 갖는 것을 추천함.

실습생명		기관명	
실습기간		실습지도자	
실습평가일		실습지도교수	

1. 실습일정에 대한 평가

2. 실습내용 및 역할에 대한 평가

3. 실습목표에 대한 평가
   1) 구체적이고 적절한 목표 설정 여부
   2) 목표의 달성 여부

4. 서비스 실천과정에 대한 평가 / 정책 및 행정 실습에 대한 평가
   1) 문제 파악 및 자료수집 능력 / 문제 인식 능력
   2) 문제 사정 능력 / 문제 분석 능력
   3) 개입 기술 / 문제해결을 위한 대안제시능력
   4) 면접 기술 / 기존지식과 정보의 사용능력
   5) 기록 기술 / 기록 기술
   6) 클라이언트와의 전문적인 관계 형성 / 유관 기관 및 관련된 사람들과 전문적인 관계 형성

5. 실습생의 자원 활용에 대한 평가(인적, 물적 자원)
   1) 기관 외의 자원 활용
   2) 실습과 관련된 참고서적의 활용

6. 실습에 임하는 자세에 대한 평가
   1) 업무관리
      (1) 시간 준수, 과제제출
      (2) 주어진 일에 대한 업무조절 능력
   2) 직원과의 관계(실습지도자, 타직원, 타 전문직 직원)
   3) 다른 실습생과의 관계
   4) 실습에 있어서의 적극성 및 자발성

7. 전문적 태도에 대한 평가
   1) 사회복지사로서 실습생 자신의 장·단점에 대한 인식
   2) 전문가로서 윤리 및 가치관의 이행

8. 실습지도 활용 정도에 대한 평가
   1) 실습생 자신의 실습지도 활용정도에 대한 평가
      (1) 기관 실습지도
      (2) 대학 실습지도
   2) 실습지도 자체에 대한 평가
      (1) 기관 실습지도
      (2) 대학 실습지도

9. 기관 이해도에 대한 평가
   1) 실습생의 과업과 관련된 기관의 목적, 정책, 행정 절차에 대한 이해
   2) 실습생으로서의 기관내의 권한과 한계에 대한 인식

10. 실습 기간 중 가장 유익했던 내용

11. 실습기간 중 가장 안 좋았던 내용

12. 실습 기관, 실습 지도자, 대학에 대한 건의사항

13. 기타 하고 싶은 말

[실습생 26] 사회복지현장실습확인서

현장실습확인서-1(직접실습으로 현장실습을 한 경우) 〈2021.04.15.개정〉

사회복지 현장실습 확인서

[ ]신규발급, [ ]재발급 (앞쪽)

실습생 인적사항	성 명		생년월일	※「주민등록번호」 앞자리 6자리를 기재 바랍니다
	휴대전화번호		학 교 명	※ 현재 소속중인 학교명을 기재 바랍니다.

실습기관 및 실습지도자	실습기관명		실습기관 관리번호	※ 실습기관 선정 시 부여된 등록번호 기재
	기관 주소	※「도로명 주소」로 기입해 주세요	전화번호	
	실습 지도자명	※ 실습생의 실습을 지도한 지도자명 기재	사회복지사자격번호 (취득일자)	제 - 호 (. . .)

실습기간	실습 기간	20 년 월 일 ~ 20 년 월 일
	실습 시간	총 시간 (총 회, 1일 평균 시간)

실습기관은「사회복지사업법 시행규칙」제3조 [별표1]의 규정에 따라 자격요건을 갖춘 실습기관과 실습지도자에 의해 기관 실습을 진행하였으며, 상기 실습생이 위와 같이 기관실습을 하였음을 확인합니다.

20 년 월 일

기관실습 지도자 : (서명 또는 인) 기관실습 실시기관

교육기관 및 세미나교수	교육기관 유형	[ ]오프라인 / [ ]온라인	교육기관명	※ 실습세미나 교육기관명을 기재 바랍니다.
	실습세미나 교수명		학 과 명	
	실습세미나 교수 취득학위(사회복지학 또는 사회사업학)	[ ]학사, [ ]석사, [ ]박사	교육기관 전화번호	

실습 세미나	실습세미나 기간	20 년 월 일 ~ 20 년 월 일		
	실습세미나 횟수(시간)	총 회 (시간)	대면방식 세미나 횟수 (시간)	총 회 (시간)

교육기관은 「사회복지사업법 시행규칙」제3조 [별표1]의 규정에 따라 자격요건을 갖춘 실습세미나 지도교수에 의해 실습세미나를 진행하였으며, 상기 실습생은 위와 같이 실습세미나를 이수하였음을 확인합니다.

20 년 월 일

실습세미나 교수 : (서명 또는 인) 학 과 장 : (직인)

한국사회복지사협회장 귀하

재발급 사유	※ 사회복지 현장실습 확인서 재발급 시 재발급 사유 기재 바랍니다.

[사회복지현장실습에 관한 기준] – 사회복지사업법 시행규칙[별표1] 사회복지관련 교과목 (제3조 관련)

① **기관실습 실시기관** : 보건복지부장관으로부터 선정된 사회복지사업을 수행하는 기관, 법인, 시설 또는 단체

② **기관실습 지도자** : 사회복지사 1급 자격증을 취득한 이후 3년 이상 또는 사회복지사 2급 자격증을 취득한 이후 5년 이상 사회복지사업의 실무경험이 있는 자로 기관실습이 실시되는 연도의 전년도에 8시간 이상의 보수교육을 받은 자

③ **기관실습 시간** : 160시간 이상으로 한다.(단, 시행일 2020.1.1. 기준일 2019.12.31. 사회복지학 전공교과목과 사회복지관련 교과목의 전부 또는 일부 이수하였거나 수강하고 있는 사람은 120시간 이상)

④ **실습세미나** : 1회당 2시간 이상의 실습세미나를 총 15회 이상 실시하며, 정보통신망을 이용한 온라인 교육을 실시하는 교육기관의 실습세미나에는 대면 방식의 세미나가 총 3회 이상 포함되어야 하며, 한 세미나에 참여하는 학생 수는 30명 이내일 것

⑤ **실습세미나 교수** : 학사, 석사 또는 박사 학위 중 2개 이상의 학위를 사회복지학 또는 사회사업학 전공으로 취득한 사람으로서 3년 이상의 사회복지학 교육경험 또는 3년 이상의 사회복지사업 실무경험이 있는 교수가 지도할 것

※ 법령이 정한 상기 기준은 모두 충족해야 하며, 미충족시 사회복지사자격증을 교부할 수 없습니다.

[사회복지 현장실습 확인서 작성 방법]

[주의 사항]

○ 실습확인서에 기재할 내용은 정자로 기재 하거나 전자문서로 작성 가능합니다. 다만 전자문서로 작성 시 서명란은 직접 작성하여야 하며, 서명, 직인란에 전자파일의 삽입은 불가합니다.

○ 실습확인서 최초 발급 시 신규발급란에 체크하고, 재발급 시 재발급란에 체크 및 재발급 사유란에 사유를 작성합니다.

○ 사회복지현장실습 확인서는 원본을 원칙으로 하며, 자격증 신청 시 원본으로 제출하여야 합니다. (사본 제출 불가)

※ 사회복지 현장실습 확인서 내용을 허위 기재 및 위변조 시 이로 인해 발급된 사회복지사 자격은 취소될 수 있으며, 법적 제재를 받을 수 있습니다.

※ 사회복지현장실습 확인서는 자격증 신청 시 원본으로 제출되는 서류로 원본 관리에 유념하여야 합니다.

[실습생 인적사항]

○ 실습생 성명은 주민등록증에 등록된 이름으로 기재하며, 외국인의 경우 외국인등록증에 등록된 영문명으로 기재 하여야 합니다.

○ 실습생의 생년월일은 주민등록번호 앞 6자리를 기재하여야 합니다.

○ 실습생 휴대전화번호는 연락 가능한 번호를 기재하여야 합니다.

○ 실습생의 교육기관명은 실습생의 실습 진행 당시 소속 중인 교육기관명을 기재 하여야 합니다.

[실습기관 및 실습지도자 인적사항]

○ 실습기관명은 실습기관으로 선정 시 등록된 기관명으로 기재 하여야 하며, 기관명을 약칭으로 기재가 불가합니다.

○ 실습기관 관리번호는 실습기관으로 선정 시 부여된 '실습기관 관리번호'를 기재하시기 바랍니다. (사업자등록번호 및 기타 시설신고증 번호 기재불가)

○ 기관주소는 도로명 주소로 기재 바라며, 전화번호는 연락 가능한 실습기관 전화번호를 기재 바랍니다.

○ 기관실습 지도자명에는 실습지도자로 등록된 지도자 중 실습생을 실제로 지도한 실습지도자를 기재 바랍니다.

○ 사회복지사 자격번호는 실습 지도한 실습지도자의 사회복지사 자격번호 (사회복지사 자격증 좌측 상단에 표시된 번호)를 기재하며, 취득 일자는 사회복지사 자격증에 기재된 발급 일자를 기재 바랍니다.

[실습기간 및 실습시간]

○ 실습기간은 실제 진행된 실습 기간 중 최초 시작일과 종료일을 기재 바랍니다. (실습기관별로 실습 O.T 등 실습시간에 포함되지 않는 기간은 기재하지 않아도 됨)

○ 실습시간은 총 실습시간과 횟수, 1일 평균 시간을 기재 바랍니다. (1일 4시간 이상 8시간 이하로 실습이 진행되어야 합니다.)

[실습세미나]

○ 학교 유형을 체크해 주시기 바랍니다. (오프라인, 온라인 구분하여 체크)

○ 학교명은 현재 실습세미나를 운영하고 있는 학교명을 기재 바랍니다.

○ 실습세미나 교수의 사회복지학 또는 사회사업학 학위 취득상황을 체크해 주시기 바랍니다. (학사, 석사, 박사 학위 중 2개 이상 학위를 사회복지학 또는 사회사업학으로 취득하여야 함)

○ 실습세미나 교육기간 및 교육 횟수, 운영 시간을 기재 바랍니다. (온라인 교육기관의 경우 대면 세미나를 주1회씩 총 3회 이상 진행하여야 힘.)

[서명 및 직인]

○ 기관실습지도자, 실습세미나 교수는 서명 또는 도장을 찍어야 합니다. 서명의 경우 직접 작성을 원칙으로 하며, 도장 또는 서명을 전자 파일 형태로 삽입은 불가합니다.

○ 사회복지현장실습 확인서 재발급 시 실습지도자 및 실습세미나 교수 퇴사 등으로 직접 서명이 불가할 경우 실습기관장, 학과장의 이름 기재 후 재발급에 따른 대리 서명 사유와 실습기관장 또는 학과장 직인을 찍어 제출이 가능합니다. 이 경우 상단 재발급 표기란에 체크 바랍니다.

○ 기관실습 실시기관, 학과장의 경우 직인을 찍어야 하며, 전자 파일 형태로 삽입은 불가합니다.

○ 기관실습 확인 일자는 실습을 진행한 기간 보다 앞서 일자 기재가 불가하며, 실습세미나 확인 일자는 실습세미나 교육 기간보다 앞서 기재가 불가합니다.

[사회복지 현장실습 확인서 발급 절차]

기관실습	→	사회복지현장실습확인서 발급 (실습지도자 서명 및 기관확인)	→	실습세미나	→	실습세미나 확인 (실습지도교수 서명 및 학과장 확인)	→	실습확인서 제출 (자격증 신청시 원본 제출)

현장실습확인서-2(직접실습과 간접실습을 같이한 경우) 〈2021.04.15.개정〉

사회복지 현장실습 확인서

[ ]신규발급, [ ]재발급 (앞쪽)

<table>
<tr><td rowspan="2">실 습 생
인적사항</td><td>성 명</td><td></td><td>생년월일</td><td>※「주민등록번호」 앞자리 6자리를 기재 바랍니다</td></tr>
<tr><td>휴대전화번호</td><td></td><td>학 교 명</td><td>※ 현재 소속중인 학교명을 기재 바랍니다.</td></tr>
<tr><td rowspan="3">실습기관
및
실습지도자</td><td>실습기관명</td><td></td><td>실습기관
관리번호</td><td>※ 실습기관 선정 시 부여된 등록번호 기재</td></tr>
<tr><td>기관 주소</td><td>※「도로명 주소」로 기입해 주세요</td><td>전화번호</td><td></td></tr>
<tr><td>실습 지도자명</td><td>※ 실습생의 실습을 지도한 지도자명 기재</td><td>사회복지사자격번호
(취득일자)</td><td>제 - 호
(. . .)</td></tr>
<tr><td rowspan="2">실습기간</td><td>실습 기간</td><td colspan="3">20 년 월 일 ~ 20 년 월 일</td></tr>
<tr><td>실습 시간</td><td colspan="3">총 시간 (총 회, 1일 평균 시간)</td></tr>
</table>

실습기관은「사회복지사업법 시행규칙」제3조 [별표1]의 규정에 따라 자격요건을 갖춘 실습기관과 실습지도자에 의해 기관 실습을 진행하였으며, 상기 실습생이 위와 같이 기관실습을 하였음을 확인합니다.

20 년 월 일

기관실습 지도자 : (서명 또는 인) 기관실습 실시기관 : (직인)

<table>
<tr><td rowspan="3">교육기관
및
세미나교수</td><td>교육기관 유형</td><td>[ ]오프라인 / [ ]온라인</td><td>교육기관명</td><td>※ 실습세미나 교육기관명을 기재 바랍니다.</td></tr>
<tr><td>실습세미나 교수명</td><td></td><td>학 과 명</td><td></td></tr>
<tr><td>실습세미나 교수
취득학위 (사회복지학
또는 사회사업학)</td><td>[ ]학사, [ ]석사,
[ ]박사</td><td>교육기관 전화번호</td><td></td></tr>
<tr><td rowspan="3">실습
세미나</td><td>실습세미나 기간</td><td colspan="3">20 년 월 일 ~ 20 년 월 일</td></tr>
<tr><td>실습세미나 횟수(시간)</td><td>총 회 (시간)</td><td>대면방식 세미나 횟수 (시간)</td><td>총 회 (시간)</td></tr>
<tr><td>오프라인 세미나</td><td>총 회</td><td>실시간 온라인 화상 세미나</td><td>총 회</td></tr>
<tr><td rowspan="3">간접실습</td><td>학교명</td><td></td><td>간접실습지도교수</td><td></td></tr>
<tr><td>학과명</td><td></td><td>간접실습 실시시간</td><td>총 시간</td></tr>
<tr><td>간접실습기간</td><td colspan="3">년 월 일 부터 년 월 일 까지</td></tr>
</table>

교육기관은 「사회복지사업법 시행규칙」제3조 [별표1]의 규정에 따라 자격요건을 갖춘 실습세미나 지도교수에 의해 실습세미나를 진행하였으며, 상기 실습생은 위와 같이 실습세미나를 이수하였음을 확인합니다.

20 년 월 일

실습세미나 교수 : (서명 또는 인) 학 과 장 : (직인)

한국사회복지사협회장 귀하

재발급 사유	※ 사회복지 현장실습 확인서 재발급 시 재발급 사유 기재 바랍니다.

[사회복지현장실습에 관한 기준] – 사회복지사업법 시행규칙[별표1] 사회복지관련 교과목 (제3조 관련)

① **기관실습 실시기관** : 보건복지부장관으로부터 선정된 사회복지사업을 수행하는 기관, 법인, 시설 또는 단체

② **기관실습 지도자** : 사회복지사 1급 자격증을 취득한 이후 3년 이상 또는 사회복지사 2급 자격증을 취득한 이후 5년 이상 사회복지사업의 실무경험이 있는 자로 기관실습이 실시되는 연도의 전년도에 8시간 이상의 보수교육을 받은 자

③ **기관실습 시간** : 160시간 이상으로 한다.(단, 시행일 2020.1.1. 기준일 2019.12.31. 사회복지학 전공교과목과 사회복지관련 교과목의 전부 또는 일부 이수하였거나 수강하고 있는 사람은 120시간 이상)

④ **실습세미나** : 1회당 2시간 이상의 실습세미나를 총 15회 이상 실시하며, 정보통신망을 이용한 온라인 교육을 실시하는 교육기관의 실습세미나에는 대면 방식의 세미나가 총 3회 이상 포함되어야 하며, 한 세미나에 참여하는 학생 수는 30명 이내일 것

⑤ **실습세미나 교수** : 학사, 석사 또는 박사 학위 중 2개 이상의 학위를 사회복지학 또는 사회사업학 전공으로 취득한 사람으로서 3년 이상의 사회복지학 교육경험 또는 3년 이상의 사회복지사업 실무경험이 있는 교수가 지도할 것

※ 법령이 정한 상기 기준은 모두 충족해야 하며, 미충족시 사회복지사자격증을 교부할 수 없습니다.

[실습생 27] 실습 종결보고서

실습 종결보고서

* 다음은 실습을 종결하면서 한 학기 동안 실습한 내용을 요약정리하고 목표 달성 정도와 소감을 간략히 정리하는 보고서입니다. 이 종결보고서는 파일에 정리되어 사무실에 비치되며 다음 실습을 준비하는 학생에게 실습지 선정의 지침이 되는 자료로 활용될 것입니다.

실습기관		실습지도자	
실습부서		실습지도교수	
실습기간			
실습생		종결 일시	

1. 실습기관 소개
2. 실습기간 및 시간
3. 실습목표
   1) 실습생의 목표
   2 실습기관의 목표
4. 실습내용 소개
   1) 실습일정
   2) 교육,참관사항
   3) 담당업무
5. 실습목표의 달성 정도
6. 실습지도자와 실습지도 내용소개
7. 실습소감
   1) 힘들었던 것
   2) 제기되었던 질문들
   3) 배운 것
8. 향후 실습을 위한 제언
9. 기타 꼭 하고 싶은 이야기
10. 실습지도자와 기관에 대한 감사의 내용

[실습생 28] 실습지도자 평가척도[2)]

슈퍼바이저 평가척도

점수	평가기준
1점	슈퍼비전을 제대로 제공하지 못하여 슈퍼비전을 위한 학습이 절대적으로 요구됨
2점	슈퍼비전을 제공하는 영역에 대한 지식도 부족하고 슈퍼비전을 제공할 능력도 부족함
3점	슈퍼비전을 제공하는 영역에 대한 기본지식을 갖추고 있으며, 슈퍼비전을 제공하는 능력이 있음
4점	슈퍼비전을 제공하는 영역에 대한 정확한 지식을 갖추고 있으며, 슈퍼비전을 체계적으로 정확하게 제공함
5점	슈퍼비전을 제공하는 영역에 대한 정확한 지식을 갖추고 있으며, 슈퍼비전을 체계적으로 정확하게 제공하는 우수한 전문가 위상을 갖추고 있음

영역	내용	점수				
		1	2	3	4	5
1.지식	1.1 슈퍼비전의 목적을 이해한다.					
	1.2 슈퍼비전의 경계를 명확히 알고 있다.					
	1.3 다음 요소를 이해한다. 행정적 / 교육적 / 지지적					
	1.4 다양한 슈퍼비전 계약의 유형을 알고 있다.					
2.슈퍼비전 관리기술	2.1 슈퍼비전 목적을 슈퍼바이지에게 설명할 수 있다.					
	2.2 서로가 동의하고 명확한 계약을 협상해 낼 수 있다.					
	2.3 적절한 경계를 유지할 수 있다.					
	2.4 다음과 같은 슈퍼비전 분위기를 형성할 수 있다. 공감적 / 진실한 / 적합한 / 신뢰할 수 있는 / 직접적					
	2.5 행정적 · 교육적 · 지지적 기능 간의 균형을 유지할 수 있다.					
	2.6 정각에 적절하게 회기를 끝낼 수 있다.					
3.슈퍼비전 개입기술	3.1 다음의 개입유형을 사용할 수 있다. 규범적 / 지식을 주는 / 대립적 / 촉매적 / 카타르시스적 / 지지적					
	3.2 다음과 같은 방법으로 피드백을 줄 수 있다. 명확한 / 인정한 / 균형이 맞는 / 구체적					
	3.3 다음에 유용하게 초점을 맞출 수 있다. 보고된 내용 / 슈퍼바이지의 개입 / 슈퍼바이지-클라이언트 관계 / 슈퍼바이지의 역전이 / 슈퍼비전 관계 / 자신의 역전이 / 좀 더 넓은 맥락					
	3.4 자신의 일하는 방법을 묘사할 수 있다.					
	3.5 자신의 경험을 적절하게 제공할 수 있다.					
	3.6 슈퍼바이지에게 자신의 슈퍼비전 기술을 전개할 수 있다.					

2) Hawkins & Shohet(2006 : 127-129). 사회복지현장실습 지도자교육(2010. 한국사회복지사협회) 재인용.

영 역	내 용	점수				
		1	2	3	4	5
4.특성 또는 특질	4.1 슈퍼바이저 역할에 대한 헌신한다.					
	4.2 슈퍼바이저 역할 고유의 권위에 대해 편안하다.					
	4.3 격려하고 동기를 부여하며 적절한 낙관주의를 줄 수 있다.					
	4.4 슈퍼바이지의 욕구에 대해 민감하다.					
	4.5 다음과 같은 개인의 차이를 인식하고 적응할 수 있다. 성 / 연령 / 문화적 · 인종적 배경 / 계층 / 성적 오리엔테이션 / 성격 / 전문적 훈련					
	4.6 유머감각이 있다.					
5.지속적 발전에 대한 헌신	5.1 자신의 적절한 슈퍼비전에 대해 책임져 왔다.					
	5.2 자신의 실천가 및 슈퍼바이저로서의 기술과 지식을 업데이트하기 위해 노력했다.					
	5.3 슈퍼바이저로서 자신의 강점과 단점을 파악하고 자신의 한계를 인정한다.					
	5.4 다음과 같은 사람들로부터 정기적 피드백을 받는다. 슈퍼바이지 / 동료 / 자신의 슈퍼바이저 또는 상사					
6.집단 슈퍼바이저	6.1 집단역동에 대한 지식을 가지고 있다.					
	6.2 슈퍼비전 과정을 돕기 위해 집단과정을 사용할 수 있다.					
	6.3 집단 내의 경쟁력을 조정할 수 있다.					
7.시니어 조직 슈퍼바이저	7.1 전문가 간의 이슈를 감독할 수 있다.					
	7.2 조직의 이슈를 감독할 수 있다.					
	7.3 팀 내의 활동범위와 조직발달에 대한 지식을 가지고 있다.					
	7.4 기초가 되는 팀 또는 조직문화를 '표면화'할 수 있다.					
	7.5 조직의 변화를 촉진할 수 있다.					
	7.6 슈퍼비전이 활발하게 이루어지는 학습적 문화를 조성할 수 있다.					

[실습생 29] 실습지도 평가척도3)

슈퍼비전 평가척도

1점 : 위험이 없는 상태로, 현재의 실천이 적절하여 수정이 필요하지 않은 상태
2점 : 약간의 위기상태로, 현재의 실천은 적절하지만 약간의 수정이 필요한 상태
3점 : 중간 정도의 위기가 있는 상태로, 현재의 실천은 문제가 있고 그래서 위기를 최소화하기 위한 수정이 필요한 상태
4점 : 높은 위기상태로 현재의 실천은 심각하게 문제가 있으며 수정이 매우 필요한 상태

슈퍼비전	1	슈퍼바이저는 슈퍼바이지가 고지된 동의를 하도록 정보를 제공하는가	①	②	③	④
	2	슈퍼바이저는 철저한 치료와 개입계획을 발전시키고 실행하려는 슈퍼바이지의 노력을 관찰하는가	①	②	③	④
	3	슈퍼바이저는 정보의 부적절한 노출과 같은 클라이언트와의 모든 접촉에서 슈퍼바이지의 실수를 지적하고 반응하는가	①	②	③	④
	4	슈퍼바이저는 슈퍼바이지의 클라이언트가 언제 다른 곳으로 의뢰되어야 하는지, 치료의 종결은 언제해야 하는지 등에 관해 알고 있는가	①	②	③	④
	5	슈퍼바이저는 슈퍼바이지가 언제 자문을 구해야 하는지를 알고 있는가	①	②	③	④
	6	슈퍼바이저는 슈퍼바이지의 역량이 부족하고, 잘못을 저지르고 비윤리적 행위를 했다는 것을 슈퍼바이지가 기꺼이 말할 수 있도록 그 능력과 자발성을 모니터링하는가	①	②	③	④
	7	슈퍼바이저는 슈퍼바이지가 자신의 클라이언트와 적절한 경계를 유지하는지 모니터링하는가	①	②	③	④
	8	슈퍼바이저는 신체적인 위험으로부터 제삼자를 보호하는가	①	②	③	④
	9	슈퍼바이저는 필요 이상으로 길게 진행되는 치료와 태만한 치료계획을 감지하거나 중지하는가	①	②	③	④
	10	슈퍼바이저는 특정 클라이언트의 치료를 위해서는 외부 전문가를 활용하는가	①	②	③	④
	11	슈퍼바이저는 슈퍼바이지와 정기적으로 만나는가	①	②	③	④
	12	슈퍼바이저는 슈퍼바이지의 기록, 결정, 행동을 검토하고 인정하는가	①	②	③	④
	13	슈퍼바이저는 슈퍼바이지의 결근에 적절한 반응을 보이는가	①	②	③	④
	14	슈퍼바이저는 슈퍼비전 제공에 대해 문서화하는가	①	②	③	④
	15	슈퍼바이저는 슈퍼바이지와의 관계에서 적절한 경계를 유지하는가	①	②	③	④
	16	슈퍼바이저는 슈퍼바이지에게 시기적절하고 도움이 되는 성과평가와 피드백을 제공하는가	①	②	③	④
	17	슈퍼바이저는 슈퍼비전 동의서를 문서화하는가	①	②	③	④
	18	슈퍼바이저는 슈퍼바이지의 윤리적 관심과 윤리적 쟁점의 민감성을 높이기 위한 슈퍼바이지의 노력에 반응하는가	①	②	③	④
	19	슈퍼바이저는 슈퍼바이지가 그들의 전문적 책임성을 충족시킬 수 있도록 하는 충분한 시간과 적절한 업무량을 제시하는가	①	②	③	④
	20	슈퍼바이저는 적절한 슈퍼비전을 제공하기 위하여 그들의 업무에 있어 충분한 시간을 제공하는가	①	②	③	④

3) Reamer(2001), 사회복지현장실습 지도자교육(2010, 한국사회복지사협회) 재인용.

4. 등급별 사회복지사 자격증 신청서

■ 사회복지사업법 시행규칙 [별지 제1호서식] <개정 2020. 12. 11.>

등급별 사회복지사자격증 발급 신청서

※ 색상이 어두운 난은 신청인이 작성하지 않고, [ ]에는 해당되는 곳에 √표를 합니다. (앞쪽)

접수번호	접수일	처리기간 14일

신청인	성명	주민등록번호	사진 3.5cm ×4.5cm
	전화번호(또는 휴대전화번호)	전자우편주소	
	직장명	우편물 수령 [ ]자택 [ ]직장 [ ]직접수령	
	주소 (자택) (직장)		

신청구분	[ ]신규	[ ]승급	신청등급	[ ]1급 [ ]2급

최종학력	구분	기간	학교명	전공명
	[ ]박사 [ ]석사 [ ]학사 [ ]전문학사	[. .]부터 [. .]까지		

사회복지 법정 교과목 이수여부						
	교과목이수학교	[ ] 대학원(석 · 박사)	[ ] 대학	[ ] 전문대학	[ ] 평가인정 학습과정	[ ] 기타( )

필수 교과목	[ ]사회복지학개론	[ ]사회복지법제와 실천	[ ]사회복지실천기술론
	[ ]사회복지실천론	[ ]사회복지정책론	[ ]사회복지조사론
	[ ]사회복지행정론	[ ]사회복지현장실습	[ ]인간행동과 사회환경
	[ ]지역사회복지론		
선택 교과목	[ ]가족복지론	[ ]가족상담 및 가족치료	[ ]교정복지론
	[ ]국제사회복지론	[ ]노인복지론	[ ]복지국가론
	[ ]빈곤론	[ ]사례관리론	[ ]사회문제론
	[ ]사회보장론	[ ]사회복지역사	[ ]사회복지와 문화다양성
	[ ]사회복지와 인권	[ ]사회복지윤리와 철학	[ ]사회복지자료분석론
	[ ]사회복지지도감독론	[ ]산업복지론	[ ]아동복지론
	[ ]여성복지론	[ ]의료사회복지론	[ ]자원봉사론
	[ ]장애인복지론	[ ]정신건강론	[ ]정신건강사회복지론
	[ ]청소년복지론	[ ]프로그램 개발과 평가	[ ]학교사회복지론

사회복지 현장실습	기간	실습기관	기관실습 지도자	실습세미나 교수
	[. .]부터 [. .]까지			

1. 본인은 「사회복지사업법」 제11조의2에 따른 사회복지사의 결격사유에 해당하지 않습니다. 만약 이에 해당할 경우 같은 법 제11조의3에 따라 자격이 취소된다는 사실을 이해했습니다. (확인 [ ])

<결격사유>

1. 피성년후견인 또는 피한정후견인
2. 금고 이상의 형을 선고받고 그 집행이 끝나지 않았거나 그 집행을 받지 않기로 확정되지 않은 사람
3. 법원의 판결에 따라 자격이 상실되거나 정지된 사람
4. 마약 · 대마 또는 향정신성의약품의 중독자
5. 「정신건강증진 및 정신질환자 복지서비스 지원에 관한 법률」 제3조제1호에 따른 정신질환자. 다만, 전문의가 사회복지사로서 적합하다고 인정하는 사람은 해당하지 않습니다.

2. 「사회복지사업법」 제11조, 같은 법 시행령 제2조 및 같은 법 시행규칙 제4조제1항에 따라 사회복지사자격증의 발급을 신청합니다.

년 월 일

신청인 (서명 또는 인)

한국사회복지사협회장 귀하

210mm×297mm[백상지(80g/㎡)]

5. 프로그램 성과중심형 사업계획서 표준 양식

〈성과중심형〉 사업계획서

1. 사업명: 대상 목적 방법

• 대상, 목적, 방법과 관련된 정보를 담은 사업명을 적어주십시오.(슬로건은 부제(副題)로 병기해주세요)

2. 사업 내용 및 추진 전략

1) 사업 참여자 모집 전략

(1) 참여 대상 및 인원

핵심 참여자	
주변 참여자	

• 누가 이 사업에 참여합니까?
- (핵심 참여자) 성과를 측정하게 되는 대상은 누구이며, 인원은 몇 명입니까? (이 사업에 참여하게 함으로써 누구의 변화를 이끌어내려고 하는 것입니까?)
- (주변 참여자) 성과측정 대상은 아니지만 핵심 참여자의 변화를 이끌어내는데 중요한 역할을 하는 사람은 누구이며, 인원은 몇 명입니까?

(2) 참여자 선정 기준

• 어떤 기준을 세워서 참여자를 모집하게 됩니까?

(3) 참여자 모집 방안

• 기준에 적합한 참여자를 어떻게 모집할 예정입니까?

2) 사업 내용 및 사업 집행 전략

• 아래 내용을 모두 포괄하되, 자유롭게 (질문순서에 상관없이) 표현해 주시기 바랍니다.
- 전체 사업을 몇 개의 세부 사업으로 분류한다면 어떻게 구성될 수 있습니까?
- 사업을 어떻게 추진할 것인지에 대하여 세부 사업별 시행방법, 시행 시기 및 횟수, 사업 진행 일정 등 구체적인 정보를 담아서 기술해 주시기 바랍니다.

3) 기관 연계협력 전략

• 위의 사업 집행 전략과 관련하여, 지역사회 내(또는 그 범위를 넘어서) 어떤 기관들과 유기적인 협조관계를 가질 것인지에 대하여 아래 내용을 포함하여 기술해 주시기 바랍니다.
- 협력 기관이 세부 사업에서 어떤 역할을 담당하게 되는지, 그 때 신청기관의 역할은 무엇인지, 이러한 협력체계는 어떤 절차를 통해 진행되는지 등

3. 예산 편성

(단위 : 원)

목	세목	세세목	계	산출근거	예산조달 계획				
					신청 금액	비율 (%)	자부담	비율 (%)	자부담 재원
총 계									
인건비									
	소 계								
사업비									
	소 계								
관리운영비									
	소 계								

- 사업에 직접 투입되는 비용을 인건비, 사업비, 관리운영비로 구분하여 작성해주시기 바랍니다.
- (인건비) 해당사업을 직접적으로 수행하는 인력에게 투입되는 비용
- (사업비) 프로그램 수행에 필요한 직접비용
- (관리운영비) 프로그램의 수행에 필요한 간접비용(사업관리에 필요한 비용)
- 예산 수립 시 "별첨3. 예산편성기준표"(p.101)를 참고하여 주시기 바랍니다.

- 세목은 세부 사업별로 구분하고 단위가 큰 경우 세세목으로 구분하여 작성하시기 바랍니다.

- 산출근거는 실제 단가, 수량, 인원수, 건수, 횟수 등을 구체적으로 기록해 주시기 바랍니다.

4. 문제 의식(사업 필요성)

1) 사업 계획 배경

- 왜 이 사업을 기획하게 되었습니까?
- 귀 기관이 관심을 가지기 전에는 어떤 상태에 있었는지, 인근 다른 지역에도 유사한 상황이 있나면 어떻게 대응하고 있는지에 대해서도 서술해 주시기 바랍니다.

2) 기존 유사사업과의 차별성

- 기존의 시각이나 접근방식과 다른 점은 무엇입니까?

3) 신청기관의 강점

- 이 사업을 신청기관에서 수행해야 하는 이유에 대해 사전조사 내용, 관련 분야 수행 경험 등을 포함하여 기재해주시기 바랍니다.

5. 목표 및 평가

1) 산출목표

세부 사업명	산출목표	모니터링 방법

• 성과목표를 달성하기 위해 이끌어내야 하고 모니터링 해야 하는 산출목표는 무엇입니까?

2) 성과목표 및 평가 방법

성과목표	평가 도구 및 방법	측정 시기

• (성과목표) 성과목표와 관련하여 아래 내용들에 대해 작성해 주시기 바랍니다.
- 핵심 참여자의 어떤 부분을 어느 수준까지 변화시키는 것입니까?
- 작성하고자 하는 성과목표가 이후에 기술되는 평가 방법을 통해 달성여부를 알 수 있게 됩니까?
- (성과라고 강조하고 싶은데) 양적으로 드러내기(수치화하기) 어려운 성과목표가 있다면 무엇입 니까?
- 앞서 기술하신 사업내용과 성과목표를 논리적으로 연결하여 작성해 주십시오.

• (평가 도구 및 방법 / 측정 시기) 성과목표 달성 여부와 정도를 어떻게 평가하실 건가요?
- 성과목표 달성 여부와 정도를 판단하기 위해 어떤 성과지표를 설정하실 건가요?
- 제시된 성과목표에 대한 평가계획(자료수집방법, 측정시기 등)은 어떠한가요?
- 수치화하기 어려운 성과목표가 있다면 어떤 평가방법을 통해 변화의 수준과 의미를 드러내실 건가요?

6. 사업종료 후 지향점

1) 사업 수행으로 인한 기대 효과

• 이 사업이 성공적으로 수행된다면 기대되는 효과는 무엇입니까?

2) 사업 결과의 활용 계획

• 사업의 효과로 나타난 결과를 어떻게 활용할 계획입니까?
• 사업 결과를 통해 유사기관이나 지역사회에 꼭 알리고 싶은 이야기가 있다면 무엇입니까?

참/고/문/헌

강병노(2008). **사회복지 욕구조사와 프로그램 평가**. 서울: 나눔의 집: 15-16.

강병노(2019). **사회복지와 과학적 조사의 비판적 융합: 여러 가지 사회복지연구**. 경기: 정민사.

강철희, 윤민화(2000). 사회복지사의 임파워먼트에 영향을 미치는 요인에 관한 연구. **한국사회복지학, 41**, 7-42.

김기태 외(2008). **사회복지실천론**. 경기: 공동체.

김만두 편(1993). **효과적인 복지서비스를 위한 사례관리실천론**. 서울: 홍익재.

김만두, 한혜경(1995). **현대사회복지개론**. 서울: 홍익재.

김미혜(1999). 재가노인 사례관리 실천모형의 적용연구. 한국재가노인복지협회, 재가노인복지 서비스, 제2장.

김선희, 구종회, 이원숙(1999). **사회복지실습 길잡이**. 서울: 홍익재.

김융일, 조흥식, 김연옥(1995). **사회사업실천론**. 서울: 나남출판.

김종명, 현영렬(2014). **사회복지프로그램 개발과 평가**. 파주: 양서원.

김종일(2012). **사회복지정책론**. 파주: 학현사.

김현호, 오정옥, 이은경(2004). **사회복지현장실습의 이해**. 경기: 양서원.

김혜영, 석말숙, 최현미, 신인순, 홍나미, 황미영(2017). **사회복지실천기술**. 경기: 공동체.

김혜진(2005). 수퍼비전이 사회복지사 자기효능감(self-efficacy) 지각(perception)에 미치는 영향: 서울시 종합사회복지관을 중심으로. 연세대학교 사회복지대학원 석사논문.

김효선(2004). 현장실습경험이 사회복지 전문 직업의식에 미치는 영향에 관한 연구. 강남대학교 사회복지전문대학원 석사학위논문.

김희수, 안정선, 배진형(2013). 사회복지실습생이 경험하는 스트레스와 대처. **한국콘텐츠학회, 13**(11), 740-753.

남화수(2013). 지역사회복지관 사례관리자의 사례관리 인식에 대한 재구성: 위버만의 객관적 해석학을 중심으로. 강남대학교 사회복지전문대학원 박사학위 논문.
노혜련, 김미원, 조소연(2015). **아동복지론**. 서울: 학지사.
라순주 (2016). 평생교육기관 관리자의 리더십 유형이 직무 열의에 미치는 영향. 중앙대한국교육문제연구소.
민소영(2008). 강점관점 반영 사례관리 훈련프로그램의 개발 및 효과성 연구. **한국사회복지행정학, 10**(1), 39-65.
박귀영 외 (2020). **사회복지실천기술론**. 경기: 양성원.
박미은(2001). 정신장애인에 대한 임파워먼트실천의 필요성과 개입방안에 관한 연구. **재활복지, 5**(1), 32-55.
박순미, 손지아(2018). 사회복지현장실습 관련 요인이 사회복지전공학생들의 임파워먼트에 미치는 영향. **한국콘텐츠학회논문지, 18**(12), 560-568.
박희숙, 백명진, 한선화 김미숙(2018). **사회복지실천론**. 경기도: 공동체.
방미진, 황영희(2011). **사회복지실천론**. 서울: 나눔의 집.
서인해(2002). 욕구조사의 이론 및 실제. 한림대학교 욕구조사 workshop 자료집.
순덕기(2009). 사회복지현장실습이 사회복지전문직 정체성에 미치는 영향에 관한 연구. 건국대학교 박사학위논문.
순덕기(2020). **사회복지현장실습**. 서울: Pacific Books.
신민선, 변호순, 박지영, 김남식, 강석주, 엄미아, 임봉호, 조영선(2019). **사회복지현장실습**. 경기: 양서원.
양옥경, 김정진, 서미경, 김미옥, 김소희(2000). **사회복지실천론**. 서울: 나남.
양옥경, 최명민(2006), 한국 사회복지에서 임파워먼트(Empowerment) 접근의 현황 및 과제. **한국사회복지교육, 2**(2), 39-84.
양옥경, 최소연, 이기연(2010) **사회복지현장실습 슈퍼비전**. 파주: 양서원.
엄명용, 노충래, 김용석(2005). **사회복지 실천기술의 이해**. 서울: 학지사.
오혜경, 하지영(2010). **사회복지현장실습 매뉴얼**. 파주: 양서원.
우수명 외 (2001). 지역사회복지 욕구조사 모델 개발 연구. HS Research Center 창립 2주년 기념 세미나 자료집, 1-43.
우수명(2004). **TP 사회복지프로그램 개발과 평가**. 서울: 인간과 복지.
윤철수, 김정진(2010). **예비사회복지사를 위한 현장실습 길라잡이**. 서울: 학지사.
이봉주, 김기덕(2008). **사회복지프로그램 개발과 평가**. 서울: 신정.
이원숙(2008). **사회복지실천론**. 서울: 학지사.
이원식, 김성준(2021). **사회복지현장실습 이론과 실제**. 서울: 신정.
이원주, 우병훈(2021). **사회복지현장실습**. 경기도: 공동체.

이윤로, 성규탁(1993). 사례관리: 효과적 서비스 전달을 위한 방법: 피부양노인 사례를 중심으로 한 기법과 모델. 사회복지 가을호.

이은희, 김남숙(2014). **사회복지실천론**. 경기: 양서원

이형진(2013). 임파워먼트 실천방법으로서의 소시오드라마에 대한 탐색적 연구. **한국사이토드라마 학회지, 16**(2), 69-81.

이효선(2005). **사회복지 윤리와 철학의 이해**. 서울: 학지사.

임정문, 나직균, 방용권(2013). **사회복지현장실습매뉴얼 & 현장실습 일지**. 서울: 동문사.

임정문, 이지복, 정명환, 박선태, 윤혜신(2021). **사회복지현장실습**. 서울: 동문사.

장인협(1995). **지방화시대의 지역복지실천방법론: 케어/케이스 관리**. 서울: 서울대학교출판부.

장인협, 우국희(2001). **케어·케이스 매니지먼트**. 서울: 서울대학교 출판부.

전경아(2006). 노인종합복지관 중간관리자의 슈퍼비전이 사회복지사 임파워먼트에 미치는 영향: 서울지역 노인종합복지관을 중심으로. 중앙대학교사회개발대학원 석사논문.

정무성, 정진모(2001). **사회복지프로그램 개발과 평가**. 경기: 양서원.

정순둘(2005). **사례관리실천의 이해**. 서울: 학지사.

주은수(2010). 미국사회복지 실천의 전문화와 자격제도의 발달. **사회복지, 185**, 120-126.

최성재, 남기민(2016). **사회복지행정론**. 서울: 나남출판.

황성철(1995). 사례관리(Case Management)실천을 위한 모형개발과 한국적 적용에 관한 연구. **한국사회복지학, 27**, 275-304.

보건복지부(2020). 지역아동센터 중앙지원단.

보건복지부(2021) 아동복지시설 현황.

보건복지부(2022). 노인복지사업안내.

보건복지부(2022). 사회복지시설관리안내.

보건복지부(2022). 아동권리보장원.

보건복지부(2022). 장애인복지시설현황.

사회복지공동모금회(2017). 사회복지공동모금회(배분사례집).

사회복지공동모금회(2019). 사회복지공동모금회(배분사례집).

사회복지공동모금회(2021). 사회복지공동모금회(배분사례집).

서울복지재단(2005). 사회복지프로그램 매뉴얼 개발연구. 사례관리 실천방법.

서울복지재단(2006). 사회복지관, 노인복지관, 장애인복지관 복지관 경영매뉴얼.

서울시사회복지관협회(2020). 사회복지조직의 이해.

한국사회복지교육협의회(2020). 사회복지교과목 지침. p. 52.

한국사회복지교육협의회(2022). 사회복지교과목 지침 pp. 57-68.

한국사회복지사협회(2016). 사회복지사 윤리이론과 윤리적 실천연습.
한국사회복지사협회(2017). 사회복지현장실습매뉴얼.
한국사회복지사협회(2018). 사회복지현장실습매뉴얼.
한국사회복지사협회(2019). 사회복지현장실습매뉴얼.
한국사회복지사협회(2021). 사회복지사자격관리지침.
한국사회복지사협회(2022). 사회복지현장실습매뉴얼.
Aadushin, A., & Aadushin, G.(1997). *The Social Work Interview*(4th ed). New York: Columbia University Press.
Adams, R.(2007). **임파워먼트와 사회복지 실천**. 최명민 역. 서울: 나남.
Amir khan, J. H.(1990). A factor analytically derived measure of coping : The Coping Strategy Indicator. *Journal of Personality and Social Psychology, 59*(5), 1066.
Challis, D., & Davies, B.(1989). *Case management and Community Care*(2nd ed.). Aldershot, Gower. p. 39.
Hamilton, G.(1951). *Theory and Practice of Social Casework*. New York: Columbia University Press.
Intagliata, J.(1992). Improving the Quality of Community Care for the Chronically Mentally Disabled in Case Management Social Work Practice, by Stephen M. Rose, Longman. pp. 28-29.
Johnson, P. J., & Rubin, A.(1983). Case Management in Mental Health: A Social Work Domain, Social Work 1-2.
Kadushin, A. (1992). *Supervision in social work*. NY: Columbia University Press.
Kirst-Ashman, K. & Hull, G.(1993). *Understanding Generalist Practice*. Nelson-Hall.
Lazarus, R. S., & Folkman, S. (1984). *Stress, Appraisal, and Coping*. Springer publishing company.
Leslie, D. R., Holzhalb, C. M., & Holland, T. P.(1999). Measuring staff em-powerment development of a worker empowerment scale. *Research on Social Work Practice, 8*(2), 212-222.
Levy, C.(1973), The Value Base of Social Work. *Journal of Education for Social Work, 9*(1), 34-42.
Loganbill, C., Hardy, E., & Delworth, U.(1982). Supervision: A conceptual model. *The Counseling Psychologist, 10*(1), 3-42.

Lowenberg, F., & Dol(1996). *Eibical Decisions for Social Work Practice*(5th ed). Itasca, Ⅱ: F. E. Peacock.

Lowenberg, F., & Dolgoff, R.(1985). *Eibical Decisions for Social Work Practice*. Itasca, IL: Peacock pub.

Moore, S. (1990). A Social Work Practice Model for Case Management: The Case Management Model Grid. *Social Work, 35*(5), 444-448.

Moxley, D. P., & Buzas, L. (1989). Perseptions of Case Management services for elderly people. *Health and Social Work, 14*, 196-203.

O'Connor, G.(1988). Case Management: System and Practice. *Soci Casework, 69*, 97-106.

Quinn, J. (1993). *Successful Case management in Long-Term Care*. Springer Publishing Company. p. 32.

Rapp, C., & Poertner, j. (1992). *Social Administration: A client-centered approach*. NY: Longman Publishing Group.

Reamer, F. G.(1989). *Etbical Dilemmas in Social Service*(2nd ed). New York : Columbia University Press.

Reamer, F. G.(1995). *Social Work Values & Etbics*. New York: Columbia University Press.

Reamer, F. G.(1999). *Social Work Value & Etbics*(2nd ed). New York: Columbia University Press.

Rothman, J.(1991a). A model of Case Management: Toward empirically based practice. *Social Work, 36*(6), 520-528.

Saleebey, D.(1992). *The Strengths Perspective in Social Work Practice: Power in the People*. New York, White Plains. p. 43.

Skidmore, R. A.(1983, 1990, 1995). *Social Work Administration: Dynamic Management and Human Relationsbips*. Englewood Cliffs, NJ: Prentice-Hall.

Spreitzer, G. M.(1995). Psychological empowerment in the work place, *Academy of Management Journal, 38*(5), 1422-1465.

Sternberg, P., & Garcia, A. (1999). **사회극을 통한 우리들의 만남**. 최헌진 감수. 조성희, 김광운 공역. 서울: 학지사.

Tobin, D. L., Holroyd, K. A., Reynolds, R. V., & Wigal, J. K.(1989). The hierarchical factor structure of the Coping Strategies Inventory.

Cognitive Therapy and Research, 13(4), 343-361.

Trecker, H. B.(1972). *Social Work Administration: Principles and Practices*. New York: Association Press.

York, R. O.(1982). *Human service planning: concepts, tools, and methods.* North Carolina: The University of North Carolina Press.

저자약력

류미령

가톨릭대학교 사회복지학 석사
건국대학교 사회복지학 박사
현) 강동대학교 글로컬 사회복지학부 교수

사회복지현장실습과 실습세미나

초판발행 2023년 3월 5일 **1판 1쇄 인쇄** | 2023년 3월 10일 **1판 1쇄 발행**

지은이 류미령
펴낸이 최용구 | **펴낸곳 도서출판 신정**
주소 (04316) 서울시 용산구 원효로 89길 19 (원효로1가)
전화 02)3211-4782, 0266(영업부), 3211-4783(편집부), 3211-4784(팩스)
이메일 sjbook2002@naver.com | **홈페이지** www.sjbook.co.kr
능록 2001년 5월 11일 제13-702호
기획마케팅 최용구 장만동 최충구 송대용 | **책임편집** 석기은 황가연

ISBN 978-89-5912-839-6 93330
정가 17,000원